鎌倉幕府抗争史

御家人間抗争の二十七年

細川重男

光文社新書

鎌倉幕府抗争史／目次

第二章　梶原景時事件と広域武士団 ――― 53

【解説編】

古代・中世日本の基礎知識

目次・章扉・図版デザイン　椚田祥仁

伊豆	静岡
駿河	
遠江	
三河	愛知
尾張	
美濃	岐阜
飛騨	
信濃	長野
甲斐	山梨
越後	新潟
佐渡	
越中	富山
能登	石川
加賀	
越前	福井
若狭	

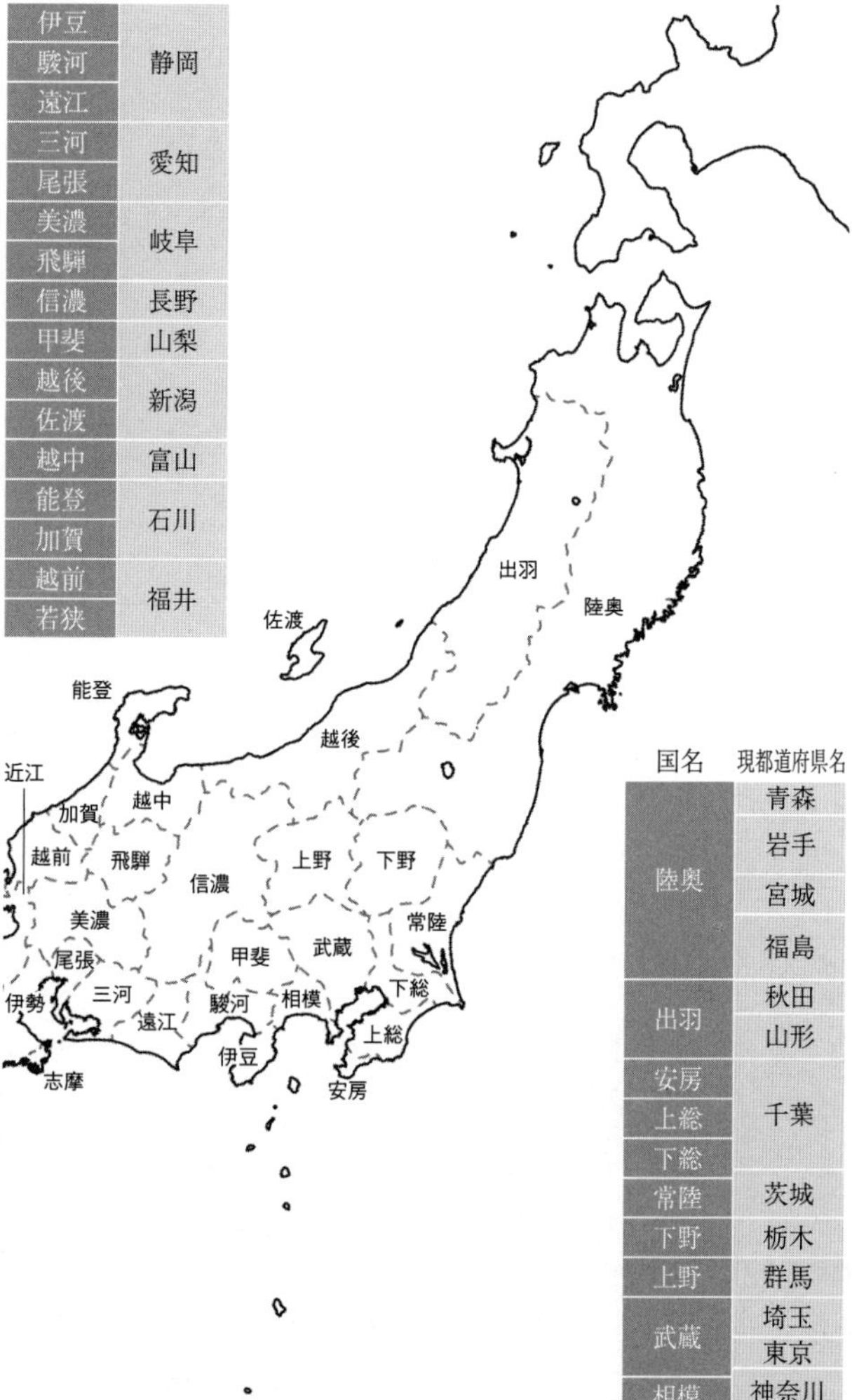

国名	現都道府県名
陸奥	青森
	岩手
	宮城
	福島
出羽	秋田
	山形
安房	千葉
上総	
下総	
常陸	茨城
下野	栃木
上野	群馬
武蔵	埼玉
	東京
相模	神奈川

筑前	福岡
筑後	
豊前	大分
豊後	
日向	宮崎
大隅	鹿児島
薩摩	
肥後	熊本
肥前	佐賀
壱岐	長崎
対馬	

阿波	徳島
土佐	高知
伊予	愛媛
讃岐	香川
備前	岡山
美作	
備中	
備後	広島
安芸	
周防	山口
長門	
石見	島根
出雲	
隠岐	
伯耆	鳥取
因幡	

近江	滋賀
山城	京都
丹後	
丹波	兵庫
但馬	
播磨	
淡路	
摂津	大阪
和泉	
河内	
大和	奈良
伊賀	三重
伊勢	
志摩	
紀伊	和歌山

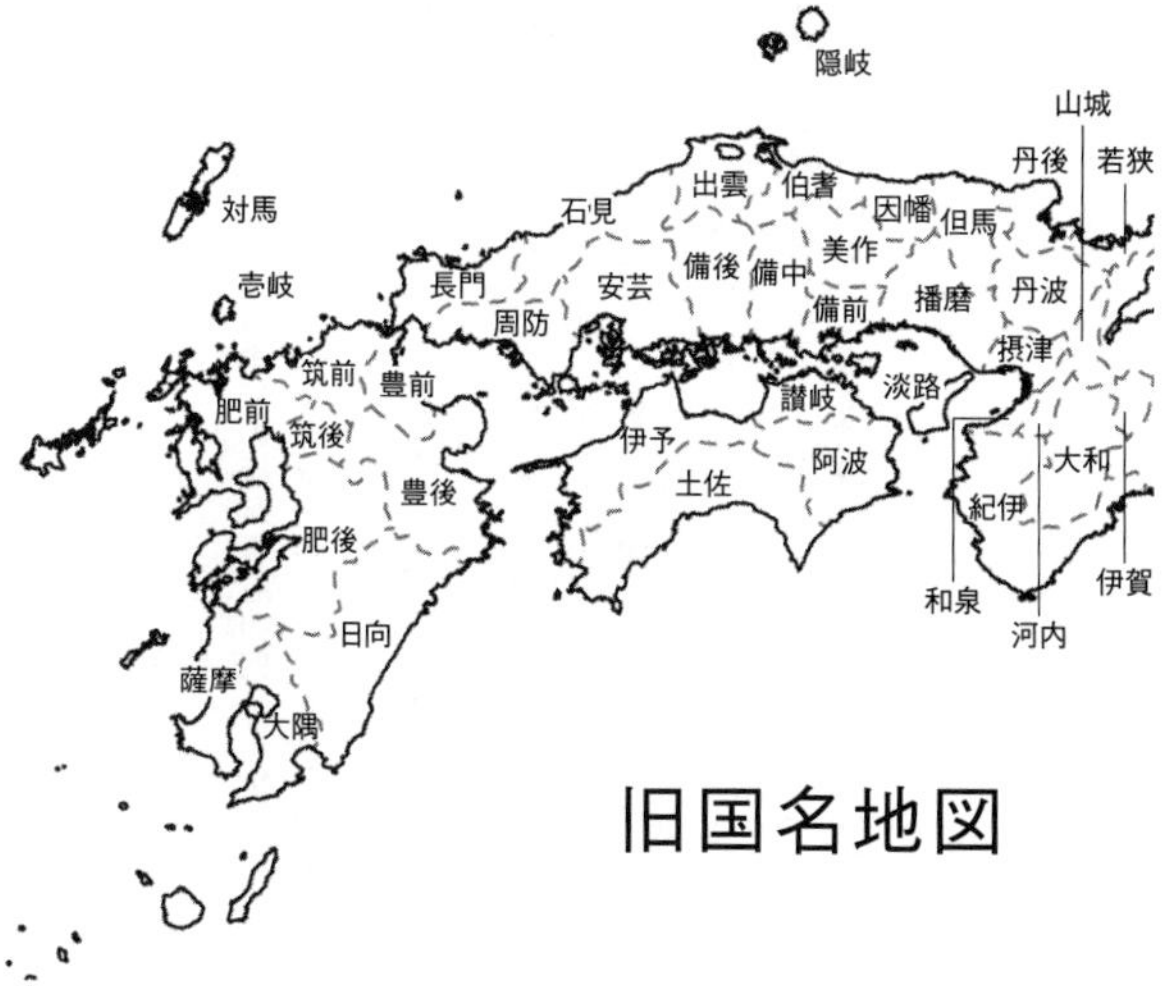

旧国名地図

凡例

一　本書は正治元年（一一九九）正月から嘉禄元年（一二二五）十二月までの鎌倉幕府の内部抗争史である。

主に建久九年（一一九八）十二月の源頼朝の落馬から北条政子が没した嘉禄元年（一二二五）の期間を、基本的に時系列に従い記述する。

二　本書の背景となる諸事項については本論の後に解説編を付したので、適時参照いただきたい。

三　年齢は数え年で表記した。

四　『吾妻鏡』は、新訂増補国史大系『吾妻鏡』（底本：北条本　吉川弘文館）を主に用い、高橋秀樹氏編『新訂　吾妻鏡』（底本：吉川本　和泉書院）、『吾妻鏡』（底本：吉川本　名著刊行会）、『全譯　吾妻鏡』（国史大系本の読み下し　新人物往来社）、五味文彦氏等編『現代語訳　吾妻鏡』（国史大系本の現代語訳　吉川弘文館）を適時参照した。

五　『吾妻鏡』からの引用には、基本的に史料名を記載せず、適時、日時のみを（　）に入れて記した。

六　史料は、本書が一般書であることを考慮し、基本的に現代語訳のみを記した。

七　武家系図の平安期部分は必ずしも史実を伝えたものではないが、本書では鎌倉期以降に社会的に認められていた点を重視して掲載する。

序　殺し合いの時代

源《みなもとの》頼朝《よりとも》が死んだ。

時に正治《しょうじ》元年（一一九九）正月十三日。五十三歳。

前年の末、建久《けんきゅう》九年十二月二十七日、頼朝の家臣である御家人《ごけにん》の一人、稲毛重成《いなげしげなり》が亡き愛妻の供養のために相模川に架けた橋が完成し、その落成法会《ほうえ》に臨んだ帰途、おそらくは脳出血によって落馬したのが原因であった（『吾妻鏡《あずまかがみ》』建暦《けんりゃく》二年二月二十八日条。『尊卑分脈《そんぴぶんみゃく》』）。

当時「関東」と呼ばれ今は「鎌倉幕府」と呼ばれている日本最初の本格的武家政権の総帥、御家人たちの主人「鎌倉殿《かまくらどの》」の地位は、後継者と定められていた十八歳の長男頼家《よりいえ》にただちに引き継がれたから、鎌倉幕府の体制は表面的には変化無かった。

だが、その特異な個性と卓越した指導力で鎌倉幕府を強力に統制していた頼朝という重石《おもし》を失った御家人たちは、まもなく鎌倉殿をも巻き込んだ激烈な内部抗争を開始する。抗争は二十年以上に亘《わた》って熾烈《しれつ》に戦われる。

頼朝薨去《こうきょ》（皇族及び三位以上の人が死去すること）から承久《じょうきゅう》三年（一二二一）五～六月の承久の乱までの二十三年間を一つの時代と捉えると、この期間に起こった御家人たちの抗争とそれに因する事件は、以下のごとくである（朝廷〈王朝〉の内紛に原因がある場合は、除外。★印は、流血をともなわなかったもの）。

正治元年（一一九九）
❶七月　**★安達景盛《あだちかげもり》討伐未遂**
❷十月（～正治二年正月）　**梶原景時《かじわらかげとき》事件**
建仁《けんにん》元年（一二〇一）
❸正月～五月　**城《じょう》長茂《ながもち》京都挙兵・越後城氏の乱**
建仁三年（一二〇三）

❹五・六月　阿野《あの》全成《ぜんじょう》殺害

❺九月　比《ひ》企《き》の乱

元久《げんきゅう》元年（一二〇四）

❻七月　源頼家殺害

元久二年（一二〇五）

❼六月　畠山《はたけやま》事件（二俣川《ふたまたがわ》合戦）

❽閏《うるう》七月　牧《まき》氏《し》の変

❾八月　★宇都宮《うつのみや》頼綱《よりつな》討伐未遂

建保《けんぽう》元年（一二一三）

❿二月　★泉《いずみ》親平《ちかひら》反乱未遂

⓫五月　和田《わだ》合戦《かっせん》

⓬九月　重慶《ちょうけい》（畠山重忠子）殺害

建保二年（一二一四）

⓭十一月　栄実《えいじつ》（源頼家子）殺害

承久元年（一二一九）

⓮正月　**源実朝《さねとも》殺害**

⓯二月　**阿野時元《ときもと》（阿野全成子）殺害**

承久二年（一二二〇）

⓰四月　**禅暁《ぜんぎょう》（源頼家子）殺害**

流血を見なかった三件を含めて二十三年間に十六件である。

治承《じしょう》四年（一一八〇）五月の以仁王《もちひとおう》の乱による、いわゆる源平合戦（治承・寿永《じゅえい》の内乱）開始から正治元年の源頼朝薨去までの十八年余に、頼朝の意思によって殺害された者（合戦による大量死を除く）は三十人を超えるが、奥州合戦《おうしゅうかっせん》の復讐《ふくしゅう》戦である建久《けんきゅう》元年（一一九〇）の大河兼任《おおかわかねとう》の乱終結までの十年間は戦乱期であり、また鎌倉殿という頼朝の立場を考慮すると、頼朝薨去後の内部抗争とは性質を異にする。

むしろ、比較の対象とすべきは、承久の乱以降、元弘《げんこう》三年（一三三三）五月二十二日の鎌倉幕府滅亡までの内部抗争であろう。それは、以下のごとくである（事件の後の〔　〕内は、時の得宗《とくそう》〈北条氏当主〉）。なお、安貞《あんてい》元年（一二二七）六月十八日の北条泰時《ほうじょうやすとき》次男時実《ときざね》殺害事件など、幕府政治と直接関係の無い事件は除外した。

元仁《げんにん》元年（一二二四）

❶六月　**★伊賀《いが》氏の変**［泰時］

天福《てんぷく》元年（一二三三）

❷五月　**佐原《さはら》（三浦）盛連《もりつら》殺害**［泰時］

寛元《かんげん》四年（一二四六）

❸五〜六月　**宮騒動《みやそうどう》**［時頼《ときより》］

宝治《ほうじ》元年（一二四七）

❹六月　**宝治合戦**［時頼］

建長《けんちょう》三年（一二五一）

❺十二月　**了行法師《りょうぎょうほっし》反乱未遂**［時頼］

文永《ぶんえい》三年（一二六六）

❻七月　**★宗尊《むねたか》親王京都送還**［時宗《ときむね》］

文永九年（一二七二）

❼二月　**二月騒動《にがつそうどう》**［時宗］

弘安《こうあん》七年（一二八四）
❽六月五日〜十月三日　**佐介《さすけ》（北条）時国《ときくに》殺害**［貞時《さだとき》］
❾八月　**★佐介（北条）時光《ときみつ》配流《はいる》**［貞時］
弘安八年（一二八五）
❿十一月　**霜月騒動《しもつきそうどう》**［貞時］
永仁《えいにん》元年（一二九三）
⓫四月　**平禅門《へいぜんもん》の乱**［貞時］
嘉元《かげん》三年（一三〇五）
⓬四〜五月　**嘉元の乱**［貞時］
嘉暦《かりゃく》元年（一三二六）
⓭三月　**★嘉暦の騒動**［高時《たかとき》］
元徳《げんとく》三年（一三三一）
⓮八月　**元徳の騒動**［高時］

流血を見なかった四件（★印）を含めて、百十二年間に十四件である。

二十三年間に十六件と百十二年間に十四件。前者の方が多いのである。しかも、流血沙汰だけなら十三件と十件。

平均をとると、前者が一年半弱に一件、後者が八年に一件である。八年に一度は事件が起きているのだから、後者も決して少ないとは言えず、ゆえに鎌倉幕府史は「内紛と内戦の連続」というイメージがある。だが、その中でも前者の時期は突出しており、異様である。

頼朝薨去から承久の乱までの期間は、内紛・内戦の絶えなかった鎌倉幕府史においても異常な時代であった。私は、この期間における御家人たちの戦いをまとめて、「御家人間《かん》抗争」と呼んでいる。

しかも、御家人間抗争で殺し合ったのは、十年に及んだ日本史上最初の全国的長期内乱（以仁王の乱～大河兼任の乱）を頼朝の下《もと》で共に戦い、いわば同じ戦場の釜の飯を喰った戦友、頼朝を先頭に「都市鎌倉」という「武士の町」を皆で築いた仲間たちであった。

たった一人の男の死を契機に、鎌倉幕府は「最も不幸な時代」に突入したのである。

治承四年十月六日の頼朝の鎌倉入りから数えれば、元弘三年五月二十二日の滅亡まで、鎌倉幕府は百五十三年続いた。

本書は、鎌倉幕府の歴史において、最も悲惨な「殺し合いの時代」、「御家人間抗争」の時代を描くものである。

平安・鎌倉時代の武士たちは、自分たちを「勇士（勇敢な男）」と呼び、他者からもそう呼ばれた。そして勇士たちには「兵《つわもの》の道」と呼ばれる倫理観、理想とする行動規範があった（『今昔物語集《こんじやくものがたりしゅう》』巻第二十五「源宛と平良文と合戦せる語《こと》」「源頼信朝臣、平忠恒を責めたる語」）。卑怯なことはしない、女は殺さない、それが「兵の道」であった（同「平維茂、藤原諸任を罰《う》ちたる語」）。

では、鎌倉武士、「兵の道」に生きる「勇士」たちの現実は、いかなるものであったろうか。

第一章　十三人合議制の成立と抗争の開始

一　頼家の鎌倉殿継承

頼朝の子と孫

頼朝と二十年余連れ添った十歳下の妻、北条《ほうじょう》政子《まさこ》は当時の慣例に従い夫の薨去《こうきょ》からまもなく出家《しゅっけ》し（法名《ほうみょう》如実《にょじつ》）、「尼御台所《あまみだいどころ》」と呼ばれることになる。

頼朝と政子の間には、

・長女大姫《おおひめ》　大姫は長女の意
・長男頼家　十八歳
・次女三幡《さんまん》　十四歳。乙姫とも。乙姫は次女の意
・次男千幡《せんまん》　八歳。後の実朝

の四子があったが、大姫は建久八年（一一九七）七月十四日、父に先立ち十九歳（推定年齢）で没している。

頼朝には他に僧となった貞暁《じょうぎょう》（初め能寛《のうかん》）という庶子《しょし》がおり、当時十四歳であった。

源氏三代婚姻関係図

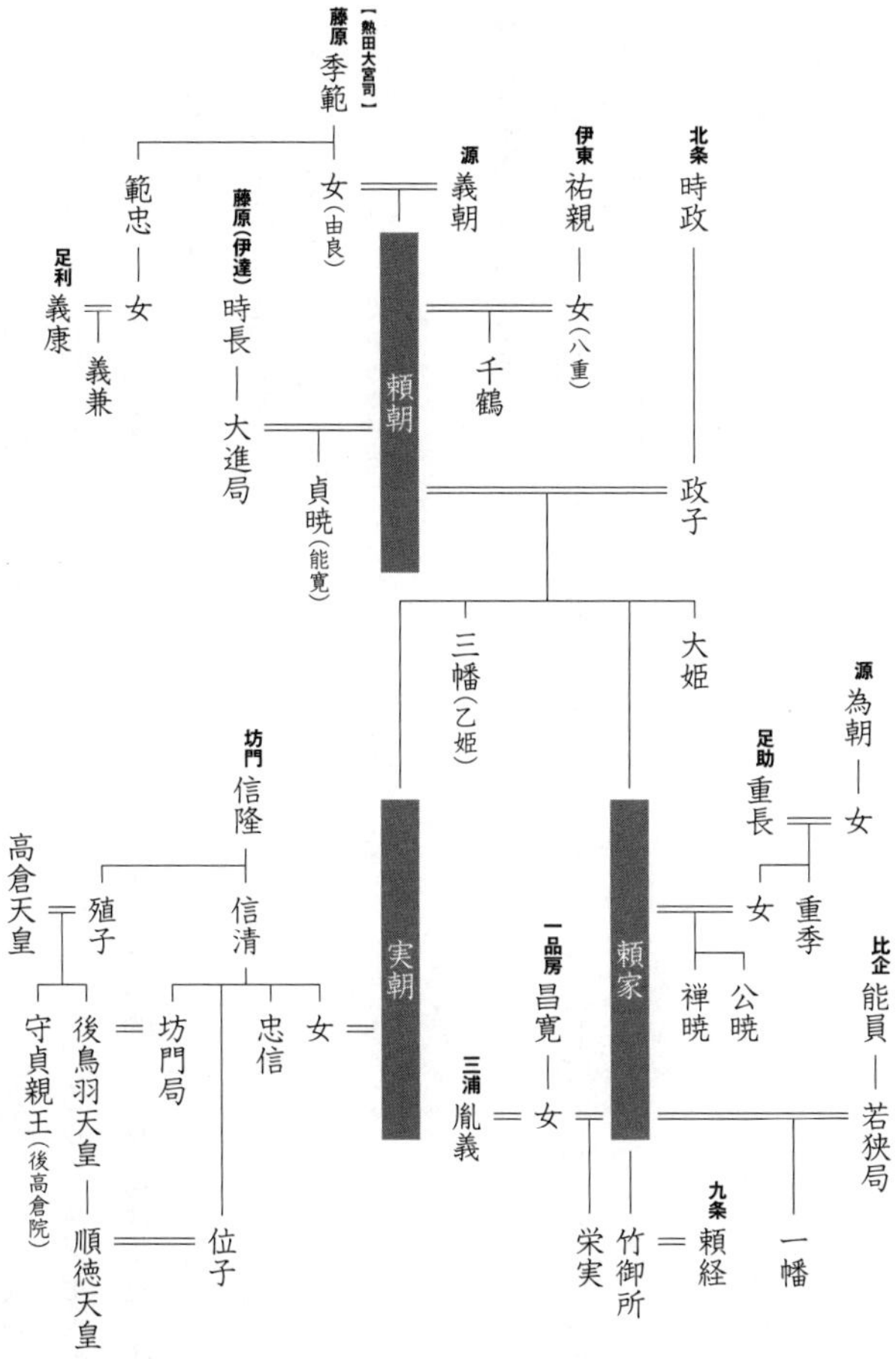
【熱田大宮司】
藤原 季範
範忠
女（由良）
源 義朝
伊東 祐親
北条 時政
足利 義康
女
義兼
藤原（伊達）時長
大進局
頼朝
千鶴
女（八重）
貞暁（能寛）
政子
三幡（乙姫）
大姫
源 為朝
足助 重長
女
坊門 信隆
高倉天皇
殖子
信清
実朝
女
重季
頼家
禅暁
公暁
比企 能員
一品房 昌寛
守貞親王（後高倉院）
後鳥羽天皇
坊門局
忠信
女
三浦 胤義
女
若狭局
順徳天皇
位子
栄実
竹御所
九条 頼経
一幡

さらに、頼朝は伊豆での流人時代、政子と婚姻する以前に、伊豆最大の豪族伊東祐親《いとうすけちか》の三女（俗に八重《やえ》と伝える）との間に千鶴《せんつる》と呼ばれる男子をもうけているが、この子は安元《あんげん》元年（一一七五）九月頃、伊勢平氏（平清盛の一族。いわゆる平家一門）への聞こえを恐れた祖父祐親により三歳で殺害された。

また、頼家には正治元年時点で、

・長男一幡《いちまん》　二歳。母は幕府大幹部の一人、比企能員《ひきよしかず》の娘若狭局《わかさのつぼね》

があった。

頼家の鎌倉殿継承と朝廷の後押し

頼家は父薨去の七日後、正治元年正月二十日におこなわれた臨時除目《りんじのじもく》で右近衛権少将《うこのえのごんのしょうしょう》から左近衛権中将《さこのえのごんのちゅうじょう》に進み、二十六日には、

> 前征夷将軍《さきのせいいしょうぐん》源《みなもとの》朝臣《あそん》の遺跡《ゆいせき》を続《つ》ぎ、よろしく彼《か》の家人郎従《けにんろうじゅう》等《ら》をして、旧《もと》のごとく諸国の守護を奉行《ぶぎょう》せしむべし。

との土御門《つちみかど》天皇の宣旨《せんじ》（天皇の意思を伝える公文書の一種）が発給された。頼家は天皇によって鎌倉殿継承を命じられたのである。

左近衛権中将昇進の知らせと宣旨が到着した鎌倉では、頼家の鎌倉殿としての政務開始の儀式である政所《まんどころ》吉書《きっしょ》始《はじめ》（吉書＝吉事を記した儀礼的文書）が二月六日に挙行された。

頼朝は死去に先立つ正月十一日に出家し、それは飛脚《ひきゃく》によって十八日に京都に伝えられた。続いて十三日の薨去の報は二十日に京都に入り、朝廷ではその日に頼家の昇進をおこない、六日後に宣旨を発給したのであった（『明月記《めいげつき》』『猪隈関白記《いのくまかんぱくき》』）。出家・薨去の知らせが鎌倉から京都に伝えられるのに七日、宣旨発給から吉書始までが九日である（正治元年正月は小の月。前近代まで使われていた太陽太陰暦では大の月が三十日、小の月は二十九日）。京・鎌倉間は早馬《はやうま》なら最速で三日、通常七日から十日である。

建久九年十二月は小の月なので、頼朝薨去は落馬から十五日後であった。頼朝は相模川での橋供養の帰途に落馬している。馬を走らせてはいなかったはずで、落馬の原因はおそらくは脳出血である。薨去までの間も意識不明に近い状態であった可能性が高く、出家の時点で意識があったかは定かではない。

頼朝がこのような状態であれば、幕府幹部たちは朝廷との交渉を含め、万一の事態となった場合の方針を論議していたはずである。しかし、実際に頼朝が薨去した後には方針の再確認などをおこなったであろうから、京への使者が鎌倉を発《た》ったのは薨去当日ではなかった可能性が高い。

また、吉書始は「日時を択《えら》び申す」(吉日を選んで)と『吾妻鏡』にあるので、宣旨到着から日を空けておこなわれており、宣旨も発給にそれなりの時間がかかるので、宣旨発給から鎌倉到着までの日数は七日以下ということになる。

頼朝薨去から頼家の吉書始までを『吾妻鏡』は「いまだ廿(二十)ヶ日を経《へ》ずといえども」と記すが、実際には二十二日である。それにしても、頼家の鎌倉殿継承は早いと言えよう。最速ではなかったが、幕府も朝廷も頼家の鎌倉殿継承を迅速におこなったことは間違い無い。

さらに言えば、政所は当時の幕府では中枢機関だが、本来は従三位《じゅさんみ》以上の位階を有する最高級貴族、公卿の家政《かせい》機関(家の運営機関)であった。吉書始時点で頼家の位階は正五位下《しょうごいのげ》であり、政所を開く資格がなかった。ゆえに頼家は政所での儀式には出席せず、政所で作成された吉書を儀式終了後に寝殿で見ている。このような非公式な形(内々の儀)で吉書始が挙行されたのは、幕府首脳部での度々の論議の結果であった。

正月二十日の頼家の左近衛権中将昇進は頼朝の事故・薨去とは無関係に以前から申請されていた可能性もあるが、臨時除目で任官されているので、十一日の頼朝出家の知らせと共に申請されたのではないか。叙位・任官には手順があり、通常は正五位下の者をいきなり従三位以上の位階に叙《じょ》すことは出来ない。幕府首脳部は頼家を少しでも高い位階・官職に就けようとしたと考えられる。

そして頼朝薨去からわずかの期間で、しかも非公式な形をとってまで吉書始がおこなわれた理由を、『吾妻鏡』は「綸旨《りんじ》厳密の間《あいだ》」と記している。綸旨は宣旨と同じく天皇の意思を伝えるが、宣旨とは別の文書である。だが、ここでは正月二十六日付の土御門天皇宣旨を意味している。鎌倉幕府は異例尽くめの吉書始をあえておこなった理由を、「天皇の命令」としたのである。

かくて頼家の鎌倉殿継承は、天皇より命じられたものとなった。

幕府首脳部は天皇の権威に縋《すが》ってまで、でき得る限り迅速に新たな鎌倉殿を誕生させた。急死と言ってよい頼朝の薨去に直面した幕府首脳部が、いかに不安を抱き、激しく動揺したかがうかがわれる。朝廷にしても鎌倉幕府の混乱は大問題であり、幕府の懇願《こんがん》に速やかに応えたのであった。

二　十三人合議制の成立

頼家、政務を開始

正治元年三月五日、頼朝の姉の嫁ぎ先である朝廷貴族一条《いちじょう》家の侍であり、頼朝時代に御家人となった後藤基清《ごとうもときよ》が「罪科《さいか》あるによって」讃岐《さぬき》守護を罷免《ひめん》され、近藤国平《こんどうくにひら》が任命された。『吾妻鏡』は、「幕下《ばっか》将軍（頼朝）の御時《おんとき》に定め置かるる事を改めらるるの始めなりと云々《うんぬん》」と批判的ともとれる記載をしている。

だが、後藤基清の「罪科」とは、基清が中原政経《なかはらのまさつね》・小野義成《おののよしなり》らとともに朝廷の権臣土御《つちみ》門《かど》通親《みちちか》の襲撃を計画したとして、二月十四日に頼家の雑色《ぞうしき》（召使いのような者）に捕縛され後鳥羽院の院御所に引き渡された（『明月記』同日条）、いわゆる「三左衛門《さんざえもん》の乱（三左衛門事件）」（基清ら三人が左衛門尉であったことからの呼称）のことを指す。京都で事件を起こした基清の守護罷免は当然の処分である。

この事件の経緯は朝廷の内紛であり、頼家ならびに幕府は京都の治安維持に動いたに過ぎない。また基清の後任となった近藤国平は頼朝挙兵以来の御家人で、源平合戦時には畿内の治安維持にあたった人物。讃岐守護任命は適任といえる。

この讃岐守護人事が記録された頼家による最初の政治活動であり、頼家が鎌倉殿として政務を開始していたことがわかる。また、前出の『吾妻鏡』の記述は、同書が編纂された鎌倉後期における頼家に対する低評価がわかる。

続いて三月二十三日、頼家は「殊《こと》なる御《ご》宿願《しゅくがん》あるによって」伊勢神宮所領六ヶ所の地頭を罷免した。神領の興行《こうぎょう》を目的とするもので、新鎌倉殿の敬神の姿勢を示す善政であった。

さらに四月一日、訴訟の事務を担当する問注所《もんちゅうじょ》が新造された。問注所は頼朝時代の元暦《げんりゃく》元年（一一八四）、幕府（頼朝邸）の一角を指定して設置されたが、建久三年（一一九二）十一月二十五日に不祥事が発生したため、その後は執事（長官）の三善《みよし》康信《やすのぶ》邸に置かれていた。これを別に新築したのである。頼家の発意《はつい》かは不明であるが、頼家政権の始動を目に見える形で示したといえよう。

朝廷の内紛も大事に至らず、頼家政権は順調に始動したように見えた。

十三人合議制

ところが、問注所新築から半月も経《た》たずして、四月十二日、幕府で極めて重大な決定がなされた。

諸々の訴訟について羽林《うりん》（頼家）が直接、「聴断《ちょうだん》」なさることは停止する。今後、全てのことは、北条殿・同じく四郎主《ぬし》、そして兵庫頭《ひょうごのかみ》広元《ひろもと》朝臣《あそん》・大夫属入道《たいうのさかんのにゅうどう》善信《ぜんしん》・掃部《かもんの》頭《かみ》親能《ちかよし》（在京中）・三浦介《みうらのすけ》義澄《よしずみ》・八田右衛門尉《はったのうえもんのじょう》知家《ともいえ》・和田左衛門尉《わださえもんのじょう》義盛《よしもり》・比企右衛門《ひきうえもんの》尉《じょう》能員《よしかず》・藤九郎入道《とうくろうのにゅうどう》蓮西《れんさい》・足立左衛門尉《あだちのさえもんのじょう》遠元《とおもと》・梶原平三《かじわらのへいざ》景時《かげとき》・民部大夫《みんぶのたいう》行政《ゆきまさ》たちが談合によって取り計らい判決する。この十三人以外の者がみだりに羽林に訴訟を取り次いではならないと決定したということである。

羽林は左・右近衛府《このえふ》及びその官職の唐名《とうみょう》であり、ここでは左近衛権中将である頼家を指す。

「聴断」は吉川本『吾妻鏡』にあるもので、北条本では「決断」となっている。だが、吉川本は『吾妻鏡』諸写本のなかでも古態をよく残すとされ、意味的にもこれは「聴断」が正しい。

文字通りに読めば、頼家の親裁を止《と》め、名を挙げられている有力御家人十三人の合議によって訴訟裁決をおこなうことが決定されたということである。この合議機関を現在、学界では**「十三人合議制」**という当たり前過ぎる名称で呼んでいる。

「聴断」の意味

「聴断」は、『日本国語大辞典』（小学館）に「いうことをきいて是非を断定すること。うったえを聴いてさばくこと。裁判すること。聴決。裁断。」と記されている。史料によって具体例を見てみよう。

幕府の例では、『鎌倉年代記』文永三年（一二六六）三月六日・永仁三年（一二九五　永仁二年の記事を誤記載）十月二十四日条に「聴断」があり、政権首班（執権北条時宗、執権北条貞時）が「訴訟を裁許する」の意味である。朝廷の例でも、『実《さね》躬《み》卿《きょう》記《き》』乾元《けんげん》元年（一三〇二）七月十八日条に「聴断」があり、やはり政権首班（亀山法皇と後宇多上皇）が「訴訟を裁許する」の意味である。つまり、「聴断」とは、幕府でも朝廷でも「訴訟の裁許・裁断」、「提起された訴訟の内容を聞いて審理し判決を出すこと」である。

また、次のような例がある。『吾妻鏡』承久元年（一二一九）七月十九日条で、四代将軍候補者九条三寅《みとら》（二歳　後の頼経《よりつね》）が幼いため、北条政子が「理非を簾中《れんちゅう》に聴断」することになった。「簾中に聴断」とは、いわゆる「垂簾《すいれん》の政《せい》」で、中華帝国で幼帝に代わって皇太后（先帝の皇后）が政務を執ることをいう。この際、高貴な女性は限られた者にしか姿を見せてはならないため、人前では簾《すだれ》を垂らしたことに由来する。初代鎌倉殿頼朝の寡婦《かふ》政子の執政をこれになぞらえたのである。この「聴断」は訴訟に限らず「政務をおこなうこと」全般を意味している。

よって、「聴断」には次の二つの意味があったことになる。

A．訴訟の裁許・裁決

B．訴訟裁決を含めた政務全般の執行

一般論を言えば、訴訟裁決に代表される支配領域内の紛争解決は、権力者の重要な職務である。なかでも所領関係の裁決は、中世日本では朝廷でも武家政権でも最重要事項の一つであった。特に「一所懸命」（一ヶ所の所領に命を懸ける）を旨とする中世の武士は武家政権に所領紛争の公正な裁許を求めた。だからこそ、本来、Aの意味であった「聴断」は、Bの意味をも持ったのである。

以上のことから、『吾妻鏡』正治元年四月十二日条で、停止された頼家の直接の「聴断」は、「訴訟裁許」の意味である。

訴訟案件は全て（大小の事において）有力御家人十三人の合議制でなされることになった。「その外の輩は左右無く訴訟の事を執り申すべからざる」（十三人以外の者がみだりに頼家様に訴訟について取り次いではならない）とは、全ての訴訟案件は十三人合議制に提出されることになったことを意味し、同時に「案件によっては、十三人合議制から頼家に奏上する」という含みを持ち、頼家の権威を傷付けないための処置と考えられる。

そして、この決定は直接的には訴訟裁許についてだが、鎌倉幕府における訴訟裁許の重要性からして、頼家の鎌倉殿としての政務執行全般に及んだと考えられる。頼家は鎌倉殿としての権力行使を停止されたのである。

では、頼家の親裁を止め合議制を採用したのは、誰であったのか。鎌倉殿である頼家以外で、このような決定ができるのは、頼家の母にして偉大なる頼朝の後家尼《ごけのあま》（夫の没後に出家した寡婦）である北条政子しかいない。よって、頼家の親裁停止と十三人合議制の成立は、政子の意思という形でなされたはずである。

十三人合議制のメンバー構成

十三人合議制のメンバーを『吾妻鏡』の記載順に紹介すると、次のようになる。

❶北条時政《ほうじょうときまさ》（武士〈伊豆〉。六十二歳）。頼朝・頼家外戚《がいせき》（頼朝の義父。頼家の外祖父）。伊豆・駿河《するが》守護。

❷北条（江間《えま》）義時《よしとき》（武士〈伊豆〉。三十七歳）。頼朝・頼家外戚（頼朝の義弟。頼家の外叔父）。頼朝の家子《いえのこ》筆頭。

❸大江広元《おおえのひろもと》（文士。五十二歳）。後出の藤原親能《ふじわらのちかよし》の従弟で養子関係の弟。当時、中原。政所別当（初代）。

❹三善康信（文士。六十歳）。頼朝の乳母《めのと》の妹の子。問注所執事（初代）。

❺藤原親能（文士。五十七歳）。頼朝の流人時代からの知己。大江広元の従兄で養子関係の兄。元、中原。京都守護（在京）。

❻三浦義澄《みうらよしずみ》（武士〈相模《さがみ》〉。七十三歳）。頼朝の父義朝《よしとも》に仕えた源家累代《げんけるいだい》の家人（『平治物

語』）。相模最大の豪族三浦氏当主。相模守護。

7 八田知家《はったともいえ》（武士〈常陸《ひたち》〉。生没年未詳）。頼朝の乳母寒河尼《さむかわのあま》の兄弟。常陸大豪族。常陸守護。

8 和田義盛《わだよしもり》（武士〈相模〉。五十三歳）。三浦義澄の甥。侍所《さむらいどころ》所司（次官。元初代侍所別当）。

9 比企能員《ひきよしかず》（武士〈武蔵《むさし》〉。生年未詳）。頼朝の乳母比企尼《ひきのあま》の甥で養子。頼家乳母夫《めのとぶ》（寿永元年十月十七日条）。頼家外戚（娘若狭局が頼家の妻）。信濃《しなの》・上野《こうずけ》守護。

10 小野田盛長《おのだもりなが》（武士〈三河《みかわ》〉。六十五歳）。頼朝の流人時代からの家臣。頼朝の乳母比企尼の女婿。三河守護。

11 足立遠元《あだちとおもと》（武士〈武蔵〉。生没年未詳）。武蔵大豪族。頼朝の父義朝に仕えた源家累代の家人（『平治物語』）。頼朝期に公文所寄人《くもんじょよりゅうど》（職員）に在任。

12 梶原景時《かじわらかげとき》（武士〈相模〉。生年未詳）。相模鎌倉党。頼朝側近。頼家の乳母夫（『愚管抄《ぐかんしょう》』巻六）。侍所別当（第二代。初代侍所所司）。播磨《はりま》・美作《みまさか》守護。

13 藤原（二階堂《にかいどう》）行政《ゆきまさ》（文士。生没年未詳）。頼朝の姻戚（頼朝の母の叔母の子）。政所令（次官）。

頼朝と縁が深く頼朝に重用されていた者ばかりである。このメンバー構成については、いろいろな解釈がなされているが、結局、十三人合議制は頼朝時代の現状維持なのである。

また、前述のように、頼家の政務停止・十三人合議制設置は、頼家の母である北条政子の意思という形で決定されたと考えられる。政子は夫頼朝の薨去に際して出家した。このような女性を当時、後家尼と呼び、後家尼は新当主が幼少など何らかの理由で権限を行使できなかった場合、当主の権限を代行することが可能であり、家政における後家尼の権威や潜在的権力は大きかったのである。

政子と十三人合議制メンバーを含め御家人たちは突然の頼朝の死に動揺し、大急ぎで朝廷のお墨付きまでもらって（二月六日条）、頼家を第二代鎌倉殿に就けたものの、頼家の十八歳という若さに大いに不安があったのだろう。十八歳は当時としては成人だが、頼朝の鎌倉入りは三十四歳であり、今も昔も十八歳（満十七歳）は十八歳である。幕府の決定権を頼家から十三人合議制に移したのは、政子及び首脳部を含めた御家人たちの動揺と不安の具現化と言える。彼らにしてみれば、頼家は若いのだから、しばらくは自分たちに政務を任せてほしいということであったのだろう。

また、**藤原親能**は、この時点では在京で参加出来ないので、合議と言っても全員参加や全会一致は前提としていなかった。執権政治期以降の訴訟機関である評定《ひょうじょう》・引付方《ひきつけかた》も全員参加を前提とはしていない。

頼家の反発

だが、頼家は親裁権の掣肘《せいちゅう》に抵抗した。竹篦《しっぺ》返しのように、八日後の四月二十日、

> 小笠原《おがさわら》長経《ながつね》・比企《ひき》三郎《さぶろう》・比企《ひき》時員《ときかず》・中野《なかの》能成《よしなり》らの従類《じゅうるい》（家臣）が狼藉《ろうぜき》（暴力を含めた無法行為）を成しても甲乙人《こうおつにん》（武士ではない庶民）は敵対してはならない。また、この五人以外の者は頼家の許可がなければ、頼家の御前に参上してはならない。

という法令を発した。ここでは四人しか名が記されていないが、七月二十六日条で細野《ほその》四《し》郎《ろう》・和田朝盛《とももり》もメンバーで、実際は六人であったことがわかる。

頼家の愚行の初めとされる法令であるが、頼家としては頼朝にとっての北条義時・結《ゆう》城《き》朝《とも》光《みつ》らのような自身の「家子」（親衛隊）（養和《ようわ》元年四月七日・宝治二年閏十二月二十八日条）を作

ろうとしたのではないだろうか。

鎌倉殿が代わったのであるから、家子も交代するというのが頼家の理屈であったのだろう。だが、父頼朝は家子を一代限りのものではなく、子孫へと継承される家格（家柄）にしようとしていたのも事実である。建久三年（一一九二）五月二十六日、徒歩で散歩していた「家子専一」（筆頭）北条義時の息子でたった十歳の金剛《こんごう》（後の泰時）の前を騎馬で行き過ぎた御家人多賀《たが》重行《しげゆき》に対し、頼朝は「金剛はお前たちとは違う」と激怒し、多賀の所領を没収しているからである。

そして頼家が側近以外の自己への面会を禁じた以上、十三人合議制メンバーも「別して仰せあらざれば」（頼家の特別の許可がなければ）頼家に会えないのであるから、「訴訟の事を執り申す」ことが出来ない。

後述するように、この後、頼家は訴訟の裁決権を行使しており、十三人合議制は早々に頓《とん》挫《ざ》している。だが、十三人合議制メンバーも合議をおこなっており、訴訟採決権は頼家と十三人合議制で役割分担もなされないまま、双方が維持したことになる。

幕府政治の迷走と言い得るが、後の執権政治期における将軍と執権の対立、また室町時代における鎌倉府での鎌倉公方と関東管領の対立に通じるものがある。

六月三十日、頼朝と政子の次女三幡が病没した。三月以前から病み、五月には京都から医師が呼ばれたが、十四歳で夭折《ようせつ》したのであった。

十三人合議制のメンバーだが京都守護として在京していた三幡の乳母夫**藤原親能**は、三幡の危急を聞いて二十五日に鎌倉に帰って来たが、三幡の遷化《せんげ》（貴人が死ぬこと）により、この日、出家を遂げた。

藤原親能はしばらく在倉《ざいそう》（鎌倉に居ること）した（正治二年八月十日条）が、建仁元年（一二〇一）二月三日には京都に戻っていたことが確認されている。

三　安達景盛討伐未遂事件と抗争の幕開け

愛妾を奪われた安達景盛

三幡病没の半月後に勃発するのが、頼家による❶**安達景盛討伐未遂事件**である。

七月十日、三河国より飛脚が鎌倉に到着し、室《むろの》平《へい》四《し》郎《ろう》重《しげ》広《ひろ》なる者が軍勢を率いて駅《えき》を占領し、往来する庶民が難儀しているので処罰してほしいとの知らせが入った。駅は幹線道路沿いに置かれた宿場《しゅくば》（街道の要所に置かれた人夫や馬を取り替える〈継立《つぎたて》〉施設）で、経済拠点でもあったから、その占拠は重大な犯罪行為である。

　十六日、頼家は室重広討伐のため、**小野田盛長**の長子安達景盛に三河に赴くよう命じた。盛長が三河守護であったからである。もっとも、当時はまだ守護という言葉は定着しておらず、頭人《とうにん》・番頭《ばんとう》・奉行《ぶぎょう》などと呼ばれていた。

　景盛は前年春に京都から招いた愛人と一時《ひととき》も離れたくなかったため、辞退を申し出た。しかし、頼家は、三河が盛長の「奉行の国」（守護分国《ぶんこく》）であることを理由に辞退を認めず、結局、景盛は三河に向かった。

　ところが、二十日の暁。頼家は先述の側近の一人、中野能成をして景盛の愛人をこれまた側近である小笠原長経の屋敷に連れ出させてしまった。そして頼家は景盛の愛人に対し「御寵愛、殊にもって甚だし」（度を越えたおかわいがりよう）であった。無理遣り連行したのであるが、頼家が何度も使者を送って手紙を遣わしたものの、景盛の愛人がまったく承知しなかったので、このようなことになったと『吾妻鏡』は記す。「日来《ひごろ》」（数日来。近頃）とあるので、頼家は景盛が三河に向かった直後から手紙を送っていたようだ。

さらに二十六日夜。頼家は景盛の愛人を自邸（幕府）の一角、石御壺《いしのおつぼ》とも呼ばれていた北《きた》向御所《むかいのごしょ》に移し、ここでの居住を命じた。「御寵愛甚しきが故」だそうである。そして小笠原長経・比企三郎・和田朝盛・中野能成・細野四郎の側近五人以外の者が石御壺に参じるのを禁じた。

八月十八日、景盛が鎌倉に帰参し、郎従を諸方に派遣して捜索させたが、室重広はすでに逐電《ちくでん》し行方を暗ましていたことを報告した。帰宅以前に幕府に直行したはずで、まだ景盛は何も知らなかったと思われる。事態を知った景盛の悲憤は想像に余りある。

翌十九日、愛人を奪われた景盛が頼家に怨恨《えんこん》を抱いているとの讒言《ざんげん》を聞いた頼家は、小笠原長経・和田朝盛・比企三郎・中野能成・細野四郎ら側近の五人組を石御壺に集め、景盛誅伐を命じた。

十月二十七日条で、**三浦義澄**の息子三浦義村《よしむら》はこの讒言者を梶原景時と名指ししている。真偽はともかく、そのような情報が流れたのは事実であろう。

夜、軍勢が旗を上げ由比ヶ浜《ゆいがはま》に面した甘縄《あまなわ》の小野田盛長邸に向かった。『吾妻鏡』には小笠原長経しか名が記されていないが、甲斐《かい》源氏の一族で信濃に大きな勢力を有する小笠原が大将であったのであろう。鎌倉はたちまち合戦直前の情勢となり、騒擾《そうじょう》の巷《ちまた》と化した（およそ鎌倉中騒動なり。万人恐怖せずということなし）。治承四年の頼朝鎌倉入り以来、初めて鎌倉殿の意思により鎌倉府内を戦場とする合戦が起ころうとしていた。

このような場合、御家人たちは恩賞目当てに我も我もと押っ取り刀で参集するのであり、**小野田盛長・**安達景盛父子は絶体絶命の状況となった。

政子の一喝

ここで北条政子が登場する。政子は自ら盛長邸に乗り込み、二《に》階《かい》堂《どう》行《ゆき》光《みつ》（**藤原行政**の長子）を使者として頼家に派遣し、

「幕下《ばっか》（頼朝）が薨去されて、いく日も経ずに、乙姫君（三幡）も若くして亡くなってしまいました。悲しいことばかりが続いているのに、その今、好き好んで戦いをお望みになる。こんなことは世の乱れの元となるものです。なかでも景盛は幕下が心を寄せ、特にいたわられていた者です。罪があると聞いたなら、私がすみやかに処置しましょう。事情も聞かずに殺してしまったなら、きっと後悔なさいます。もし、私がここまで言っても、なお、景盛を殺すとおっしゃるなら、私がまず矢に中《あた》ります」

と言って退けた。

母の覚悟の言葉に、頼家はシブシブながら矛《ほこ》を収め、兵を引いたのであった。

さらに翌二十日、盛長邸に一泊した政子は、

「昨日は私の計らいで、羽林（頼家）の蛮行を止めることができたけれど、私も、もう年です。羽林の恨みをこれからは、きっと抑えられないでしょう。お前は『自分に野心はありません』という起請文《きしょうもん》（神仏への誓約書）を書いて、羽林に献上なさい」

と言って、景盛に起請文を書かせた。

政子は景盛の書いた起請文を持って自邸に帰った。そして佐々木盛綱《ささきもりつな》を使者として、自身の叱責の言葉と共に景盛の起請文を頼家に届けさせた。

かくて、政子の活躍により、頼家による安達景盛討伐は未遂に終わった。

武門の主従関係

政子の介入により大事に至らなかったが、『吾妻鏡』の記述を読む限りは、この事件における頼家は、古今東西に存在する「好色な暴君」そのものである。『吾妻鏡』が編纂された鎌倉後期に、頼家がどのように評価されていたかをよく示している。

しかし、家臣の妻妾を奪う主人は頼家に限らない。実際、七月十九日条で大江広元は先例

として鳥羽院が廷臣の妻を奪ったうえに、その廷臣を隠岐に配流した事例を語っている。もっとも鳥羽院は廷臣を殺そうとまではしていないが。

褒められたことではないが、〝よくあること〟だったのである。古代・中世人の行動を現代人の感覚や常識で解釈してはならない。

主人の愛妾が食べるために毎月、鳥を獲《と》って来るよう命じられた家臣が鳥を獲って来れなければ、家臣は「重《じゅう》科《か》」に処される。そして「重科」とは「源氏・平氏の習《ならい》」、つまり武家社会の慣習では「頸《くび》を刎《は》ねられる」ことであった（『古事談』「白河法皇殺生禁断ノ時、加藤成家、厳制ヲ犯ス事」）。

これが武門の習い。古代・中世武家社会の常識であった。

安達景盛事件における頼家の行動に、当時も批判があったことは事実である。稚拙で無節操と言われても仕方がない。何よりも大きな問題は、頼家が鎌倉殿を継承したばかりで、御家人たちとの主従関係を情理の面では形成出来ていなかった点である。

頼家は〝人の心を掴む〟という才能で、父頼朝に遥かに及ばなかった。だが、いわば〝生まれながらの鎌倉殿〟である頼家は、その事実に不幸にも気付けなかった。

殺す気はなかったのか

もっとも、頼家が本当に安達景盛を殺すつもりであったかは微妙である。

頼家の真の狙いは自身の鎌倉殿としての権威の確立にあったのかもしれない。

たまたま起こった室重広の事件を利用して景盛の愛妾を奪い、それを恨んでいるとして側近に景盛討伐を命じて兵を動かし、景盛が「畏《おそ》れ入りました」と詫びて恭順の意を示したなら、鎌倉殿として〝寛大に〟赦《ゆる》す。これが頼家のシナリオであったのではないか。

自身から権力を奪おうとする十三人合議制のメンバーであり、偉大な父にその不遇時代から仕えた**小野田盛長**の子安達景盛を狙ったのも、標的としては悪くはないはずである。

それに頼家は、政子が自ら盛長邸に乗り込むとまでは予想していなかったであろう。

政子の勇敢な活躍により、頼家の作戦は最悪の結果となり、政子は〝生命《いのち》を懸けて家臣を守る女傑〟となり、頼家は〝好色で暗愚な鎌倉殿〟となってしまった。

だが、この事件で、近習以外の取り次ぎ禁止と共に、十三人合議制に奪われかかった親裁権を、頼家はある程度、守ることが出来たと言える。

前述のごとく、頼家は十三人合議制成立後も親裁権を行使しているからである。

しかし、御家人たちが抱いたであろう頼家への不信は、頼家の想像を超えて大きかったことであろう。

結果として、頼家が評判を落としただけのバカバカしい事件となってしまい、流血を見ることも無かったが、この事件によって、御家人間抗争の幕は開いた。

第二章　梶原景時事件と広域武士団

一　梶原景時事件

安達景盛事件の二ヶ月後に起きるのが、**❷梶原景時事件**である。

頼朝時代の梶原景時

まず、**梶原景時**がいかなる人物かを知るため、頼朝時代の景時について見ておこう。

梶原氏は相模において三浦氏と覇を競った桓武《かんむ》平氏系武士団連合、鎌倉党の構成員である。頼朝が挙兵直後に大敗した治承四年（一一八〇）八月二十三日の相模石橋山合戦では、同じ鎌倉党の大庭《おおば》景親《かげちか》が総大将となった平氏方相模武士団連合軍に属していた。

合戦の翌日、大庭方が掃討戦で頼朝の行方を捜していた時、景時はある峰に頼朝が隠れているのを知りながら、「この山には人跡なし」と言って、景親の手を引いて隣の峰に向かい、頼朝を救ったと『吾妻鏡』にある。『源平盛衰記』巻二十一では、もっと劇的な場面が描かれているが、『吾妻鏡』の記述あたりが史実であろう。

その年冬に頼朝側近の一人である相模中村党の土《ど》肥《い》実《さね》平《ひら》を頼って投降し、翌養《よう》和《わ》元年正月、頼朝に初《うい》参《ざん》（初めて参上すること）し御家人に加えられた。景時は文筆に携わる者ではなかったが、弁が立つのを頼朝に買われたという。

景時は実務に長《た》け、官僚として優秀であったため、すぐに頼朝の側近に加えられて、侍所所司（次官）に任命され、さらに頼朝の長子頼家の乳母夫ともなった（『愚管抄』巻六）。

陥れる讒言か、冷静な報告か

景時は源義《よし》経《つね》を頼朝に讒《ざん》言《げん》した悪人として有名で、たしかに『義《ぎ》経《けい》記《き》』を見ると景時の義経への悪口・讒言はヒドイものである。しかし、『義経記』は軍記物語、いわば戦争小説であって、そのまま記述を鵜呑みには出来ない。『吾妻鏡』を見ると、

①文治元年（一一八五）四月二十一日条に載る書状で、義経が平家追討の成功をまるで自分一人の功績のように我が物顔に振る舞い、それを諫めると処罰されかねないので、鎌倉に帰りたいと頼朝に訴えたこと。

②同年十月六日条で、頼朝の使者として上洛《じょうらく》していた景時の息子景季《かげすえ》が鎌倉に戻り、義経に頼朝の源行家《ゆきいえ》追討の命令《めいれい》を伝えようと面会を求めたが、具合が悪いと言われて叶わず、ようやく会えた際には、「病が治ってから出陣する」と言われたと報告した。これを義経の仮病だと疑う頼朝に賛同したこと。

の二件くらいが、義経に関する景時の讒言と取れなくもない発言である。だが、①は事実を伝えて「もう義経殿には付いていけませんから、鎌倉に帰りたいです」と自分の窮状を訴えているのであり、②では景季の報告した義経の様子を客観的に分析して頼朝の仮病説に賛成している。これを讒言と断じて良いものかどうか。

ただ、景時が明らかに他者を讒言している事例は、義経以外のケースに存在する。

③文治三年三月十日条。土佐の御家人である夜須《やす》行宗《ゆきむね》が壇《だん》ノ《の》浦《うら》合戦で平家の家人二人を生け捕ったので、恩賞がほしいと頼朝に願い出たところ、景時が壇ノ浦合戦に夜須は参加しておらず、年月が経ったのをいいことに虚言を弄して恩賞を得ようとしていると告げた。そこで頼朝は、証人を呼んで事実を検証した。すると、夜須の手柄は事実だと判明

したため、頼朝は夜須に恩賞を与え、景時には讒訴の罰として鎌倉府内の道路作りを命じた。

④同年十一月十五日条。軽微な罪で一時的に拘禁《こうきん》されたことを恨んだ畠山《はたけやま》重忠《しげただ》が反乱を計画しているという噂が流れた際に、これが重忠一族の最近の動向と一致するとして、重忠を討伐すべきであると景時が頼朝に密かに進言した。しかし、事実無根であった。

⑤文治五年（一一八九）九月七日条。奥州合戦で捕虜となった奥州藤原《ふじわらの》泰衡《やすひら》郎従（家臣）由利《ゆり》八郎《はちろう》を尋問するように頼朝に言われた景時は、勝者の驕《おご》りから横柄かつ無礼な態度で由利に接し、怒った由利が証言を拒むと、頼朝に「あの男は暴言（悪口《あっこう》）しか言わないので、尋問しようがありません」と訴えた。だが、頼朝は「景時が無礼なことをしたから、怒ったのだろう。もっともなことだ。早く畠山重忠を行かせろ」と命じ、重忠が行って、由利を勇士と認めて丁寧に話し掛けたところ、由利はすっかり機嫌を直して証言した。

この事例では、景時は自分の無礼を棚に上げて、頼朝に由利のことを悪く言っており、讒言と言えば、讒言である。

元暦元年（一一八四）正月二十七日、二十日に木曽《きそ》義仲《よしなか》を滅ぼした知らせが鎌倉にもたらされたのだが、義経はじめ他の御家人たちの使者がただ勝ったと報告するだけであったのに対し、景時の使者は義仲方の戦死者・捕虜の名簿（交《きょう》名《みょう》）を持参しており、頼朝は景時を激賞している。

景時が官僚として優秀であったことは間違いない。だが、冷静な報告が他者にとって不利になる場合もある。④などは、噂と畠山重忠一族の行動を冷静に分析した推論だったとしても、結果として讒言になった。③の事例では、景時は夜須の参加を知らなかったのかもしれないし、何か勘違いがあったのかもしれないが、やはり結果として讒言になっており、頼朝にも讒言と判断されている。そして⑤の事例からして、景時は頼朝の信頼を笠に着て、御家人仲間にも不遜な態度をとっていたのではないか。『愚管抄』巻六は、景時の御家人たちへの態度を「次〳〵《（々）》ノ郎等ヲアナヅリケレバニヤ（他の御家人を軽んじたために）」と記している。

頼朝は景時の性格をわかったうえで、その官僚としての才能を買って使っていたが、頼朝薨去の頃には、御家人たちの中での景時の評判は地に墜ちていたようだ。

結城朝光への讒言

さて、景時弾劾事件である。正治元年十月二十五日。

北条義時らと共に頼朝の家子であった結城《ゆうき》朝光《ともみつ》（三十二歳）が、幕府の侍間《さむらいのま》（大広間）で夢のお告げがあったからと、その場にいた人々に頼朝のために皆で各々《おのおの》一万遍の念仏を唱えようと提案した。

そして朝光は、

「忠臣は二君に事《つか》えずと言うが、自分は幕下（頼朝）から特に御恩を掛けて戴いていた。それなのに、お亡くなりになった時、出家も遁世もしなかったのは、御遺言に従ったからだが、後悔頻《しき》りである。それに今の世間を見ると、まるで薄氷の上を歩いているように感じる」

と漏らした。景盛事件を思い浮かべたのであろう。

十三歳から頼朝に仕えてきた「無双の近仕」朝光の頼朝在りし日々への懐旧の言葉に、人々は涙を流した。

ところが。

二日後の二十七日、政子の妹で幕府の女房（侍女）であった阿波局《あわのつぼね》が朝光に告げた。景時の讒訴で朝光は誅されようとしているというのである。景時は頼家に、

「忠臣は二君に事えずとは、頼家様の御治世を貶《けな》しているのです。結城朝光は頼家様に仇《あだ》なす者です。他の者共への戒めのためにも、速やかに断罪なさるべきです」

と言ったというのである。

朝光は驚き慌て、「断金の朋友」（金属をも断ち切る程の強い絆で結ばれた友）三浦義村の屋敷に向かい、顛末《てんまつ》を話した。

義村は六男ながら**三浦義澄**の嫡子。年齢不詳だが、寿永元年（一一八二）八月十一日の『吾妻鏡』初登場時点で北条義時の五歳下の十五歳とすれば、朝光と同年齢である。

義村は答えた。

「文治からこの方、景時の讒言で殺された者、仕事を罷免された者は、数えきれない。今生きている者も、死んだ者の一族も皆、涙と怒りを飲み込んでいる。先日、安達景盛が誅されかけたばかりだが、これも景時の讒言からだ。このままでは、景時の悪事は頼家様のせいになってしまう。世のため頼家様のため、景時を殺すしかない。だが、合戦で勝負を決めるのでは、この国を乱すようなものだ。宿老《しゅくろう》たちに相談しよう」

そこで、すぐに**和田義盛**と**小野田盛長**に使者を送ったところ、二人は駆けつけて来た。

二人の意見は、

「早く皆の連署《れんしょ》状を作って、頼家様に訴えよう。讒言者一人を取るか、御家人皆を取るか、頼家様の判断を伺って、裁定がなかった時は、即座に景時と死生を決しよう」

というものであった。義盛と盛長は続けて、

「連署状の文は誰に書かせるべきか」

と言った。もう自分たちの意見で行くことに決めている。二人の景時への怒りの程がわかるが、義盛は景時に侍所別当の職を奪われており、盛長は息子景盛を危うく殺されかけたばかりであって、さもありなん。三浦義村は相談相手を的確に選んでいた。

その義村は、

「文士の中原仲業《なかはらのなかなり》がいいでしょう。文章が上手いと有名で、景時に恨みがありますから」

と推薦した。そこで仲業を呼ぶや、すぐやって来て、事の次第を聞くと、手を打って喜び、

「恨みを晴らそうと思います。拙《つたな》くとも、どうして書かないなどということができましょうか」

と二つ返事で引き受けた。

景時弾劾

かくて、翌二十八日、巳《み》の刻（午前十時頃）。

鶴岡回廊《つるがおかかいろう》に集結した御家人は、実に六十六人。『吾妻鏡』に名を記されているのは、三十八人である。讒言の被害者である結城朝光（下総《しもうさ》）、三浦義村（相模）、**和田義盛**（相模）、**小野田盛長**（三河）の言い出しっぺ四人は当然として、千葉常胤《ちばつねたね》（下総）・**三浦義澄**・朝光の長兄である小山朝政《おやまともまさ》（下野《しもつけ》）の三大豪族、**足立遠元**（武蔵）・**比企能員**（武蔵）は十三人合議制メンバーであり、八田知重《ともしげ》（常陸）・二階堂行光（文士）は十三人合議制メンバー**八田知家**・**藤原行政**の息子、宇都宮頼綱（下野）は知家の兄宇都宮朝綱の孫で大豪族である。つい先日追討されようとした盛長の息子安達景盛も当然入っていた。

この他、朝光の次兄長沼宗政《ながぬまむねまさ》（下野）・畠山重忠（武蔵）・葛西清重（下総）など大豪族をはじめ、相模・武蔵・下総・常陸・下野の坂東に、伊豆・三河・甲斐・伊予の計九ヶ国の武士に京武者（所朝光・島津忠季）が加わっていた。

皆が集まってからしばらくして、中原仲業が書いた訴状を持参した。その中の「鶏を養《やしな》う者は狸《たぬき》を畜《か》わず。獣を牧《か》う者は豺《さい》（山犬）を育《やしな》わざるのよし」の一文に、三浦義村は感心して喜んだ。

阿波局の朝光への通報は伝聞であり、真偽は不明である。だが、それを伝えられた途端に、六十六人もの人々が集まった事実が重要であろう。

これだけ広範囲な、しかもタイプの異なる人々が一晩で集まったのであるから、梶原景時が御家人たちから蛇蝎《だかつ》のごとく嫌悪されていた事実は動かしがたい。頼朝の比類無き信頼を得て権勢を振るった景時であったが、庇護者の死によって、彼への怨嗟《えんさ》と憤懣《ふんまん》が一挙に表面化した。

人々は各々、訴状に花押《かおう》（サイン）を記した。ところが、結城朝光の兄であるにもかかわらず、長沼宗政だけは姓名は載せたものの花押は書かなかった。武闘派で聞こえた宗政だが、景時を恐れたのである。

和田義盛と三浦義村が代表となり、連署状を頼家に奏上してもらうため、**大江広元**邸に持って行った。

連署状を託された広元は慌てた。景時の悪行《あくぎょう》はもちろんよく知っていたが、頼朝の側近くに仕えてきた景時が罪科に処されることを哀れに思い、和平の道を模索しようと奏上しないまま十一日が過ぎた。

十一月十日、幕府で広元に会った和田義盛は尋ねた。

「連署状は披露したのか。頼家様の御意向はどうだったのか」

広元は答えた。

「まだ、お見せしていない」

これを聞いて武闘派で短気な義盛は、たちまち憤怒《ふんぬ》を眼に湛《たた》えて怒鳴った。

「貴殿は長年仕えた関東（幕府）の重臣だろう。景時一人の権勢を恐れ、皆の気持ちを放置して、それが公平なやり方なのか」

「恐れているわけではない。景時が滅びるのを哀れに思うだけだ」

広元の言葉に、義盛は広元に詰め寄った。

「恐れていないなら、なぜ何日も放置したのか。披露するのか、しないのか。今、はっきりおっしゃっていただきたい」

ほとんど脅迫である。

「披露する」

そう答えて、広元は座を立った。

広元は十二日、頼家に連署状を披露した。

頼家は読んだ後、連署状を景時に下し与え、言い分を聞いたが、景時は何も反論できず、翌十三日、一族を率いて本拠地、相模国一宮《いちのみや》に向かった。三男景茂《かげもち》だけが鎌倉に残った。

景時追放

十二月九日、景時は一旦、鎌倉に戻って来たが、連日の審議の結果、結局、十八日に鎌倉追放処分と決まり、再び一宮に戻って行った。

摂関家《せつかんけ》の九条兼実《くじようかねざね》は日記『玉葉《ぎよくよう》』正治二年正月二日条で、「関東兵乱事」として景時が「他武士等《たのぶしら》」から憎まれたため鎌倉を追われたとの情報を記しており、前後の状況から、この事件を指しているとみてよい。兼実は「関東兵乱事」と記しているが、戦闘はまだ起こっていない。しかし、梶原景時の失脚で幕府は内戦になると京都では考えられていたことがわかる。

景時が去った邸宅は破壊され、資材は頼朝建立の永福寺《ようふくじ》に寄付された。二十九日には、景時が務めていた播磨守護に小山朝政が任命された。もう一つの守護国である美作はこの時点では没収されなかったものの、この追放が謹慎などではなく、完全に失脚させられたことを示す厳しい処分であった。

逼塞《ひっそく》した景時は、必ず討手《うつて》が差し向けられると覚悟したはずである。一宮の屋敷を城塞化し、防戦の構えを見せた。だが、このままでは滅亡するのは明らかである。景時は起死回生の一手を実行する。

二　梶原景時の滅亡

景時、京を目指す

明けて正治二年（一二〇〇）正月十九日の深夜、景時は一族・家臣と共に一宮を出立し、京都を目指した。

翌二十日辰《たつ》の刻（午前八時頃）、景時が密かに都に向かったとの知らせが鎌倉にもたらされる。**北条時政**、**大江広元**、**三善康信**がただちに合議し、ここに景時討伐が決定された。一連の景時の事件が、頼家ではなく十三人合議制の決定事項であったことがわかる。三浦義村らを大将とする追討軍が景時を追って鎌倉を出陣した。

高橋合戦

同日亥《い》の刻（午後十時頃）、駿河国庵原《いはら》郡の清見関《きよみのせき》（現・静岡市清水区興津）付近で近辺の御家人・庶民（甲乙人《こうおつにん》）たちが射的を催していた。射的は射芸の訓練だが、順位が賭けの対象にもなり、娯楽の少ない当時の武士たちにとっては遊戯でもあった。要するに新春射芸大会である。夜遅くなったのは競技会の後、酒宴をやっていたからであろう。そろそろ解散となった時、彼らは西に向かって進む一群を見咎《みとが》めた。

京を目指す景時父子ら梶原の一族・郎等であった。駿河武士たちは怪しんで、矢を射掛けた。夜更けに多数での行軍というのはたしかに怪しいが、いきなり矢を射掛けるのも、乱暴な話である。だが、これが古代・中世武士である。

景時一行は無駄な戦いを避けようと、攻撃されながらも逃走を図った。しかし、駿河武士たちが追って来たため、清見関の西方、狐崎《きつねがさき》で踏み止《とど》まって敵勢を迎え撃ち、戦闘となった。

狐崎は有度《うど》郡の地名である。候補地は複数あるが、『玉葉』正治二年正月二十九日条には、景時は鎌倉から京都へ向かって五日ほどの行程である「駿河国高橋」で討ち取られたとあるので、清見関に程近い高橋宿《たかはしのしゅく》（現・静岡市清水区高橋）近辺である。とすれば、景時に関わる遺跡・伝承のある現・静岡市清水区大内付近に比定される。高橋宿は庵原《いはら》郡、狐崎は有度郡だが距離は近く、『玉葉』の同記事では高橋が法勝寺《ほっしょうじ》領古橋荘《ふるはしのしょう》の内とあり、また嘉禎四年（一二三八）十月十九日付「六波羅下知状案《ろくはらげちじょうあん》」（『東文書』）に「梶原追討の時、高橋合戦の忠に依り」とあるので、狐崎も古橋荘内の地名で、この合戦が高橋合戦と呼ばれていたことがわかる。『保暦間記《ほうりゃくかんき》』にも「駿河国高橋ノ辺」とある。

駿河武士たちは射的大会に集まっていたのであり、甲冑《かっちゅう》を身に着けていなかったはずである。一方、景時たちも重い甲冑は行軍中には通常着さないから、武装はしていなかったであろう。追っ手を警戒して、すぐに甲冑を着用する準備はしていたであろうが、遭遇戦であり、武装の時間は無かったに違いない。彼我共に防御具を着けないままの戦いであり、死傷率は高い。

清見関周辺では射的がおこなわれ、続いて酒宴が開かれたようなので、雪は降っていなかったであろう。そもそも駿河は降雪は少ない。また、駿河武士と景時たちの戦いは、矢合戦が主体であった。闇夜では標的が見えないので、月明かりでかなり明るかったに違いない。

月光の下での戦いは、凄絶《せいぜつ》であった。

駿河武士方の先陣と戦いになった梶原方が、まず二人を殺した。

梶原方では前年十一月十三日には鎌倉に残った景時の息子三郎景茂（三十四歳）の郎等（家臣の一種）二人が殺された。

その景茂は、吉川《きっかわ》友兼《ともかね》（『尊卑分脈』『吉川系譜』。『伊東氏大系図』に「経兼イ友」〈経兼だが、異説で友兼ともいう〉とある）と名乗り合って一騎打ちを演じた。

吉川（吉河・吉香）氏は、駿河工藤氏の一族で、有度郡入江《いりえ》荘内の吉川を苗字の地とし、後に安芸に移り、戦国時代には安芸の国人《こくじん》領主となる家である。友兼はその邸前を通過する際は特に警戒が必要であると、景時が発言していた駿河国第一の勇士であった（正月二十三日条）。

景茂と友兼は、ほとんど防御具を着けずに、太刀で斬り合ったようだ。『吉川系譜』によれば、友兼は景茂を殺したものの、自身も深手を負い程なく死んだ。『吾妻鏡』正月二十三日条にも友兼が景茂を「手討」にしたとあるのでこれが事実であろう。

この時、友兼が景茂を討った太刀は、「狐ケ崎」と名付けられて吉川家重代《じゅうだい》（家に代々伝わる）の太刀として伝来し、今に残されている（国宝。吉川《きっかわ》報效会《ほうこうかい》所蔵。吉川史料館〈山口県岩国市〉保管）。

敵を殺して自身も死ぬのは、当時の武士にとって最大の軍功であった。ゆえに友兼の子経兼は五日後の二十五日、頼家の下文《くだしぶみ》で梶原の旧領、播磨国揖保《いぼ》郡福井荘地頭職を父の功績として与えられた。殺し殺されて、それが功績として恩賞の対象となり、凶器は家宝となるのである。

景茂の弟六郎景国《かげくに》・七郎景宗《かげむね》・八郎景則《かげのり》・九郎景連《かげつら》らが激しく矢を射たため、駿河武士たちは攻め倦《あぐ》ねた。しかし、騒ぎを知った駿河武士たちが続々と駆け付け、戦いに加わったため、梶原方は次第に追い詰められた。

景時の家子（当主と血縁のある武士団構成員）四人が、吉河氏の同族渋河次郎《しぶかわじろう》の手勢に殺された。

次いで景国・景宗・景則・景連が殺された。

景時と嫡子源太景季・平次景高《かげたか》兄弟らは、後の山（現・静岡市葵区長尾の梶原山公園。伊藤一美氏・下垣有加氏の御教示による）に退いて矢合戦で戦った。

しかし、景季・景高・狩野兵衛尉は討たれ、景時は矢部小次郎《やべこじろう》に討ち取られた。三沢小次郎《みさわこじろう》が景時の家臣一人を、船越三郎《ふなこしさぶろう》が景時の家子一人を、大内小次郎《おおうちこじろう》が景時の郎等一人を各々殺した。このように矢合戦で誰が敵を殺したのかがわかるのは、矢に射手の名が記されているからである。

駿河武士たちが山中に倒れている景時らの死骸に辿り着いた時、景時・景高・景則には首が無かった。生き残った家臣が持って逃げたのであろう。

頼朝の権臣梶原景時は呆気なく滅亡した。思いがけない遭遇戦での最期であり、景時としても不本意であったろう。

そして十三人合議制メンバーを含めた御家人たちは、この事件によって、自分たちの対立に因する仲間殺しを体験してしまった。

黒幕は北条時政だったのか

翌二十一日巳《み》の刻（午前十時頃）、山中で発見された景時と息子二人の首を含め、梶原一党の首三十三が路傍《ろぼう》に晒《さら》された。

なお、この事件については、駿河守護が**北条時政**であったことから、時政が駿河武士たちに待ち伏せさせていたとする説がある。だが、待ち伏せさせて景時を滅ぼしたのであれば大手柄であり、ことさら隠す必要は無い。

いつ来るか、その以前に来るかどうかもわからない梶原一党を、駿河武士たちが、ずっと待ち伏せしていたというのも、現実的では無いと思う。多数で待ち構えていれば、景時側に気付かれ、逃げられてしまうこともあり得る。

時政黒幕説には、従い難い。

頼家の「フカク」

また、摂関家九条家出身の天《てん》台《だい》座《ざ》主《す》慈《じ》円《えん》は自著『愚管抄』巻六で、朝廷側では景時を鎌倉殿の「一ノ郎等」、「鎌倉ノ本体ノ武士」と評価しており、頼家が景時を討たせたことを頼家の「フカク（不覚）」とみなしたと記している。事件の発端からして、景時は頼朝同様に鎌倉殿である頼家に仕えて第一の家来を目指そうとしていたのであり、見捨てざるを得なかったとしても、頼家にとって景時を失ったことが痛手であったことは間違いない。

三　梶原景時の挙兵計画

戦後処置

景時の死後、正治二年（一二〇〇）正月二十三日、十三人合議制メンバー**三浦義澄**が没した。七十四歳。前年十月二十八日に景時弾劾の連判に加わってから八十三日後、景時に遅れること三日であった。正月三日には垸飯《おうばん》（家臣が主人を饗応する儀式）を沙汰していたが、高齢であり自然死であろう。

同日酉《とり》の刻（午後六時頃）、景時一党を討った駿河武士と二十日に出陣した追討使たちが鎌倉に到着し、合戦記録を提出した。頼家の御前で大江広元がこれを読んだ。

この合戦記録は『吾妻鏡』に掲載されており、誰が誰を討ったかなどが詳しく書かれている。鎌倉末期以来多く残る軍忠状《ぐんちゅうじょう》（恩賞請求のために自身の戦功を書き並べた文書）を彷彿《ほうふつ》とさせ、高橋合戦の様相を知る好史料である。前述した二十日の合戦の再現も、この合戦記録を素材としている。

二十四日。景時誅伐を伝える頼家の御教書《みぎょうしょ》（鎌倉殿の意志を伝える文書の一種）を携えた使者が京都に向かった。京都にいる景時与党を捜し出すよう在京御家人に命じてもいた。

二十五日。景時の美作守護職以下、景時父子の所領などが収公された。美作は十四年も後だが、建保元年（一二一三）に和田義盛が在職している記録があるので、この時に義盛が守護に任命されたと推定される。

また、景時を討った駿河武士たちと二十日に景時討伐に鎌倉を出陣した将士に恩賞が与えられた。討伐軍到着以前に梶原一党は滅びていたが、このような場合、出陣自体が功績となるのが当時の慣習である。この時の恩賞の一つが前述の吉川氏への下文である。幕府は戦った武士たちに迅速に報いた。

夜、景時の弟朝景《ともかげ》が工藤《くどう》行光《ゆきみつ》（駿河）のもとに投降し、行光に伴われて北条時政邸に出頭して、時政に武器などを献上した。時政が駿河守護であったため、時政に引き渡されたのであろう。

二十六日。討伐軍大将の一人、糟谷《かすや》有季《ありすえ》が安房《あわの》判官代《ほうがんだい》源隆重《たかしげ》を捕虜として幕府に引き渡した。隆重は景時の朋友で景時と共に駿河に至ったが、合戦で負傷し、樹上に隠れて夜を明かした。翌日、駿河武士たちが解散した後、里に出たところを、有季の郎従に捕らえられたのであった。

未遂に終わった計画

二十八日。甲斐源氏の伊沢《いさわ》（武田《たけだ》）信光《のぶみつ》が甲斐から鎌倉に参上した。信光の報告は、驚愕に値する内容であった。

「兄武田有義《ありよし》が梶原景時とのかねてからの約束通り、密かに上洛しようとしているという知らせがあったため、自分は兄の屋敷に向かったところ、兄は逃げた後で、行方はわからない。屋敷は無人で、書状が一通残されていた。披《ひら》いてみると、梶原景時からで、『武田殿のおっしゃることに同意するのは、言うまでもない』と書いてあった。景時は頼朝様・頼家様、二代の将軍の寵《ちょう》愛《あい》を誇って、並ぶ者無き権勢を振るっていたが、長年積み重ねた悪行が返って来て、御家人皆に背を向けられた。それで反乱を起こそうと思い立ち、天皇の許可をもらい、さらに鎮西《ちんぜい》の武士たちを誘おうと都に向かった時、昔から親しかった兄有義を頼りにし、そして源家との古い好《よしみ》を重んじて、有義を反乱の大将軍に立てようとした。それで送ったこの書状が兄の屋敷に残されていたのである」

信光は「子細を尋ねんがため、彼の館《たち》に発向《はっこう》するのところ」（詳細を聞こうと兄の屋敷に向かった）と言っているが、「発向」には「出陣する」という意味があり、事実、『保暦間記』は「兄ノ在所《ざいしょ》へ押寄《おしよ》ス」とあるので、場合によっては有義と戦うつもりで、軍勢を率いて向かったのであった。ちなみに『保暦間記』は、この武田信光の証言と同内容の記事を載せている。

武田は河内《かわち》源氏の有力氏族、甲斐源氏の本流であったから、有義・信光兄弟が衝突していれば、甲斐源氏の分裂、甲斐動乱という事態もあり得たのである。

信光の報告は、彼の耳に入った情報を伝えただけであるから、景時が武田有義と何事か連絡していた以外は、確たる証拠があるわけではない。だが、これが事実であれば、景時は天皇の許可を受け、九州の武士をも動員し、河内源氏一門である武田有義を大将とするという大規模な反乱計画を企てていたことになる。

大将軍は、征夷大将軍・鎮守府将軍など王朝官職の将軍では必ずしもなく、軍勢の大将の意味で使われることが多い。信光の言う大将軍も後者の意味であろうが、反乱が成就した時には、頼家に代わって、有義に征夷大将軍、つまりは鎌倉殿になってもらうという含みが当然あったろう。

武田有義は、この記述を最後に『吾妻鏡』から姿を消す。そして伊沢信光は兄に代わって甲斐源氏の当主の地位を掴み、信光の子孫に出るのが武田晴信（信玄）である。

三日後の二月二日。京都では、正月二十四日に鎌倉を発った幕府の使者が入洛した（二十日条）。

鎌倉では、頼家が侍間（幕府の大広間）に出御《しゅつぎょ》し、その場で勝《かち》木《き》則《のり》宗《むね》を捕縛させた。則宗は筑前国勝木荘を本領とし（寛喜二年二月六・八日条）、長年、頼家に側近く仕えた者であったが、景時の与党だったのである。

頼家は侍所所司である和田義盛に則宗を尋問させた。御《みん》厩《まや》侍《さむらい》（幕府の厩《うまや》にある詰所）でおこなわれた尋問に、則宗は次のように証言した。

「『梶原景時が〝鎮西を管領せよ〟との宣旨を賜ることになったから、急いで都に来るように』と、九州の一族に伝えるよう景時から言われたので、そのようにした。景時との契《ちぎり》は、いい加減に出来るものではなかったので、九州の一族に書状を出した。だが、景時の言ったことが本当かどうかは、自分は知らない」

義盛がこの供述を頼家に披露したところ、頼家は義盛に則宗をしばらく預かるように命じた。御家人が罪を犯した場合、赦免《しゃめん》を含め正式な処分が決まるまで、他の御家人が自邸に預かる。一族などの関係のある者が預かることが多いが、今回の場合は、義盛の侍所所司としての職務であろう。

いずれにせよ、伊沢信光の報告にあった景時による鎮西武士の動員が事実であったことを示す証言が出たのである。

勝木則宗は翌建仁元年（一二〇一）十二月二十九日に赦免され、鎮西に帰っている。

その後の梶原氏

かくて、梶原景時は滅びた。だが、梶原氏は族滅したわけではなかった。

滅びた平次景高の子、荻野《おぎの》景継《かげつぐ》は生き残り、三代鎌倉殿実朝に愛され、側近くに召し使われていたが、建暦二年（一二一二）十一月二十日夜、誤って実朝の御前《ごぜん》の灯火《ともしび》を消してしまうという失態を犯し、これを恥辱として翌日、出家を遂げ逐電《ちくでん》した。

景時の弟朝景は正月二十五日に北条時政に投降した後の動静は知れないが、建保元年五月の和田合戦で和田方として滅びた。

吉川友兼と相討ちになった三郎景茂の子、景俊《かげとし》は受領である上野介《こうずけのすけ》に任官し、正嘉《しょうか》元年（一二五七）八月十五日の鶴岡《つるがおか》放生会《ほうじょうえ》に際し、執権赤橋《あかはし》長時《ながとき》（義時の孫）・連署《れんしょ》（副執権）北条政村《まさむら》（義時の子）らと共に、鶴岡回廊において第六代鎌倉殿宗尊《むねたか》親王の御前で舞楽を観覧している。これは幕府幹部たる「宿老」の地位にあったことを示す。だが、景俊の政治活動はまったく確認されず、彼が当時、名門の御家人としてのお飾りに過ぎなかったことを意味している。

梶原事件で幕府幹部の地位は失ったが、梶原氏は族滅を免れ、鎌倉幕府にあっては形式的とは言え名門の御家人として存続した。南北朝時代にも室町幕府の関東支配機関である鎌倉府に仕えていたことが確認され（『鶴《つるが》岡《おか》社《しゃ》務《む》記《き》録《ろく》』暦応三年〈一三四〇〉十月十一日条）、その後も武家として生き残った。

四　後鳥羽院への疑惑

梶原景時事件の余波

正治二年二月に話を戻そう。

七日。在京の佐々木広綱・後藤基清が五《ご》条《じょう》坊《ぼう》門《もん》にあった梶原景時の京都邸を追《つい》捕《ぶ》し、景時の郎従たちを捕縛した。梶原郎従の供述から、景時が守護であった播磨の惣追捕使《そうついぶし》、芝原《しばはら》長保《ながやす》が景時に与《くみ》していたことが判明し、近江にあった長保が捕らえられた（二十日条）。

二十二日。十三人合議制メンバーである**大江広元**（政所別当）・**三善康信**（問注所執事）が次のように「申」した。

「梶原景時が関東を逐電したことは、今月一日、京都に披露された。すると仙洞《せんとう》（院御所《いんのごしょ》）では、すぐに五壇法《ごだんほう》が始められた。理由はわからないということだ。これは極めて怪しいことである。景時の関東逐電は、誰が京都に申したことなのであろうか。景時が以前に天皇に申し上げたうえで、上洛しようとしたことは、間違いないであろう」

まず、広元と康信が「申」した客体が記されていない。しかし、「申す」には相手を敬う意味があるので、これは「頼家に申し上げた」と解釈してよいと思う。

「披露」は「申し上げる」「お伝えする」ことであり、主語を幕府とし、「幕府が京都（朝廷）にお伝えした」と訳すのが、素直な解釈である。だが、幕府の使者の入洛は翌二日であり、後の「景時の関東逐電は、誰が京都に申したことなのであろうか（景時逐電のよし、誰人の申すところか）」と合わせ考えれば、「幕府以外の誰かが朝廷に景時逐電を、幕府からの報告以前に伝えた」ということになる。

また五壇法は、不動明王《ふどうみょうおう》など五大明王を本尊《ほんぞん》として修する真言密教の修法《すほう》（加持祈祷《かじきとう》。密《みっ》教《きょう》の儀式）であり、天皇・国家の大事《たいじ》に際しおこなわれる朝廷における最重要仏事の一つである。院御所で挙行されたのであるから、これを命じたのは後鳥羽院（二十一歳）である。

つまり、広元と康信による頼家への報告は、以下のようになる。

「正月十九日に梶原景時が相模一宮を出て京都に向かったことは、幕府の使者が入洛する前日の二月一日に何者かによって朝廷に伝えられ、これを聞いた後鳥羽院は即座に院御所での五壇法を開始させた。だが、五壇法の目的は不明である」

この事実に対し、広元と康信の意見は、

「後鳥羽院の五壇法挙行は極めて怪しい。幕府より早く景時西上を朝廷に伝えたのは誰なのか、調査すべきである。景時が事前に天皇（実際には後鳥羽院）の許可を得て、上洛しようとしたに違いない」

ということである。この意見は広元と康信のみではなく、誰が実際に加わったかは不明だとしても、十三人合議制の出した結論とみるべきだと私は考えている。十三人合議制は独自に情報を分析し、その結果に基づいて幕府の方針案を作成し、鎌倉殿たる頼家に具申したのである。

そして十三人合議制（この時点で十一人）は、景時反乱の背後に後鳥羽院を頂点とする朝廷が関わっていたと判断したのである。

五　北条時政の遠江守任官

時政、受領となる

梶原景時滅亡の三ヶ月半後（正治二年には閏二月がある）の四月一日、頼家の外祖父**北条時政**が、六十三歳にして遠江守《とおとうみのかみ》に任官し、叙爵《じよしやく》（従五位下《じゆごいのげ》叙位）した。

これは重大な意味を持つ。と言うのは、門葉《もんよう》（清和源氏一門）・家子（頼朝親衛隊）・侍（門葉・家子以外の御家人一般）という頼朝の定めた御家人の家格秩序に反するからである。頼朝時代、御家人で受領《ずりよう》に任官できるのは原則として門葉に限られていた。侍である時政の任官は頼朝の定めを犯す事態である。

叙爵は、時政が同輩の御家人たちより一段高い身分になったことを意味する。従五位下は当時、正式な貴族の最下層と位置付けられており、時政は貴族の仲間入りをしたのである。京都の貴族社会では最下層であるが、当時の武士は後世に比べてはるかに身分が低く、たとえば梶原景時はただの平三《へいざ》（平氏の三男坊）であったから、幕府最高幹部といっても無位無官であった。

『吾妻鏡』は、頼家が頼朝の定めを覆したことをたびたび非難しているが、時政の遠江守任官に関しては、そんな言葉は無い。当然のように記している。

小野田盛長の死

四月二十六日、**小野田盛長**が没した（『尊卑分脈』）。前年十月二十八日に梶原景時弾劾に加わったのが、記録された最後の活動であった。六十六歳なので、自然死であろう。

前年四月十二日に成立した十三人合議制は、梶原景時・三浦義澄に続いて盛長を失い、成立一年で十人合議制になってしまった。なお、メンバーの追加を示す史料は無い。

六　越後城氏の乱

城長茂、京で兵を挙げる

梶原景時滅亡の一年後、建仁元年（一二〇一）正月に始まるのが**❸越後城氏の乱**である。

正月二十三日、京都で土御門天皇が父後鳥羽院の院御所に朝覲行幸《ちょうきんのぎょうこう》（天皇が父母に拝礼に行くこと）をおこなっていた。

その最中、越後《えちご》の大豪族城長茂《じょうながもち》が軍兵を率い、在京中の小山朝政の宿所を突然包囲した。朝政は行幸に供奉《ぐぶ》していて不在であったが、留守番の郎従たちが防戦し、撃退された長茂は、院御所に突入して東西南北の四門を全て閉じ、天皇に「関東（幕府）を追討すべき」の宣旨を要求した。しかし、当然ながら宣旨は出されず、長茂は逃亡する。清水坂《きよみずさか》にいるとの情報があり、小山朝政らが向かったが、すでに行方を暗ましていた。

二月二十二日、城長茂とその与党は大和国吉野の奥地で誅された。長茂は誅死の以前に出家していた。

二十五日、長茂と与党四人の首は、都大路を渡され、獄門《ごくもん》に晒された。

経過だけを見ると、わけがわからない無謀な事件である。だが、これは梶原景時事件の余波であった。

梶原景時と城氏の関係

城氏は桓武平氏の一流で、「余五将軍《よごしようぐん》」平維茂《これもち》の子繁成《しげなり》を祖とし、繁成が秋田城介《あきたのじようのすけ》（秋田城を管領する出羽介《でわのすけ》の通称）に任官したことから城を苗字とした。

通常、国司の二等官である「介」は文官であるが、出羽介は奈良時代以来、対蝦夷《えみし》戦争の日本海側前線であった秋田城を管領するため武官であり、ゆえに征夷大将軍や鎮守府将軍と同様に武家にとって名誉の職と認識されていた。

そして城氏は北国越後に盤踞《ばんきよ》し、伊勢平氏全盛時代まで同地に強大な勢力を誇っていた。

しかし、養和《ようわ》元年（一一八一）六月、平氏方となった城長茂は西隣信濃《しなの》へ侵攻し、木曽義仲と戦ったものの敗北した（横田河原合戦。『玉葉』養和元年七月一日条）。これを契機に急速に弱体化し、時期は不明だが長茂は鎌倉方の囚人となり、頼朝によって梶原景時に預けられた（文治四年九月十四日条）。

文治五年（一一八九）の奥州合戦に際し、七月十九日、陸奥に向け鎌倉を出陣した頼朝に、景時が長茂を「無双の勇士」として推薦し、長茂は頼朝軍に加えられた。

二十八日、頼朝が下野・陸奥国境《くにざかい》に近い下野国新渡戸《にわたど》駅で、御家人たちの手勢を点呼させたところ、長茂の郎従は二百余人に及び、頼朝を驚かせている。景時が頼朝に説明して言うことには、

「城長茂に従っていた者は、元々数百人でありましたが、長茂が囚人になった時、チリヂリになったのです。今、主人が頼朝様のお供となってやって来たと聞いて集まって来たのです」

長茂は梶原景時のお陰で復活を遂げ、御家人となったのである。

城資盛の挙兵

長茂が討たれた一ヶ月後の三月末、城氏の本拠地の越後で、長茂の甥である城《じようの》小《こ》太《た》郎《ろう》資《すけ》盛《もり》が蒲原《かんばら》郡鳥坂《とつさか》に拠って挙兵した。

鎌倉に報告が入ったのは四月二日である。

翌三日、**北条時政**・**大江広元**・**三善康信**らが越後へと拡大した反乱の対処について合議を

おこなった。現地の御家人に追討を命じるか、鎌倉からも軍勢を派遣すべきかで議論となった。

京で長茂は誅されたが、その与党はまだ残っているであろうから、これに対するため鎌倉からは兵を発するべきではない。よって現地の兵力に鎮圧をさせるべきである。だが、越後には大将となるべき器量の者がいないので、旧越後守護で上野に住む佐々木《ささきの》兵衛《ひょうえの》入道《にゅうどう》西念《さいねん》(俗名《ぞくみょう》盛綱《もりつな》)を大将として出陣するように命じる、というのが結論であった。早速、鎌倉殿頼家の御教書《みぎょうしょ》が作成され、侍所別当**和田義盛**(景時滅亡後、別当に再任)の飛脚が御教書を持って上野に向かった。

鳥坂城攻防戦

五日。飛脚が上野国碓氷《うすい》郡磯部《いそべの》郷《こおり》(現・群馬県安中市)の西念の屋敷に着いた時、たまたま西念は門外にいた。西念は渡された御教書を立ったまま読むと、傍《かたわ》らに繋がれていた馬に飛び乗り、ただちに出陣した。

八日。西念は鳥坂口に至り、使者を城資盛に送って投降を呼び掛けたが、資盛は返答で戦いを挑んだ。そこで西念は越後・佐渡・信濃の軍勢に城攻めを命じた。

西念の息子小三郎兵衛尉盛季《もりすえ》が先陣しようとしたところ、御家人の長老で弓の達人である信濃の海野幸氏《うんのゆきうじ》が盛季の右方から進み出ようとした。だが、盛季の郎従が幸氏の乗馬の轡《くつわ》（手綱を付けるため馬に噛ませる金具）を掴んだため、盛季は一の矢（合戦で最初に射る矢）を射ることが出来た。

盛季の先陣で始まった合戦は二刻（約四時間）に及び、鳥坂城からは雨の濯《そそ》ぐがごとくに矢が射られた。ために盛季の郎従は死傷者を複数出し、盛季自身も負傷した。資盛の姨《おば》（母の姉妹）坂額御前《はんがくごぜん》は童形《どうぎょう》のごとく髪を頭上で縛り（ポニーテールにして）、弓を手に抗戦した。坂額の射芸は百発百中で、矢倉の上から射られる矢に西念の郎従は多数が死傷した。

信濃国御家人藤沢清親《ふじさわきよちか》は鳥坂城の後の山に登り、坂額を高所から狙い、矢を放った。清親の矢は坂額の両足の腿を貫通し、倒れた坂額は清親の郎従に捕縛された。

坂額が捕らえられたのを契機に、城方は敗退し、資盛以下は逃走した。始祖平繁成から伝えられた城氏重代《じゅうだい》の太刀は、この合戦によって失われる。

かくて、城氏の乱は鎮圧された。

城氏反乱の背景

長茂・資盛ら城一族は、景時の滅亡を知った時、いずれ幕府の矛先は自分たちに向かうと判断したのである。景時と城氏の関係を考えれば、当然である。そして、城氏は「殺《や》られる前に、殺る」と決めたのであった。

景時を失った自軍の不利は明らかであった。それでも兵を挙げざるを得ない程、城氏の危機感は大きかった。

幕府にしても、景時の派閥で最大の軍事力を有する城氏を警戒していたことであろう。

城長茂は京都で挙兵し、宣旨を手に入れようとしたのであるから、城氏は景時が果たせなかった計画を景時抜きで決行しようとしたのである。宣旨を得れば、旧景時派閥の他の構成員をはじめ、幕府への不満分子を糾合《きゅうごう》することが可能であると考えたのであろう。

天皇の権威は幕府に対抗できる力があるという価値観が、景時と同じように城氏にもあったのである。むしろ、これは当時の武士全般に共通するものであった。義経も兄頼朝によって鎌倉を逐《お》われた後、景時とまったく同じ行動をしている。そして頼朝薨去に際し、頼家の鎌倉殿継承を権威付けるために幕府首脳部が皇威に縋《すが》ったことは、すでに記した。

長茂が京都での挙兵時、小山朝政の宿所を襲ったのは、朝政が景時罷免の後、播磨守護となったこともあるだろうが、むしろ千葉氏・三浦氏と共に三大御家人であった小山氏の当主朝政が率いていた軍勢は、在京御家人の中でも群を抜いていたであろう点に、理由があるのではないか。まず小山朝政を狙った長茂の戦略は正しい。

だが、長茂は宣旨を得ること叶わず、敗死した。追い詰められた資盛率いる城氏の残党は、自軍のみで兵を挙げ、敗れたのであった。

鳥坂落城で逃亡した資盛は行方不明となり、これをもって北国《ほっこく》の名門、越後の城氏は歴史の表舞台から姿を消す。

七　広域武士団の成立

御家人の派閥が生まれる

梶原景時滅亡から城氏の乱に至る一連の事態は、鎌倉幕府の成立によって起こった武家社会の構造変化を明らかにしている。

頼朝の独裁下で、幕政に発言力のある有力者たちによって、御家人の間の派閥形成が進行していたのである。景時は相模鎌倉党の構成員で、元々有していた武士団は小規模であった。それが頼朝の側近となることによって、地方大豪族城氏を復活させ、自身の庇護下に置いたのである。

前述のごとく、景時滅亡直後にも、甲斐源氏の武田有義が景時から自軍の「大将軍」とするとの書状を受け取っていたこと、西国御家人では筑前の勝木則宗が景時与党として逮捕され、景時から鎮西にいる一族を上洛させるように指示されていたことが発覚している。

景時が京都を目指した時、権威は朝廷に恃《たの》む一方、軍事力は城氏や鎮西などの派閥メンバーに期待していた。たしかに鎌倉を追われてジリ貧ではあったが、景時は復活の余地はあると踏んでおり、そのための策を練っていたのである。

これも前述したように、梶原景時が最後にとった行動は、かつての源義経の戦略とまったく同じである。共に失敗に終わったものの、二人は朝廷の権威で幕府に対抗することができると考えていた。朝廷が当時の武士たちにとって絶対的な存在であったことがわかる好例である。

いずれにせよ、相模鎌倉党の一構成員に過ぎなかった梶原景時は、頼朝の側近となることによって、全国規模と言ってよい構成員からなる派閥を形成していた。

これは一見、平安時代の中央軍事貴族と在地武士の主従関係に似ている。だが、景時と派閥構成員の間には、中央軍事貴族と在地武士のような位《い》階《かい》による身分格差はなく、もちろん主従関係もなかった。

このような派閥形成は景時に限らず、幕府の幹部全てに共通するものと考えられる。鎌倉幕府の成立によって新たに生まれた武士の組織、幕府幹部が全国的規模で形成した派閥を、私は「広域武士団」と呼んでいる。

コラム①

私的武力集団としての武士団

十世紀、坂東諸国の国司となった皇胤・傍流貴族出身の私的武力集団の長は、坂東在地の有力者（在地豪族）をも傘下に加え、地方諸地域に盤踞することとなる。彼らは国司の任期を過ぎても勢力を築いた地域を基盤とした。その中でも地方に築いた武力・財力を背景にした一部有力者は都でも隠然たる勢力を築いた。摂関家藤原氏の暴力装置となった清和源氏系河内源氏、白河院の暴力装置として育成された桓武平氏系伊勢平氏はその代表である。

諸大夫・侍の官位を与えられ、主に都（平安京）で活動する武士を、特に京武者《きょうむしゃ》と呼ぶ。右記の河内源氏・伊勢平氏に代表される京武者の上層部は、学術用語で中央軍事貴族と呼ばれ、これがいわゆる武家の棟梁《とうりょう》である。

公権力が弱体な地域で私的武力集団が公権力を補完する、上級権力の武力装置として私的武力集団が機能するという現象は、古今東西に共通する現象である。

荘園領主から荘司・牧別当などに任命され、農村を支配した武士の性格は、十八世紀以降、イタリアのシチリア島において農村部の地域支配者となった農村マフィアに極めて近い。

　二十世紀初頭の旧満州、現・中国東北部農村の自衛団、いわゆる「馬賊《ばぞく》」は農村防衛組織であると共に、時として公権力に武力で反抗する点で、日本の平安時代における武士と共通する。

　また、中国清《しん》代における水運業者の互助組織から発達したとされる秘密結社、青幇《ちんぱん》は、二十世紀初頭の中国では、犯罪的武力組織であると同時に、天津《てんしん》・上海《しゃんはい》など都市部では、その武力によって地域の安定に一定の役割を果たすと共に、日本軍など権力の走狗《そうく》となった。これは、平安期京都における京武者と共通する。

　このように、平安時代日本に発生した武士の組織である武士団は、世界史的に見られる私的武力集団の一種なのである。

武士の定義

　武士は平安時代、九〇〇年代（十世紀）末から、明治時代初期、一八〇〇年代（十九世紀）末まで、九百年ほど日本に存在した。人間界で九百年変わらないものなどあり得ない。同じ武士でも平安時代・鎌倉時代の武士と江戸時代の武士は、同じく武士であっても、まったく違う。

この点を踏まえて、あえて武士を定義しておく。英語では武士はウォリアー（warrior　戦士）・ソルジャー（soldier　兵士）と訳される。今一つ違和感があるものの、武士の本質を言い当ててはいる。

つまり、武士とは「戦う人」である。「誰と戦うか？」と言えば、「人間」である。「戦い」の究極は「殺す」である。武士は「人間と戦って人間を殺す人間」なのである。「殺人者」、「人殺し」である。これが武士の本質である。

だが、快楽殺人者・強盗殺人犯などなど、殺人者にもいろいろなタイプがあるので、これでは定義にならない。

そこで、日本に約九百年間存在した武士の、どの時代にも共通した定義を示す。

まず、武士の組織である「武士団」を定義する。

・武士団＝血縁及び私的主従関係を根幹とする戦闘組織

わかりやすく言い替えると「血のつながりと個人的な主人と従者（家来、家臣）の関係によって作られている戦うための組織」である。

次に、武士を定義する。

・武士＝武士団の構成員である戦闘員

英訳なら「warrior（戦士）」が一番近い。

この武士団と武士の定義は、私の定義である。よって、歴史学界の共通見解ではない。だが、この定義であれば、平安時代から明治時代までのすべての武士に当てはまると考えている。

ある人物Aがある人物Bの武士団に所属する、つまりAがBの家臣（私的従者）になるためには、AがBと直接会い、Bから家臣となることを許可されればよい。これによって、AはBの家臣、B武士団の構成員となる。

平安時代には武士に限らず主従関係の締結にはAがBに自分の名前（実名《じつみよう》・諱《いみな》）を書いた名簿《みようぶ》（名札）を差し出し、Bがこれを受け取ったら主従関係成立となる名簿奉呈という儀式がおこなわれており、『今昔物語集』巻第二十五で平忠常《ただつね》が源頼信《よりのぶ》に、『古事《こじ》談《だん》』「六条顕季、義光ト所領ヲ相論シテ譲ル事」で源義光《よしみつ》が白河院の近臣六条《ろくじようの》顕季《あきすえ》におこなっている。

だが、名簿奉呈は源平合戦期には廃《すた》れてしまっており、源頼朝は自分と直接会った者、当時の言葉で「見参《げんざん》」した者を御家人としていた。初めて見参することを「初参《ういざん》」という。

　けれども、西国の武士は見参が難しいので、現地責任者に「交名《きょうみょう》」(名簿《めいぼ》)を作成させ、頼朝が鎌倉に送られて来た交名に書かれた名前を見ることで見参に代えるという省略形式をおこなっている。それでも、頼朝は極力、御家人希望者には自分で会おうとしていた。

　平安時代にあっても、主人と家臣希望者が直接会うことが重要であり、名簿奉呈は必ずしも必要な条件ではなかったと言える。

　武士の主従関係は主・従の直接対面によって締結されたのであり、まさしく「私的」なものであった。

　主・従の直接対面による主従関係の締結は、江戸時代にもおこなわれている。

　江戸時代の大名は、将軍(征夷大将軍)の私的従者であるが、将軍・大名の交代に際しては、将軍と大名は必ず会うことになっていた。

　また、徳川御三家の筆頭、尾張《おわり》藩の朝日重章《あさひしげあき》が引退した父の跡継ぎとして新しく尾張藩士となった時の様子は、重章の日記『鸚鵡籠中記《おうむろうちゅうき》』に記されている(神坂一九八四)。

　重章のような下級の藩士希望者は数ヶ月も城に日参し藩主に出会う機会を待ち続ける。

そして藩士希望者たちが庭で待っているところに、藩主が廊下を歩いて来て、庭で平伏する藩士希望者たちの方にチラリと目を向け、歩き去る。これで藩士希望者は正式に藩士となる。

この行為を「御目見得《おめみえ》」という。現代の感覚ではバカバカしい行為であるが、バカバカしいがゆえに、武士の主従関係締結には主従の直接対面が必要であるという考えが、江戸時代まで一貫して存在したことを示している。

つまり、江戸時代の幕府や藩も、**「血縁及び私的主従関係を根幹とする戦闘組織」**である「武士団」なのである。

貴族と武士

次に、貴族と武士の関係について記す。

未だに、たとえば、「源頼朝は武士か？　それとも貴族か？」というような質問を耳にすることがあるが、これはそもそも問題の設定自体がおかしい。

貴族と武士は、二者択一の対象ではない。源頼朝は「武士であり、かつ貴族」なのである。

貴族の定義は「位階を持っている人」であり、武士の定義は**「武士団の構成員である戦闘員」**である。

源頼朝の家は諸大夫層に属し、貴族社会では中の下程度であるが、それでも貴族の家柄である。実際、頼朝も十三歳で叙爵し、右兵衛権佐《うひょうえのごんのすけ》という官職に任官している。よって、頼朝は当然のことながら、貴族である。

そして、頼朝の家は清和源氏の中の河内源氏系の武士団の棟梁（大ボス。大親分）の家であり、よって頼朝は当然のことながら武士である。

こういうことなので、源頼朝は**「武士であり、かつ貴族」**なのである。

つまり、「ふだんどのような仕事をしているか？」、わかりやすく言えば「何で喰っているか？」とか、「社会的身分が、どのようなものか？」とか、「貴族であるのか？　ないのか？」などは、武士たる資格にとって無関係なのである。

武士は、**「血縁及び私的主従関係を根幹とする戦闘組織」**であるところの**「武士団の構成員である戦闘員」**だから、武士なのである。

第三章　比企の乱と北条時政の独裁

一　鎌倉殿源頼家の執政

頼家の将軍任官

鎌倉殿頼家は建仁二年（一二〇二）七月、二十一歳で従二位に叙すと同時に征夷大将軍に任官した。正治元年（一一九九）正月に第二代鎌倉殿となってから三年半余もの月日が経過していた。

この間、正治二年正月に従四位上、同年十月に従三位・左衛門督、建仁二年正月に正三位と、順調というよりむしろ急速に位階・官職を昇進させ、ついに征夷大将軍に任官したのである。

頼朝が従二位に叙したのは三十九歳、征夷大将軍任官は四十六歳である。頼家が頼朝の後継者、鎌倉殿に相応《ふさわ》しい官位を早くに得ることを幕府首脳部は願っていたことがわかる。

これまで見てきたように、頼家は母政子や幕府首脳部と対立を繰り返していたが、それでも幕府首脳部にとって、頼家は幕府の主人、鎌倉殿だったのである。

頼家の治世期間

源頼家の治世期を最大限長期にとって、正治元年（一一九九）正月十三日の父頼朝薨去から建仁三年（一二〇三）九月七日の弟実朝の征夷大将軍任官までとすると、四年九ヶ月である。

現代のアメリカ大統領の任期四年を考えれば、決して短くはない。中国唐末五代最後の後《こう》周《しゅう》の世宗《せいそう》の治世は五年半であるが、続く大宋帝国（北宋）二百五十年の礎を築いた。頼家の治世は短くはないのである。

しかし、父頼朝の十八年、弟実朝の十五年半の間に位置するため、短い印象がある。しかも、『吾妻鏡』が頼家の政策について批判的なため、頼家は「暗愚な将軍」というイメージを与えられてしまっている。

だが、これも先述の通り『吾妻鏡』が編纂された鎌倉時代後期の頼家への評価を反映したものであり、必ずしも正しい評価ではない。

頼家の「失政」

梶原景時事件と越後城氏の乱までの間に、頼家の執政について『吾妻鏡』は、二つのエピソードを記している。

①正治二年（一二〇〇）五月二十八日。

陸奥国葛岡《くずおか》郡惣地頭《そうじとう》畠山重忠から上申された葛岡郡新熊野《いまくまの》社の社僧同士の境相論《さかいそうろん》（境界争い）を、頼家が裁許した。

有名な話だが、頼家は自ら筆を取って絵図の中央に墨引きをし、

「所領の広い狭いは運だ。現地の実情を確認するために使節を派遣するのは時間の浪費である。今後、境相論については、このように成敗する。これに不満を持つ者共の相論は、取り上げない」

と言った。

②同年十二月二十八日。

治承・養和年間以降（一一八〇～）の頼朝が与えた新恩の地については、五百町歩以上

については収公し、頼家の近臣に与えるという法令の発布を大江広元に命じた。「すでに珍事なり。人の愁《うれい》、世の謗《そしり》、何事これに如《し》かんや」と『吾妻鏡』は最大級の言葉をもって非難している。これを聞いた宿老たちは、「周章」した（あわてた）。そして、三善康信らがしきりに諫言《かんげん》した結果、頼家は譲歩し結論は来春にするとし、結局、立ち消えになった。

大豪族抑圧策

ともに頼家の奇行、「失政」とされている例である。

しかし、①では、頼家はわずかな土地の領有に血道《ちみち》を上げ、時には醜い策をも弄する御家人を含めた在地領主たちを戒めようとしたのではないか。けれども、頼家は一寸の所領に命を懸ける「一所懸命」の在地領主たちの価値観をまったく理解出来ていない。かつ、やり方がとにかく直接的に過ぎて下手なのである。

より重大なのは②である。これは、後に北条義時がおこなおうとした承元《じょうげん》三年（一二〇九）十一月二十日の守護交代制に通じる大豪族抑圧策である。そして義時の政策は、千葉成《なり》胤《たね》・三浦義村・小山朝政という三大豪族の抵抗で②同様、挫折している（承元三年十二月十五日条）。
千葉・三浦・小山の三氏は御家人トップ3とも言うべき大豪族であった。頼朝の鎌倉入り直後、治承四年十月二十一日、富士川合戦に勝利した頼朝は逃げる平維盛《これもり》軍を追って上洛しようとし、千葉常胤（成胤の祖父）・三浦義澄（義村の父）・上総《かずさ》広常《ひろつね》（後に暗殺）の当時の三代豪族の反対により、断念している。

幕府から自立的な勢力を有する大御家人は、いわば鎌倉殿（及び政権首脳）の方針への拒否権を潜在的に持っていたのである。これに対し、頼家・義時に限らず幕府首脳部の側は大豪族の勢力の削減を常に考えていたのである。

ただ、頼家はこの点でもやり方が下手過ぎであったとしか言いようがない。

頼朝の心遣い

父頼朝は伊豆山神社に参詣したおり、石橋を下《くだ》る際にたまたま隣にいた武蔵の児玉党に属する小御家人小代《しょうだい》行平《ゆきひら》の肩を叩き、「お前を親しく思っている」と声を掛けたという（「沙弥宗妙〈小代伊重〉置文」。『小代文書』）。『吾妻鏡』にも記されず、たまたま残った子孫の置文に引用されたこのエピソードには、御家人たちに対する鎌倉殿頼朝の細やかな心遣いが示されている。

「生まれながらの鎌倉殿」である頼家は、家臣たちの価値観を理解出来ず、父のような人心《じんしん》収攬《しゅうらん》術をまったく欠いていた。

二　阿野全成殺害事件

頼朝の弟、阿野全成

城氏の乱から二年、頼家の将軍任官から十ケ月足らずにして、建仁三年（一二〇三）五月に突然起きるのが、**❹阿野全成殺害事件**である。

醍醐禅師《だいごのぜんじ》全成（童名《わらわな》今若《いまわか》）は、九条院（藤原呈子《ていし》）雑仕常磐《ぞうしときわ》を母とする頼朝の異母弟、義《ぎ》円《えん》（乙若《おとわか》）・義経（牛若《うしわか》）の同母兄である。平治の乱後、同母弟らとともに捕らえられて、京都の醍醐寺《だいごじ》に入れられ、僧侶として成長した。

治承四年（一一八〇）八月十七日、異母兄頼朝が伊豆で挙兵した。頼朝は同月二十三日、相模石橋山合戦で大敗するが、安房に逃れて再起し、十月六日に鎌倉に入った。その五日前の十月一日、全成は頼朝と下総鷺沼《さぎぬま》の陣で対面した。この時、全成は頼朝に、頼朝が平氏打倒を呼び掛ける後白河院第三皇子以仁王の令《りょう》旨《じ》（皇族の意思を伝える文書）を受けたことを聞き、醍醐寺を抜け出して修行の態《てい》を装ってやって来たと述べている。

その後、全成は頼朝に僧として近侍し続ける。時期は不明だが、北条時政の娘阿波局と結婚し、建久三年（一一九二）八月九日の千幡（実朝）誕生に際し、阿波局が乳母となったため、全成は実朝の乳母夫となった。この時点で「阿野」を称しているので、駿河国駿東《すんとう》郡阿野荘を領有していたことがわかる。政治・軍事活動についての史料は無い。全成は僧として生きたからこそ、義経や範頼のように殺されずにすんだとも言える。

全成の「謀反」

その全成が建仁三年（一二〇三）五月十九日、謀反を企てたとして甥である鎌倉殿頼家の命を受けた甲斐源氏の伊沢《いさわ》（武田）信光に捕らえられた。全成は将軍御所に幽閉の後、宇都宮朝業《ともなり》（下野）に預けられた。

翌二十日、頼家は尋問するからと、全成の妻である阿波局の引き渡しを政子に要求した。

だが、政子は、

「そんな事は、女の知るところではない。それに阿野禅師が二月に駿河（阿野荘がある）に行ってから、連絡を取っていない。阿波局に疑うべきところはない」

と返答し、妹の引き渡しを拒否した。

二十五日、全成は常陸に配流《はいる》され、六月二十三日に下野で**八田知家**（常陸）に討たれた。

六月二十四日、全成の子頼全《らいぜん》（母未詳。阿波局の子かも不明）の誅殺を在京中の佐々木定綱《さだつな》らに命じる使者が発せられ、七月十六日、頼全は京都郊外東山《ひがしやま》で誅された（七月二十五日条）。

　事件の流れは以上である。謀反計画を理由に全成が頼家の命で討たれ、息子の一人も縁座で殺された。だが、全成の謀反計画は事実であったのか、大いに疑問がある。

「謀反」への疑問

全成は政治活動の様子がまったく無い。そして全成の甥である頼家（二十二歳）には、四人の男子があった。
①一幡　六歳。母は比企能員の娘若狭局

②善哉《ぜんざい》　四歳。後の公暁《こうぎょう》。母は清和源氏満政流足助重長《あすけしげなが》の娘

③栄実《えいじつ》　三歳。童名千手《せんじゅ》。母は頼朝右筆《ゆうひつ》一品房昌寛《いっぽんぼうしょうかん》の娘

④禅暁《ぜんぎょう》　童名・生年未詳。善哉の同母弟

である。全成が乳母夫として育てていた頼朝の次男千幡（後の実朝。十二歳）が鎌倉殿となる可能性は非常に低かったと言える。しかし、全成の謀反計画が事実であれば、将軍候補は千幡であったはずである。

この計画が事実であれば、時政率いる北条氏との連携無くしてあり得ないことは言うまでもない。謀反計画自体が、全成より**北条時政**が主体ということになる。

ただ、この時期、時政が頼家への謀反、つまり頼家排除と千幡擁立を積極的に実行しようとするか、という疑問がある。あまりに危険が大きい。事実、全成は殺されてしまった。

全成にも、まして時政にも、具体的な謀反計画は無かったのではないか。むしろ、この事件は頼家側の北条氏への攻撃と考えるべきである。

頼家の狙い

では、頼家はどこまでやるつもりであったのか。実際、時政の娘である阿波局の引き渡し

が要求されており、処刑までせずとも配流処分などを企図していたと考えられる。

頼家は外戚である北条氏、特に母政子を屈服させることを目的としていたと推定される。安達景盛事件で政子は頼家に逆らい、頼家の権威を傷付けたのである。

大きく言えば、頼家は叔父であり頼朝の弟である全成を殺害することによって、鎌倉殿としての権威と権力を確立しようとしたのではないか。兄弟をはじめとする河内源氏一門殺害は、父頼朝も繰り返していたことである。

また、全成を捕らえたのは河内源氏一門では有力な甲斐源氏を代表する伊沢信光、預かったのは時政の女婿宇都宮頼綱の弟朝業、討ったのは十三人合議制メンバーの**八田知家**である。知家は頼綱の大叔父（宇都宮頼綱の祖父朝綱の弟）でもあった。頼家は効果的な人物を使っている。

では、**比企能員**は、この事件にいかに関わったのであろうか。

能員は事前に何も知らされていなかったのではないか。

当時、二十二歳である頼家の政権はまだまだ続くはずであった。初政の混乱を乗り越え、征夷大将軍となって十ヶ月、鎌倉殿として形式も整い、いよいよ青年鎌倉殿、頼家の政権は本格的に始動しようとしていた。そして能員の外孫一幡は六歳であり、まだ幼いが、頼家の政権が続けば、三代鎌倉殿候補者たる一幡の地位は、それだけ固まるのである。黙っていても、鎌倉殿外戚（妻の父）として能員の権威と権力は高まってゆく。いずれ、比企氏は北条氏に代わって唯一の鎌倉殿外戚となるであろう。

さらに、詳しくは後述するが、客観的に見て比企氏と北条氏、能員と時政の勢力には、圧倒的と言って良い開きがあった。北条氏は比企氏を、時政は能員を倒すことなど不可能なはずであった。サヨリに軍艦は沈められない。

能員には北条氏を陥れる必要など無かったのである。

全成事件は頼家単独で決行されたと私は考える。その直接の目的は、頼朝の後家尼として重きを成す母政子の権威失墜であろう。頼家は全成事件で、母政子、そして父頼朝を乗り越えようとしたのである。

しかし、政子はまたしても頼家の要求を拒絶し、さらにこの事件は頼家の思惑とは逆に、時政に重大な危機意識を与えたと考えられる。

もう一つ付け加えれば、武田信光も、宇都宮朝業も、そして全成を討った**八田知家**も積極的に事件に関与したかどうかは、わからないということである。主人の命が下れば、本音ではやりたくない仕事でも決行するのが武士であり、肉親であろうと親友であろうと殺すのが武士である。

時政の危機感

時政は頼朝の外戚たることをほとんど唯一の根拠として幕政に地位を築いて来た。しかし、頼朝の急逝によって、今や鎌倉殿外戚は頼家の正室若狭局の父**比企能員**に代わったのである。そして全成が殺害されたことにより、頼家（と比企能員）は、自分を含む北条氏の排除を考えていると時政は思ったに違い無い。

三　比企の乱

全成誅殺から三ヶ月足らずの後、建仁三年九月に❺**比企の乱**が勃発する。

比企の乱は、北条氏と比企氏、より限定すれば**北条時政**と**比企能員**による鎌倉殿外戚位の争奪戦であるが、比企の乱について記す前に、まず、この事件で滅ぼされた比企氏という一族について記す。

比企尼と比企掃部允

比企氏は謎の一族である。

頼朝の乳母比企尼は、平治の乱の翌年、永暦元年（一一六〇）三月に頼朝が伊豆に流されると、夫比企掃部《かもんの》允《じょう》（北酒出《きたさかいで》本『源氏系図』では「宗兼」）と共に武蔵国比企郡に下り、請所《うけしょ》（年貢を定額で請け負った土地）とした比企郡から、伊豆の頼朝に仕送りを続けた。比企掃部允は比企郡下向後、早くに没した（治承四年八月九日条）が、比企尼の援助は頼朝挙兵までの二十年間続いた（寿永元年十月十七日条）。頼朝の鎌倉入り後、比企尼は鎌倉に移り住み（文治二年六月十六日・同三年九月九日条）、比企一族は鎌倉幕府で重用された。以上は良く知られていることである。

比企氏一族

比企氏について明らかなのは、次の五点である。

①比企夫妻の実子比企朝宗《ともむね》は仮名《けみょう》（通称）が「藤内」（文治元年正月二十六日条）なので、

比企氏の氏《うじ》は藤原である。

②比企尼の甥で猶子《ゆうし》（相続権の無い養子）の比企能員は、源頼家の乳母夫となった（寿永元年十月十七日条）。『愚管抄』巻六に能員について「ヒキ《（比企）》ノ判官能員阿波国ノ者也」とある。この阿波は安房の誤記の可能性もあるが、『愚管抄』著者慈円には比企氏についての独自の情報源があったらしいので、阿波で良いと考えられる（山野龍太郎氏の御教示による）。

③『愚管抄』巻六によれば、比企能員は比企掃部允の勢力下にあった三尾谷（『愚管抄』では「ミセヤ」）行時（比企郡三尾谷郷を本拠とする武蔵児玉党構成員）の娘を妻とし、行時の娘が生んだ若狭局が頼家の嫡長子一幡を生み、行時は同じ児玉党の構成員を婿とした（山野二〇二二）。能員も「ムコノ児玉党」とあり、児玉党構成員を婿としている。

④実子朝宗と猶子能員は、『吾妻鏡』では最初から頼朝の側近として活動している。朝宗は建久五年（一一九四）十二月十日条をもって『吾妻鏡』から姿を消すので、朝宗はこの時からそう遠くない時期に没し、能員が比企氏を継いだと推定される。

⑤比企夫妻には三人の娘がいた（『吉見系図』）。

【長女】二条天皇に仕え丹後内侍《たんごのないし》と称す。摂関家近衛《このえ》家の家司《けいし》惟宗広言《これむねのひろこと》と密通して生んだ惟宗忠久《ただひさ》は、頼朝から近衛家領島津《しまづ》荘の地頭職《じとうしき》に補任《ぶにん》され、島津氏の初代となった。その後、丹後内侍は三河国小野田荘を本貫とする武士**小野田盛長**に嫁ぎ、景盛・時長《ときなが》・娘の三子を生んだ。奥州合戦後、景盛は陸奥国安達郡安達荘を得、安達氏初代となり、時長は出羽国最上《もがみ》郡大曽禰《おおそね》荘を得、大曽禰氏初代となった。娘は源範頼の妻となった。

【次女】武蔵秩父党実力者河越重頼《かわごえしげより》に嫁ぎ、源頼家の乳母となった（寿永元年八月十二日条）。次女の生んだ娘は、源義経の妻となった。

【三女】伊豆の伊東祐親の息子祐清《すけきよ》に嫁ぎ、祐清没後、河内源氏の大内義信に嫁いで、朝雅を生む。朝雅は北条時政の後妻牧方の生んだ女子を妻とした。

比企氏についての仮説

ここまでの記述からわかる比企氏についての情報は次の三点である。

(1)比企夫妻は比企郡を請所としている。「請所」は鎌倉中期以降の言葉であるが、後に「請所」と呼ばれるようになる年貢請負自体は平安末期からあったとして問題はない。一郡全体の年貢請負をするには、かなりの財力がなければならない。豊作の時は儲かるが、不作の場合は自腹を切って不足分を補填《ほてん》しなければならないからである。掃部允は相当な資産家であったことになる。

⑵丹後内侍は二条天皇に仕えているので、掃部允の家は貴族社会でそれなりの地位にあったはずである。

⑶請所・娘の嫁ぎ先・猶子能員の出身から、武蔵・三河・伊豆・阿波に関係があった。

つまり、比企掃部允は、都でそれなりの地位にある家系の出身である資産家で、坂東の武蔵、東海の伊豆・三河、南海道（瀬戸内）の阿波に関係のある人物ということになる。

私は以上の点を勘案し、比企掃部允を受領層貴族の家系出身と推定する。

比企朝宗・能員の軍事活動

比企朝宗・**能員**は源平合戦で鎌倉方幕僚のメンバーとして西国に赴いた（元暦元年八月八日条など）。平氏滅亡後、朝宗は源義経捜索のため文治二年（一一八六）九月二十九日、五百騎を率いて京から奈良に赴いている。文治五年（一一八九）奥州合戦では頼朝の率いた東山道軍に属した（九月九日条）。能員は奥州合戦では東海・東山・北陸道軍に分かれた幕府軍のうち、宇佐美実政（伊豆）と共に北陸道軍の大将軍（大将の意）となり（九月四日条）、同年末から翌建久元年三月に奥羽で起きた大河兼任の乱でも東海道大将軍千葉常胤と共に、東山道大将軍を務めている（正月八日条）。

比企氏関係系図

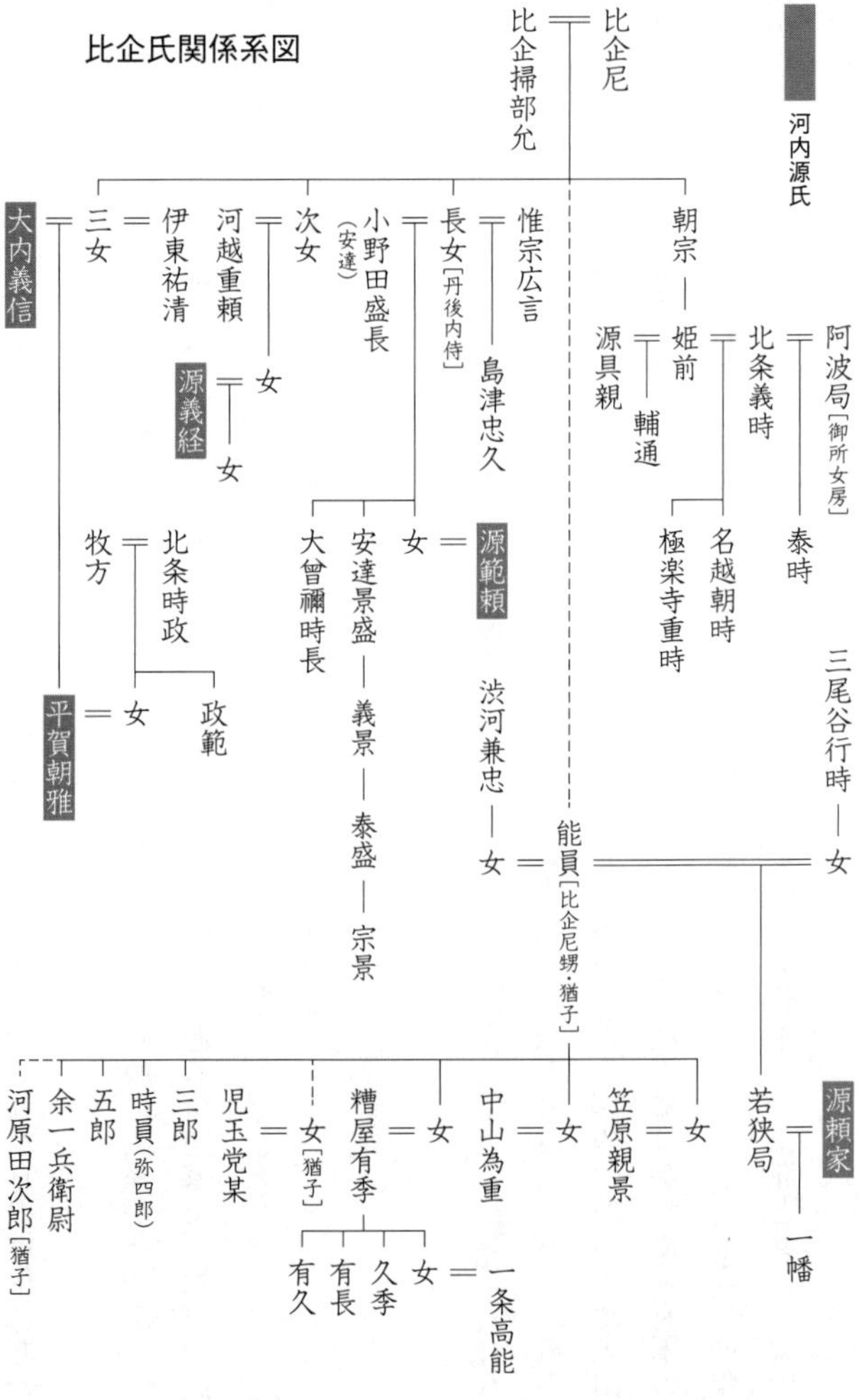
比企尼
比企掃部允
朝宗
姫前
源具親
輔通
北条義時
阿波局［御所女房］
泰時
名越朝時
極楽寺重時
三尾谷行時
女
惟宗広言
長女［丹後内侍］
島津忠久
小野田盛長（安達）
女
源範頼
渋河兼忠
女
能員［比企尼甥・猶子］
安達景盛
義景
泰盛
宗景
大曾禰時長
次女
河越重頼
女
源義経
女
伊東祐清
三女
大内義信
平賀朝雅
女
北条時政
牧方
政範
源頼家
若狭局
一幡
女
笠原親景
女
中山為重
女
糟屋有季
女
一条高能
久季
有長
有久
女［猶子］
児玉党某
三郎
時員（弥四郎）
五郎
余一兵衛尉
河原田次郎［猶子］

これらの軍事活動での朝宗・能員の役割は、軍事指揮者である。用兵は必ずしも武士の専売特許ではない。ましてや、比企掃部允・比企氏が元々、武士であった証拠にはならない。よって、比企氏を受領層貴族出身とする私の推定を否定するものではないであろう。

比企氏と北条氏の比較

比企氏は頼朝が「母」と慕った乳母比企尼の一族であったため、頼朝時代にはすでに大きな勢力を誇っていた。頼朝によって生まれた時から鎌倉殿後継者と決められていた頼家の乳母を二人（河越重頼の妻・比企能員の妻）も出したことに、それは示されている。

また、比企朝宗は建久年間以前に一時期だが若狭・越前・加賀・能登・越中・越後・佐渡の北陸道七ヶ国の守護を任されていた（推定を含む。佐藤一九七一）。頼朝は占領地である北陸道諸国を全て比企尼の息子に託したのである。朝宗の北陸道守護はそれほど長期のものではなかったが、後に北陸道守護には、朝宗娘を母とする北条朝時をはじめ、比企氏の姻戚が就任しているので、北陸道は頼家時代には比企氏の勢力圏であったろう。これに加えて頼家時代には**比企能員**が信濃・上野守護であった。

梶原景時の例からして、頼家時代の比企氏は北陸及び信濃・上野、本来の根拠地である武蔵という地続きにブロック化した地域に「広域武士団」を形成していたと推定される。

これに対し、**北条時政**は伊豆・駿河守護であった。この二ヶ国もブロックである。だが、伊豆は北条氏の本拠地であり、裏を返せば同程度以上の御家人が多数存在しており、駿河にも北条氏と同程度以上の御家人が多数あった。鎌倉殿御外戚であることがほとんど唯一の政治基盤であり、源平合戦でも奥州合戦でも目立った軍功を上げることのなかった北条氏のこれらの地域での守護としての勢力伸長は、幕府の占領地であった北陸道諸国に、いわば天下《あまくだ》った比企氏のそれに比べると困難であったはずである。

さらに、比企掃部允は頼朝の流人時代に一郡を請所とする資産家であった。小土豪に過ぎなかった北条時政とは元来の財力からして大きな差があったのである。

四　北条時政のキャラクター

伊豆時代の北条氏と伊豆武士団

ここでは、比企氏との比較として、伊豆時代から頼朝時代の北条氏について、当主時政を中心に述べる。

北条氏は本来、伊豆国田方郡《たがたのこおり》北条を苗字の地とする在地領主であった。桓武平氏貞盛流の中の直方《なおかた》《なおつね》流と伝える史料が多いものの確証はない。

頼朝挙兵以前の北条氏の兵力を、私はせいぜい二十騎台と推定している。『源平盛衰記』巻二十は治承四年（一一八〇）八月十七日の挙兵時における頼朝の兵力を九十騎と記している。この中で、頼朝の直臣《じきしん》は時政・宗時・義時、そして時政の従弟とも甥とも伝える時定の北条氏四人を含めて四十六騎（同月二十日条）。さらに非戦闘員である雑色・下人まで含まれていた。参加者の中には家臣を連れていた者もあったはずで、これらを勘案すれば、北条氏の兵力は北条氏四人を含めて三十騎に及ばなかったはずである。二十騎台でも多過ぎるかもしれないだろう。

田方《たがた》郡は盆地であり、伊豆の中では珍しく比較的広い平地のある地域だが、周囲は急峻《きゅうしゅん》な山に囲まれている。そして北条の北には土肥《どい》・仁田《にった》、南に天野、東に頼朝挙兵の標的となった山木《やまき》兼隆《かねたか》とその後見である堤《つつみ》、頼朝と別れさせられた伊東祐親の女が嫁いだという江《え》間《ま》、と多くの勢力がひしめくように割拠していた。北条氏は東国武士としては最小規模ではないものの、小土豪とでも言うべき勢力であった。

伊豆は山国と言ってよい程険しい山が多く、沿岸近くまで山が迫っている地形である。ゆえに盆地や沿岸部の狭い平地に北条氏を含めた小土豪がひしめき、ドングリの背比べのような状況にあった。この中で突出していたのは、藤原南家乙麿流を称する伊東氏である。苗字の地である伊東をはじめ、伊豆半島の東沿岸部に広く（細長く）一族が広がり、その動員力は三百騎という伊豆では抜群の勢力であった（同月二十三日条）。しかも伊東氏の同族は西隣の駿河、さらにその北隣甲斐にまで広がり、さらには駿河・遠江の国守に世襲的に任官していた受領層貴族藤原氏（後の二階堂氏）も同族であった。

時政のサバイバル戦略

武士はどの氏族も自家のサバイバルのために、あの手この手の策を採るものであるが、右のような環境にあった時政は、いかに行動していたのであろうか。

まず、時政は伊東氏本家と姻戚関係を結んでいる。次男**義時**の母は前田本『平氏系図』に「伊東入道女《むすめ》」とあり、『工藤二階堂系図』に、伊東氏当主祐親について「伊東入道と号す」とあるので、義時の母、つまり時政の妻は伊東祐親の娘と推定される。

義時の姉政子・嫡兄宗時《むねとき》・弟時房の母は不明だが、同じく伊東祐親の娘として問題はない。

時政は祐親の婿、伊東氏の姻戚となり、伊東氏の勢力を背景に田方郡の同輩たちに対し優位に立つことができた。東伊豆沿岸部が勢力基盤である伊東氏にしても、内陸部で三島国府にも近い田方郡に橋頭堡《きょうとうほ》を得たと言える。北条氏と伊東氏の利害は一致していた。

だが、彼我《ひが》の実力差は比較にならない程大きく、北条氏はいずれ伊東氏に臣従させられかねない。実際に臣従する以前に、田方郡の武士たちから北条氏は伊東氏の家臣になったとみなされたら元も子もない。時政は伊東氏の勢力を背負うと同時に、伊東氏からの自立を果たさなければならず、またそれを伊東氏を含めた周囲に示さなければならなかったのである。

時政が採った方策は、息子二人の烏帽子親《えぼしおや》の選択であった。今日の成人式にあたる元服において、新成人に烏帽子を被《かぶ》せる役が烏帽子親、烏帽子を被せられる新成人は烏帽子子《えぼしご》という。いわば、烏帽子親は烏帽子子のもう一人の父であり、烏帽子子の危機に際しては、戦闘行為までも含めて保護する責務があった。

そして烏帽子親は自分の実名《じつみよう》（諱《いみな》）の一字を烏帽子子に授けることが多かった。これを「偏諱《へんき》を賜う」という（偏は片方の意味で、偏諱とは通常、二文字で構成される男子の実名の一字のこと）。これに対し、一族で実名に共通した文字を使う場合、その文字を「通字《つうじ》」という。ある人物の実名は「烏帽子親の偏諱＋一族の通字」（逆も可）で構成されることが比較的に多い。よって、ある人物の実名の文字はその烏帽子親を推定する材料となる。

時政の息子、宗時・義時の烏帽子親は誰であったのだろうか。

説明の都合から、まず義時について検討する。平安末期から鎌倉前期にかけての東国武士団で「義」を通字とするのは、伊豆の東隣、相模最大の武士団三浦氏である。そして三浦氏と北条氏は伊東氏を介して姻戚関係にあった。当時の三浦氏当主、義明の孫（義澄の子）義村は『三浦系図』に「母伊東入道女」とあり、義村の母、つまり義澄の妻は伊東祐親の娘であって、北条義時と三浦義村は母方の従兄弟であった。この関係からして義時の烏帽子親は三浦義明または義澄と推定される。北条時政は伊豆伊東氏と同等以上の規模である相模三浦

北条・牧氏略系図

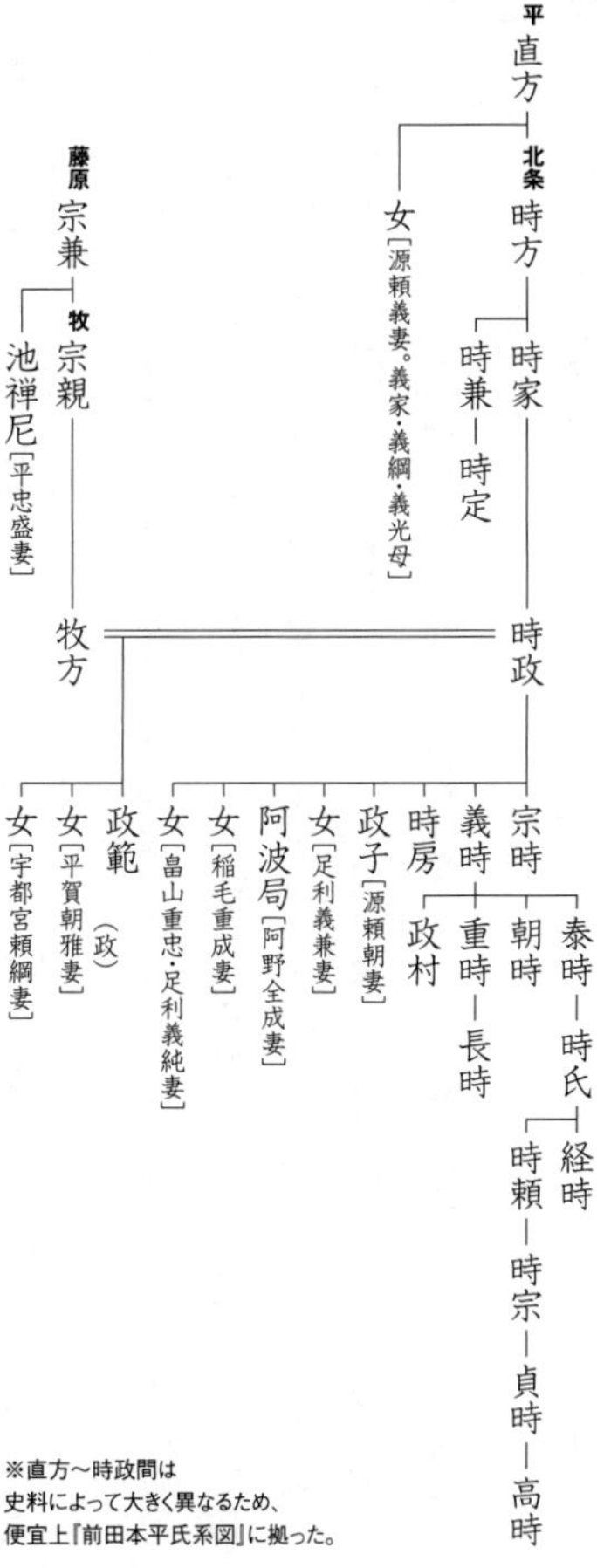

※直方〜時政間は
史料によって大きく異なるため、
便宜上『前田本平氏系図』に拠った。

三浦氏略系図

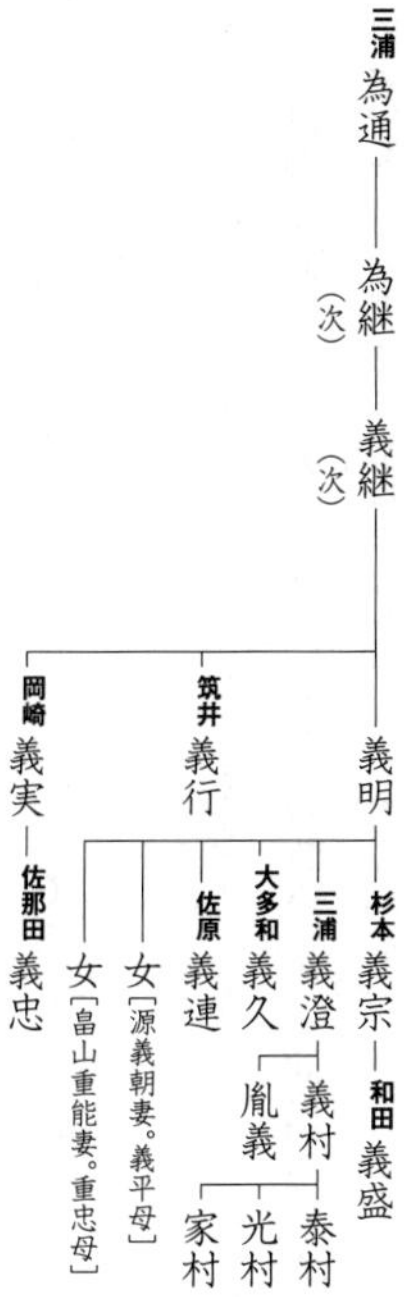

氏を義時の烏帽子親に選び、伊東氏に飲み込まれることへの防波堤を築こうと考えたのである。

一方、時政の嫡子、義時の兄である宗時の烏帽子親は、後に時政の後妻となる牧方の実家、牧氏（大岡とも）と考えられる。牧方の父牧宗親《まきむねちか》が、平忠盛の後妻で清盛の異母弟家盛《いえもり》・頼盛《よりもり》の母である池禅尼《いけのぜんに》の兄弟であることは、杉橋隆夫氏の研究で明らかにされている（杉橋一九九四）。つまり、牧方は池禅尼の姪である。牧氏は中関白藤原道隆《なかのかんぱくふじわらのみちたか》（道長の兄）の子隆家《たかいえ》の後胤（『尊卑分脈』）である受領層貴族であり、宗親は頼盛の所領駿河国駿東郡大岡牧《おおおかのまき》（牧は馬牧場のこと）の代官でもあった。

この牧氏は宗親の祖父隆宗《たかむね》以来、「宗」を通字としていた（『尊卑分脈』）。北条氏と牧氏は頼朝挙兵以前から関係があり、時政は今をときめく伊勢平氏の近臣牧氏（おそらく宗親の兄宗長）に嫡子宗時の烏帽子親になってもらったのであろう。牧氏と北条氏の関係は主従関係に近いものであったのではないか。

時政は牧方を宗時の嫁に考えていた可能性もある。しかし、宗時が石橋山合戦で討ち死にしたため、自分の後妻にしたのではないか（宗時没後、義時の妻にするつもりであったが、実際に牧方を見て、自分の妻にしてしまったとも考えられる）。

時政は義時を通じて伊豆の東隣相模の大豪族三浦氏と結び、宗時を通じて伊勢平氏近臣牧氏と結ぶことによって、伊東氏からの自立を守ろうとしていたのである。

姻戚関係や烏帽子親子関係、主従関係などによって自家の自立・繁栄を図るのは、なにも時政に限ったことではないが、時政が一種の策士的な人物であったことは認められるであろう。そして最も大切なのは、いろいろ策略を巡らしながら、周囲に嫌われないように振る舞える能力である。

優れた交渉能力

時政のほとんど唯一と言って良い能力は、交渉能力であった。治承四年（一一八〇）八月の相模石橋山敗戦直後、頼朝たちと共に避難した安房から甲斐に赴き、頼朝と甲斐源氏の同盟締結に成功している（同年九月八日・十五日・二十四日・十月十三日条）。また、文治元年（一一八五）には源義経問題を理由に頼朝の使者として上洛し、頼朝と朝廷との交渉に際しての専任の朝廷側窓口であった吉田《よしだの》経房《つねふさ》と直接会って話し合い、いわゆる守護・地頭設置について後白河院の承認を引き出している（『玉葉』十一月二十四日条。『吾妻鏡』同月二十五〜二十九日条）。

時政はこの時、文治元年十一月二十四日に入洛し（『玉葉』同日条。『吾妻鏡』は二十五日とす）、翌二年三月末まで四ヶ月在京した（『玉葉』同年三月二十四日条。『吾妻鏡』四月一日条）が、この間の時政は京都の治安維持など、まさに八《はち》面《めん》六《ろっ》臂《ぴ》の活躍で、九条兼実は「近日珍物か」（『玉葉』三月二十四日条）と褒めている。

時政の性格

もう一つ、私が注目しているのは、時政の性格である。
在京活動を終え帰東することになった時政は文治二年三月二十七日、洛中警備のため京に残すメンバー三十五人の交《きょう》名《みょう》（名簿）を吉田経房を通じて朝廷に提出した。この交名は『吾妻鏡』同日条に全文引用されているが、漢字平仮名交じり文でメンバーの仮名をそのまま書いてしまっている。たとえば、中原小中太光家が「ちうた」、常陸房昌明が「ひたちはう」である。これを見せられた王朝貴族たちは絶句したであろう。時政の無教養ぶりがさらけ出ている。

無教養でも有能な人はいるのであり、時政はそのようなタイプであったようだ。だが、無教養な人は他者に軽んぜられるものであり、時政は比企能員をはじめ御家人たちにも軽く見られていた可能性が高い。

建久元年（一一九〇）九月七日、時政は仇討ちで有名な曽我兄弟の弟筥王《はこおう》を元服させ、自身の偏諱を与えて曽《そ》我《がの》五《ご》郎《ろう》時《とき》致《むね》を名乗らせている。穿《うが》った見解もあるが、この時点では曽我祐成《すけなり》・時致兄弟は実父を失い零落した無力な存在であり、四年後に頼朝の側近工藤祐経を殺害し、さらに頼朝まで狙うという大事件（同年五月二十八日条）を起こすとは誰も知らない。時政は同郷の落ちぶれた少年を哀れに思って手を差し伸べただけなのではないか。せいぜい同郷伊豆のかつては最大の豪族であった伊東一族の曽我兄弟を配下に取り込もうとしただけであろう。

また、頼朝の浮気が原因で起こった頼朝・政子の夫婦ゲンカから勃発した騒動、亀《かめの》前《まえ》事件では愛妻牧方の父牧宗親が頼朝に恥をかかされたのに激怒して、無断で鎌倉を退去し、伊豆に引き上げるという身の程知らずな行動をしている（寿永元年十一月十四日条）。

時政は戦略や交渉能力に長《た》け、親切なところもあるが、身贔屓で軽率なのである。「知能は高いが、思慮は浅い」のである。

有能だが単純で気の良い田舎土豪の親爺というイメージで、十三人合議制メンバーを含めた御家人たちから見られていたのではないか。

対する比企能員は頼朝の乳母比企尼の猶子というだけで、他者の追随を許さない程の権勢を手に入れた余所者《よそもの》として、東国武士たちには反発があったはずである。強者は強者ゆえに潜在的な敵を作る。

五　頼家発病と後継をめぐる駆け引き

頼家発病と日本六十六ヶ国惣地頭職の分割

建仁三年（一二〇三）。

全成事件の起きる二ヶ月前の三月十日、頼家はにわかに発病した。だが、十四日には平癒《へいゆ》し、二十六日には蹴鞠《けまり》をするまでに回復した様子であった。

ところが、全成処刑一ヶ月後の七月二十日。頼家は再び発病し、今度は辛苦甚だしい状態となった。病状はたちまち悪化し、二十三日には「既に危急（生命が危ない）」という程になった。

八月二十七日。頼家は、危篤状態（縡《こと》、危急）となった。

そこでこの日、一幡（六歳）の日本国惣守護職《しゅごしき》継承が決定した。この日と九月二日条で『吾妻鏡』は一幡を「家督」と呼んでおり、一幡の第三代鎌倉殿就任が正式に決まったのである。『保暦間記』は頼家の「遺跡」は一幡に譲られたと明記している。

だが、同時に日本六十六ヶ国惣地頭職について、関東二十八ヶ国を一幡に、関西三十八ヶ国を頼家の弟で十二歳の千幡（後の実朝）に分割譲与することが決定された。『吾妻鏡』は誰がこの決定をしたのか書いていないが、おそらくは最高幹部会議、すなわち十三人合議制であったろうと私は考えている。

『吾妻鏡』は千幡への関西三十八ヶ国地頭職譲与について、

> かくして頼家様の家督である一幡様の外祖父比企能員は潜《ひそか》に頼家様の御弟千幡様に関西三十八ヶ国の地頭職を譲与したことを怒り、外戚の権威を笠に着て思い上がり、千幡様とその外戚である北条氏を滅ぼそうと企んだということである。

と記すが、この「潜に」を「こっそりと」と訳すのは適切ではない。四日後の九月一日には「国々の御家人等競い参」じて、都市鎌倉は「はなはだ物忩《ぶっそう》（物騒）」という事態となっており、総地頭職分割譲与が公表され、それによる比企・北条両鎌倉殿外戚家の対立激化が公然化していたからである。

よって、「潜に」は「私《わたくし》に」＝「自己の利益のために不法にも」と訳すべきである。比企能員は分割譲与について、北条時政が自家の私的利益のために会議を誘導して決めたとして、これに反発したのであろう。

そして事実、時政は十三人合議制をそのように利用したのである。

十三人合議制は**梶原景時**が滅亡、**三浦義澄**と**小野田盛長**はすでに亡く、**藤原親能**は京都守護として在京しているので、残るは**北条時政**・**北条（江間）義時**・**大江広元**・**三善康信**・**八田知家**・**和田義盛**・**比企能員**・**足立遠元**・**藤原（二階堂）行政**の九人である。成立から四年、頼家との対立もあって、有効に機能していたとは言い難く、メンバーも減じていたが、鎌倉殿を除けば幕府の公的な意思決定機関は十三人合議制しかなかった。

一幡の弱点

一幡は建仁三年正月二日の『吾妻鏡』初登場以来、若君《わかぎみ》（若公）と呼ばれていた。頼家も鎌倉殿継承までは若君である。後に四代鎌倉殿就任を前提に二歳で鎌倉に下向した九条三寅（後の頼経）も、将軍に任官するまでは若君と呼ばれた。

一幡が頼家の嫡子、正統な後継者なのである。原則論を言えば、一幡の継承には何の問題も無い。だとすれば、そもそも千幡が関西三十八ヶ国地頭職を継承したことは全くムダな、意味の無いことである。

『吾妻鏡』八月二十七日条は、能員が「潜に舎弟（千幡）に譲《じょう》補《ほ》することを憤怒し」て、「千幡君ならびにかの外家（北条氏）已下を謀《はか》りたてまつらんと擬」したというから、比企能員は千幡の関西三十八ヶ国地頭職継承に反対であり、これを主張したのは時政であったことになる。

原則論からは時政の主張は、意味の無いものである。だが、一幡には弱点があった。六歳というそのあまりの幼さである。まだ元服もしていない。五・六歳でも元服した事例は多いが、六歳での征夷大将軍任官は先例が無い。九条三寅も元服し征夷大将軍に任官するのは九歳である。

朝廷が一幡の鎌倉殿継承に難色を示す可能性はあったのである。

後鳥羽院政を利用した時政

当時、朝廷では後鳥羽院の執政が始動して十一ヶ月目であった。

後鳥羽院は建仁三年時点で、二十四歳。頼家の二歳上である。兄安徳《あんとく》天皇が平家都落ちで西海《さいかい》に赴いた後、寿永二年（一一八三）八月二十日に四歳で践祚《せんそ》（皇位登極《とうぎょく》）し、在位中は、建久三年（一一九二）三月十三日の祖父後白河院の崩御までは後白河院政が続き、その後は頼朝と親しかった摂関家の九条兼実、兼実を失脚させた村上源氏の土御門通親《つちみかどみちちか》が朝廷の実権を握った。通親は養女とした承明門院《しょうめいもんいん》源在子《みなもとのざいし》の生んだ後鳥羽院の第一皇子為仁《ためひと》親王を建久九年（一一九八）正月十一日、三歳で践祚させ（土御門天皇）、後鳥羽院は十九歳で上皇となり院政を開始したものの、通親の権勢は続いた。だが、通親は建仁二年十月二十一日に薨去し、後鳥羽院は二十三歳にして、ついに名実共に朝廷の執政者「治天《ちてん》の君《きみ》」（天皇家の家長）となった。

よって、頼家発病時点で、後鳥羽院は執政開始から十ヶ月（建仁二年には閏十月がある）であるが、建仁三年正月の春除目は「今回の除目はまったく院の御判断によって決められたということである」（『明月記』正月十三日条）とあり、後鳥羽院は若年ながら朝廷権力を掌握していたことがわかる。

鎌倉幕府が一幡の鎌倉殿継承を願い出た場合、一幡の六歳という幼さを理由に、後鳥羽院が自らの意のままになる皇族を鎌倉殿に選ぼうとする可能性はあったはずである。七歳の皇《こう》太弟《たいてい》守成《もりなり》親王（後の順徳《じゅんとく》天皇）はもちろん別で、六条宮《ろくじょうのみや》雅成《まさなり》親王は四歳、冷泉宮《れいぜいのみや》頼仁《よりひと》親王は三歳と、後鳥羽院の他の皇子はいずれも一幡より幼いが、別の任意の皇族、たとえば後鳥羽院の一歳上の兄、守貞《もりさだ》親王・惟明《これあき》親王（『本朝皇胤紹運録《ほんちょうこういんじょううんろく》』）などがその候補になろう。

後鳥羽院は在位十五年の後、上皇となって五年。今上《きんじょう》天皇と皇太弟を自己の皇子で占め、治天の君としてのその地位は堅固であり、二人の兄のいずれかが鎌倉殿となったとしても、彼らが後鳥羽院に逆らうことは考えられない。

時政は朝廷からの圧力の可能性を武器とした。

時政の主張

北条時政は八月二十七日の合議で一幡の幼さを問題にしたはずである。その主張は、次のようなものであったろう。

「一幡様が頼家様の正統な後継者であることは、もちろんである。しかし、一幡様の幼さを理由に朝廷が難色を示し、皇族などを鎌倉殿候補として推薦してきたら一大事である。ここは中継《つ》ぎとして、千幡様を鎌倉殿に就けてはどうか。千幡様なら、即座に元服できる年齢であり、何よりも頼朝様の息子であるから、朝廷も呑まざるを得ないはずだ」

当然、比企能員はあくまでも一幡の鎌倉殿就任を主張したであろう。

能員にしてみれば、時政の意見は一理あるかもしれないが、一幡の鎌倉殿就任への横槍としか思えなかったはずである。たしかに一幡は幼いが、千幡とて十二歳である。

だが、時政は前述のごとく交渉に長けており、これが八月二十七日の会議では、大いに発揮されたのではないか。全成誅殺で自家北条氏存亡への危機感を深めた時政としても、必死であったろう。

折衷案としての日本国惣地頭職分割

論議の結果、

「幕府としては、まず一幡様を鎌倉殿候補として、朝廷側に承認を求める。朝廷が難色を示した場合は、千幡様を候補者とする。この幕府の主張の裏付けとして、日本国惣守護職は一幡様が継承し、日本国惣地頭職は一幡様と千幡様が分割相続する」

という、いわば折衷案に決まったのである。

能員にしてみれば、時政の提案は「潜に」(自己の利益のために不法にも)なものであり、ゆえに「憤怒」したのである。時政の真意が千幡擁立にあることは明らかである。

だが、朝廷の介入はあり得た。そして十三人合議制の他のメンバーは時政の弁舌に納得し、能員も大勢に抗しきれず、千幡の関西地頭職継承を呑まされたと判断される。

比企氏に鎌倉殿外戚の地位を奪われまいとする時政は、千載一遇の機会を逃さなかった。

比企の乱の発端

五日後の九月二日、比企能員は若狭局を通じて時政の〝陰謀〟を頼家に訴えた。頼家は驚き、病床に能員を招き、時政追討を許可した。ところが、この密談を障子の陰から聞いていた政子が侍女(女房)を時政に派遣して危機を知らせた。――『吾妻鏡』記すところの比企の乱の始まりである。

しかし、能員と頼家の時政追討計画も政子の通報も、無かったろうと私は考えている。

このおもしろいが非現実的な話は、鎌倉後期に伝わっていた伝承であり、『吾妻鏡』はそれをそのまま書いただけなのであろう。

時政は八月二十七日の会議の段階で比企氏打倒を決断しており、予定の行動を実行したに過ぎない。会議で比企能員が千幡（実朝）の鎌倉殿就任に反対した事実と、その言質を取ることこそ、時政の狙いだったのである。

六　小御所合戦

比企氏滅亡

とにかくこの日、時政は決行した。

午前中、まず天野《あまの》蓮景《れんけい》（俗名遠景《とおかげ》。伊豆）・仁田《にった》忠常《ただつね》（伊豆）を御供に、大江広元邸を訪れ、比企討伐を持ち掛けている。

比企討伐を説く時政に対し、広元は、

「自分は幕下《ばっか》将軍《しょうぐん》（頼朝）の御時から、鎌倉殿の御政務をお助けして来たと言われているが、兵法《ひょうほう》はよくわからない。だから、比企討伐をやるかやらないかは、貴殿が熟慮してほしい」

と述べ、賛成とも反対とも言わなかった。

これを聞いて、すぐさま時政は座を立ち、帰路に就いた。

荏《え》柄《がら》神社の前で馬を止めた時政は、天野と仁田に言った。

「能員を今日、殺《や》る。お前たちが討手《うって》を務めよ」

これを聞いて、天野が言った。

「軍《ぐん》兵《びょう》など、出すまでもない。貴殿の所に呼び寄せて、殺ればいい。あんな年寄り、何ほどのものでもない」

時政は自邸に帰ると、さらに議論をおこなった。『吾妻鏡』は誰と話したか記していないが、複数の人々と話した中に北条義時も入っていたはずである。

そして「まだ話があるから」と広元を招いた。

広元は自分も危ないと思った。迷っているようだったが、気乗りしない様子で出掛けようとした。広元の家人（家臣）の多くが付き従おうとしたが、広元は「自分に考えがある」と言って、飯富《おぶ》宗《むね》長《なが》一人を連れて鎌倉の東部、名越にある時政邸に向かった。飯富は御家人であり（文治元年六月五日条）、広元の派閥構成員である。

途中、広元は飯富に密かに言った。

「万一のことになったなら、お前が、私を殺せ」

時政邸に入った広元は、時政としばらく話し合ったが、この間、飯富は広元の後にずっと座していた。

午《うま》の刻（正午頃）に広元が時政邸を出ると、時政は能員に使者を送り、

「宿願あって最近作らせていた薬師《やくし》如来《にょらい》像《ぞう》の供養を尼御台所（政子）も臨席して、おこなうので、聴聞に来てほしい。ついでに、いろいろ話しましょう」

と招いた。能員は「すぐに行く」と返事をした。

時政の使者が去った後、比企一族は時政を警戒して能員を引き留め、行くのなら武装した家子・郎従を同行させるように意見したが、能員は、

「そのような装いは警護には見えない。人々の誤解の原因になる。今、自分が甲冑姿の家臣を連れて行けば、鎌倉中の人々が騒ぐだろう。それはあってはならないことだ。仏事の結縁のために行くのであり、また一幡様への将軍職御譲補のために相談があるのだろう。急いで行こう」

と言って、甲冑を着ることも軍勢を連れて行くことも退け、「郎等（家臣）二人・雑色《ぞうしき》（召し使いのような者。武士ではない）五人」を連れただけで、時政邸に向かった。

一方、甲冑姿となった時政は、弓矢の名手二人に、甲冑を帯し二ヶ所ある小門

に待機するように命じた。天野蓮景と仁田忠常は腹巻を着け西南の脇戸の内に待機した。正装姿で郎等・雑色を連れた能員は時政邸を来訪すると、乗って来た黒馬を降りて、惣門の廊の沓脱《くつぬぎ》に昇り、妻戸《つまど》を通った。

この時、待ち受けていた天野が能員に抱き付いて竹林に引き据え、仁田が刺殺した。時政は出居《でい》（居間）から、この殺人の様子を見ていたという（『吾妻鏡』『愚管抄』）。

走り帰った従者（僮僕《どうぼく》）たちの知らせで、能員が殺されたのを聞いた比企の一族・郎従は、小御所《こごしょ》と呼ばれていた一幡の館《やかた》に籠城した。能員の息子三郎・弥四郎時員《ときかず》・五郎・嫡男余一兵衛尉（『保暦間記』の宗員か）、猶子河原田《かわらだ》次郎、笠原親景《かさはらちかかげ》・中山為重《なかやまためしげ》・糟屋有季《かすやありすえ》・武蔵児玉党某の婿四人らであった。

間を置かず、政子の命を受けた北条義時と泰時、牧方の生んだ時政の娘の夫で河内源氏の平賀朝雅《ひらがともまさ》（母は比企尼の三女）らの軍勢が小御所を襲った。未《ひつじ》の三刻（午後二時過ぎ頃）であった。

比企方が一幡を守ろうと死を賭して防戦したため、北条方の景廉《かげかど》・景朝の加藤父子・尾藤《びとう》知景《ともかげ》・和田景長《わだかげなが》らとその郎従たちは負傷して退いた。だが、畠山重忠が精兵《せいびょう》を入れ替え入れ替え攻撃したため、比企方は次第に敗勢を濃くしていった。

糟屋有季は武勇を惜しまれ、北条方が投降を呼び掛けたが潔しとせず、八人を殺して討ち死にした。

敗北を悟った比企方の人々の多くは小御所に火を放ち、六歳の主人一幡の御前で自決した。申《さる》の刻（午後四時頃）であった。能員の嫡子比企余一兵衛尉は女装して逃げたが、加藤景廉に討たれた。

小御所に籠もった者の多くが死んだ。戦闘終了後、時政は妻牧方の兄弟（『愚管抄』巻六）大《おお》岡《おか》時《とき》親《ちか》を派遣し死骸などを実検させた。夜、能員の舅渋《しぶ》河《かわの》兼《かね》忠《ただ》も討たれた。

一幡と若狭局の最期

一幡について『吾妻鏡』は「若君同じくこの殃《わざわい》を免がれたまわず」と、はっきり書いており、『保暦間記』も「ヤキ（焼）死給フ」と同様の記述をしている。そして『吾妻鏡』によれば、翌三日、一人の僧が小御所の焼け跡で遺骨を探したところ、ある死骸の着ていた衣装の右脇の下の部分が一寸（約三・〇三センチメートル。四方であろう）ばかり焦げ残っており、乳母の証言によって、その模様が一幡の着ていた小袖のそれと一致したため、この死骸が一幡とわかったと記している。僧は遺骨を首に掛け、高野山の奥院に納めるため旅立ったという。

ところが、一幡については異説がある。『愚管抄』巻六は、一幡は母若狭局に抱かれて小御所を逃れたが、義時に捕らわれ、十一月三日、義時の命で刺殺され死体は埋められたと記しているのであり、これは『武家年代記』と一致する。義時が一幡をいつ捕らえたかは不明だが、『愚管抄』に「トリ《(取)》テヲキ《(置)》テ」とあるので、義時が一幡をしばらく生かしていたことがわかる。

『愚管抄』は伝聞であり、『武家年代記』と一致するといっても、『武家年代記』の原史料が『愚管抄』であった可能性があり、さりとて『吾妻鏡』は鎌倉時代後期の編纂物である。どちらが、正しいとも言いかねる。

若狭局については『吾妻鏡』『愚管抄』『保暦間記』などは生死を記していない。だが、比企の乱で没したと考えるべきだろう。

その後の比企氏

乱の翌日、渋河兼忠の娘であろうか、能員の妻妾とその二歳の男子が「好《よしみ》あるによって」侍所別当和田義盛に預けられ、後に安房《あわ》に流刑となった。

この記事をもって、比企氏は『吾妻鏡』から姿を消す。乱から五十七年後の文応《ぶんおう》元年（一二六〇）十月十五日条に、乱で死んだ能員の娘、讃岐局《さぬきのつぼね》の霊が角《つの》ある大蛇と化して義時の四男政村の娘に祟りを成したという怪異が記されるのみである。

比企能員邸、そして一幡の小御所の跡地とされる鎌倉東方、比企谷《ひきがやつ》の長興山妙本寺（現・鎌倉市大町）は、頼家の娘で後に四代鎌倉殿藤原（九条）頼経の御台所となる竹御所《たけのごしょ》の法華堂（供養堂）に始まるとされる。江戸時代成立の『新編鎌倉志』などによれば、竹御所法華堂を建立したのは比企《ひきの》大学《だいがくの》三郎《さぶろう》能本《よしもと》である。能本は「比企判官能員ガ末子ナリ」とあるので安房に流された男子に比定される。能本は日蓮《にちれん》に帰依《きえ》し法名日学《にちがく》と伝えるが、子孫があったかは不明である。

比企氏の後胤《こういん》を自称する家系は存在するが、史料的には真偽を確認出来ない。

比企氏は比企の乱によって、事実上、族滅した。梶原氏が景時滅亡後も形式的とは言え名門の御家人として命脈を保ったのとは対照的である。

北条時政は強敵の復活を恐れたのであり、またそれ以前に一旦、邪魔者となった者の存在を決して許さない人物であった。

比企の乱の余波

九月五日。少し回復した頼家は比企一族の滅亡を知って、時政討伐を命ずる書状を和田義盛・仁田忠常に送った。だが、義盛は頼家の書状を時政に提出。使者となった堀親家（伊豆）は殺害された。

九月六日。時政は比企能員討伐を賞するため仁田忠常を自邸に呼んだ。ところが、忠常の帰りが遅くなり、忠常が頼家から時政討伐を命じられたことが知られて処罰された（殺された）に違いないと早とちりした弟たちが、義時邸を襲い、返り討ちとなって殺されたのである。時政邸から帰る途中で事態を聞いた忠常は、頼家の御所に向かおうとして殺された。疑心暗鬼が生んだバカげた事件であった。

九月七日。頼家は政子に命じられ、心ならずも出家した。政子は俗体のままでいれば、頼家は遠からず時政によって葬られると考え、出家を勧めたのであろう。

九月十日。朝廷に千幡の征夷大将軍任官を推薦することが決定し、千幡は今まで暮らしていた政子邸から時政邸に移った。そしてこの日、「御家人たちの所領は今までどおりとする」という内容の時政の「御書《ごしょ》」が発給された。時政による執政の開始である。

クーデターとしての比企の乱

比企の乱での勝利により、時政は一挙に鎌倉幕府の執政者の地位に就いた。

時政はかなり以前から有力御家人の取り込みをおこなっていたようである。それがよくわかるのは、小御所攻撃のメンバー構成である。

『吾妻鏡』は義時・泰時・平賀朝雅を含め二十一人の名を挙げているが、このうち、尾藤知景（京武者）・工藤《くどう》行光《ゆきみつ》（甲斐）・金窪《かなくぼ》行親《ゆきちか》（武蔵カ）・仁田忠常（伊豆）は北条氏の派閥構成員であり、特に金窪は義時の股肱《ここう》である。だが、他の十四人は注目に値する。

・小山朝政・長沼宗政・結城朝光の小山三兄弟は北坂東（小山・長沼は下野南部、結城は下総北部が本拠地）を代表する大豪族。

・畠山重忠・榛谷《はんがや》重朝《しげとも》は重忠が時政の娘婿であるが、武蔵秩父党有力者の従兄弟同士。

・三浦義村と**和田義盛**、義盛の子常盛、和田一族の景長は相模最大の豪族三浦氏で、義盛が十三人合議制メンバー、義村は故**三浦義澄**の子で三浦氏当主である従兄弟同士。

・土肥《どい》惟光《これみつ》（惟平。小早川とも）は相模中村党で、挙兵以来の頼朝側近であった土肥実平《さねひら》の孫（遠平の子。『桓武平氏諸流系図』）。

・加藤景廉・景朝父子のうち、父景廉はもともと伊勢の武士だったが伊勢平氏と対立して伊豆に移住し、頼朝挙兵に参加した古参御家人。

・後藤《ごとう》信康《のぶやす》は京武者で元伊勢平氏家人（家臣）であり、文治元年（一一八五）の壇ノ浦合戦で生け捕られ（四月十一日条）、五月十六日に伊勢平氏当主平宗盛・清宗父子と共に鎌倉に到着し、その後、御家人となった人。頼朝の義兄（姉の夫）一条能保《いちじょうよしやす》の侍から御家人となった後藤基清の一族である可能性が高い。

・所朝光も京武者で、外祖父が頼朝時代に**大江広元**と共に政所別当を務めた頼朝の同族河内源氏の源《みなもとの》邦業《くになり》であった（建保三年九月十四日条）。

下野・下総・武蔵・相模・伊豆の武士に京武者が加わっており、非常に広い地域と異なるタイプで構成されている。実力者も多い。

前述したように乱の前日、都市鎌倉には御家人が駆けつけ、物情騒然たる状況になっていた。しかし、いきなり比企氏討伐と言っても、これだけの支持者を集められるものではない。何と言っても、比企氏は鎌倉殿頼家と鎌倉殿後継が決定していた一幡を擁しており、比企氏への攻撃は鎌倉殿への謀反だからである。

『吾妻鏡』は比企能員が「叛逆を企て」（八月二十七日条）と記すが、一体、誰に対しての「叛逆」なのか。北条時政が勝ったから、このような記述になるのであり、鎌倉殿に叛逆を企てたのは客観的には時政の方である。比企の乱が時政によるクーデターであることは、誰の目にも明らかである。

十年後の和田合戦に際し、戦闘二日目にやって来た御家人たちは、戦う北条・和田両陣営のどちらに付くか日和《ひよ》り、彼らの動向を決定したのは鎌倉殿実朝の花押の記された「御教《みぎょう》書《しょ》」であった（建保元年五月二日条）。

御家人たちにとって、主人である鎌倉殿はそれ程までに重い存在であった。鎌倉殿への叛逆を突然持ち掛けても、これだけの人間を集めることは不可能であろう。

比企氏の敗因

北条時政は全成事件よりも以前から、御家人たちの支持取り付けに動いていたと推定される。いずれ比企との対決は避けられないと読み、頼家の鎌倉殿就任よりも前から御家人たちの取り込みを密かに進めていたのではなかろうか。

それよりもさらに以前から時政は御家人たちの支持取り付けに動いていた可能性が高い。もともと伊豆の小土豪に過ぎず、鎌倉殿御外戚が唯一の政治基盤である時政は、仲間たち、つまり御家人たちに好かれるように行動していたと考えられる。それに、既述のごとく時政は曽我時致の烏帽子親になるような世話好きなところがあった。

対する比企氏は頼朝が「母」と慕った乳母比企尼の一族であり、頼朝時代にはすでに大きな勢力を誇っていた。

あらゆる点で比企氏の勢力は強大であった。ゆえに、ありていに言えば比企能員は北条時政をナメており、時政が九月二日の段階で自分を狙うとは思ってもいなかったのではないか。九月二日の能員の行動が、それをよく示している。

比企の乱の結末は、比企能員が北条時政の策士としての実力を読み誤った結果と言うことができる。そして比企能員殺害の直後に小御所襲撃はなされた。比企の乱は、綿密に計画された暗殺と奇襲攻撃の合わせ技である。比企氏は有していた軍勢を集めることなく滅ぼされたのであり、本来の実力を発揮出来ないまま敗れたのであった。

サヨリは軍艦を沈めてしまった。

義時にとっての比企の乱

ところで、この事件における義時の存在感は意外なほどに軽い。小御所攻撃の大将格であっただけで、後は仁田一族の早とちりで自邸を攻められただけである。

時政の愛妻牧方が生んだただ一人の男子、政範《まさのり》は比企の乱時点で十五歳だが、翌元久元年（一二〇四）には叙爵し左馬権助《さまごんのすけ》に任官する（『三長記』同年四月十二日条）。義時の長男泰時が同年二十二歳でまだ無官であることと比べると、この時期の北条氏として政範の叙爵・任官年齢は異常と言い得るほど若い。時政が政範を後継者に考えていたことは明らかである。つまり、時政は義時を自分の駒の一つ以上に考えてはいなかったのである。

義時にしても、愛妻姫前は比企朝宗の娘であり（建久三年九月二十五日条）、小御所攻撃は本音で言えば、やりたくない仕事であったろう。北条一族が生き残るか滅びるか、運命の決まる事態であったのだから、戦わざるを得なかったではあろうが。

姫前はおそらくは比企の乱の直後に義時と離婚し、村上源氏の朝廷貴族源具親《ともちか》と再婚して、翌元久元年に男子を生み、承元元年（一二〇七）三月二十九日に没した（森二〇〇九）。義時との間に生まれた朝時《ともとき》（建仁三年十一歳）・重時《しげとき》（六歳）の家系名越流・極楽寺流は共に北条氏の有力庶家となる。

義時も姫前も、比企氏滅亡後に夫婦であることはいたたまれなかったであろうが、義時が頼朝の命で書いた「絶対離婚しません」という起請文の誓い（建久三年九月二十五日条）は守られなかった。

頼家惨殺

九月十二日。頼家近臣の公家、藤原《ふじわらの》知康《ともやす》・紀《きの》行景《ゆきかげ》らが帰洛。

九月十五日。千幡を征夷大将軍に任ずる七日付の宣旨が鎌倉に到着した。

九月十九日。頼家近臣の所領などが没収される。

九月二十一日。北条時政と大江広元、頼家の鎌倉追放を決定。

九月二十九日。頼家、伊豆国修禅寺《しゆぜんじ》に下向。

十月三日。時政・牧方夫妻の娘婿平賀朝雅が京都守護として上洛した。朝雅は河内源氏義光流大内義信と比企尼の三女の子で、頼朝の猶子（『愚管抄』巻六）である。父大内義信の後を継いで武蔵守に任官し、正治二年（一二〇〇）には兄大内惟義《これよし》は相模守に任官しており、頼家の初政、正治二年には兄弟で幕府の本拠地たる相模・武蔵の国司として並んでいた。

十月八日。千幡、元服。ここに第三代鎌倉殿源実朝が誕生した。

比企の乱の終結後、瞬く間に頼家は「過去の人」とされたのである。

そして修禅寺に流されてからほぼ一ヶ月を過ぎた十一月六日、頼家の手紙が政子と実朝に宛てて届けられた。

まず鎌倉で召し使っていた近習の配所への参入の許可を求めている。

「深山でのひっそりとした今の暮らしは、むなしく耐えがたい」

ということで、これは然《さ》もありなんと理解できる。

だが、次の願いは、少しく異常である。

「景盛はこちらにもらい受け、厳しく叱りつけようと思う」

四年前の景盛誅殺未遂のことを言っているのか、その後も景盛との間で何かあったのか、それとも何もかもが思いどおりにならず、今、配所で憂愁《ゆうしゅう》の生活を送る身となったことを全て景盛のせいと思い込んでいるのか、わからない。いずれにしろ、自らが置かれている状況を理解しておらず、常軌を逸している。

政子と実朝、実質的には政子の返事は当然のものであった。

「御希望の事々は、全ていけません。また、御手紙を寄越されることも、今後はやめてください」

そして翌七日、頼家の近習であった中野《なかの》能成《よしなり》らが遠流《おんる》（流刑）と決まった。頼家の手紙のとばっちりであろう。

十一月十日。六日に政子と実朝の返答を伝えに立った三浦義村が帰還した。政子はうらぶれた我が子頼家の暮らしの様子を聞いて、悲しんだという。

修禅寺配流から十ヶ月後、元久元年（一二〇四）七月十八日、頼家は配所で薨じた。二十三歳。『吾妻鏡』は「当国（伊豆）修禅寺において薨じたもう」（七月十九日条）と記すのみだが、『愚管抄』巻六・『保暦間記』によれば、配所の風呂場で睾丸を掴まれ、首を紐で絞められるという惨殺であった（**❻源頼家殺害事件**）。

頼家の死から六日後の七月二十四日、頼家の「御家人等」が地方で謀反の陰謀を企てていることが発覚し、義時が側近の金窪行親らを派遣して殲滅《せんめつ》した。

勢力がどの程度であったかはともかく、頼家支持のグループは修禅寺配流後も存在し、その復権を試みる者が現れる可能性はあり続けた。ゆえに頼家は殺されざるを得なかったのである。

『吾妻鏡』は、頼家が殺されたことを記していない。だが、人の口に戸は立てられない。陰惨な殺害の場面は『愚管抄』に明記されている。曲筆と言えば曲筆だが、『吾妻鏡』は鎌倉殿のあまりな惨死の詳述を憚《はばか》ったのであろう。似た事例は、四十二年後、寛元四年（一二四六）閏四月の鎌倉幕府の内紛「宮騒動」にある。執権北条時頼（義時の曽孫）に敗れた名越（北条）時幸《ときゆき》（義時の孫）の死を『吾妻鏡』は「卒」と記す（同年六月一日条）のみである。だが、自刃であったことは『葉黄記』同年六月五日条に記されている。

頼家の遺児たちと政子

北条政子は頼家の死を聞いて、どのように思ったのであろうか。それを直接語る史料は無い。ただ、頼家の遺児たちのその後から、政子の頼家への思いを垣間見ることはできる。

次男善哉《ぜんさい》は元久二年（一二〇五）十二月二日、政子の計らいにより六歳で鶴岡《つるがおか》八幡《はちまん》宮寺《ぐうじ》別当尊暁の門弟となり、翌建永元年六月十六日、政子邸において鎌倉殿となっていた叔父実朝（十五歳）立ち会いのもと七歳で着袴《ちゃっこ》の儀（男児が初めて袴を着る儀式）を挙行した。義時の息子たちが陪膳《ばいぜん》（給仕役）を務めた。そして同年十月二十日、政子の命で実朝の猶子となった。建暦元年（一二一一）九月十五日、十二歳で落飾（貴人が僧となること）。法名を公暁《こうぎょう》と名乗るのである。

三男栄実は建保元年十一月十日、やはり政子の計らいで、将軍御所で落飾した。四男禅暁も仁和寺に入っており、これも政子の計らいであろう。

また、比企の乱の年に生まれた頼家の娘（後の竹御所）も十四歳の建保四年（一二一六）三月五日、政子の命で実朝室（坊門信清娘）の猶子となる。

八　後鳥羽院と比企の乱

第三代鎌倉殿源実朝

比企の乱後の実朝について確認しておこう。

九月七日。『明月記』によれば、鎌倉から次のような知らせが京都に入った。

⑴頼家が薨去した。

⑵頼家の遺跡のことで郎従（御家人）たちが争い、一幡の「外祖」（比企能員）は頼家の外祖「遠江国司時政」に討たれた。

⑴は虚報であり、頼家は死んだことにされてしまった。また、日付から見て、この使者は比企の乱当日か翌日に発せられたと考えられる。

後鳥羽院は即日、除目《じもく》をおこない、千幡を従五位下に叙し、征夷大将軍に任じ、さらに自ら千幡に「実朝」の名字《なじ》（諱《いみな》・実名《じつみょう》）を与えた（『猪隈関白記《いのくまかんぱくき》』同日条。『明月記』八日条。『業《なり》資王記《すけおうき》』八日条。『愚管抄』巻六）。『明月記』によれば、千幡が家を継ぐことを命じる土御門天皇の宣旨も発給された。

後鳥羽院は、まるで待っていたかのように、幕府の要請に異様なまでの迅速さで応えたのである。いや、要請をはるかに超える対応といえよう。

九月十日。千幡を将軍に推挙することが幕府で決定された。と言っても、実際にはもう千幡継嗣《けいし》の宣旨は出ているのであり、七日に京都に入った知らせは、時政が独断で送ったことがわかる。

実朝は、それまで暮らしていた政子の尼御台御所から時政邸に移った（ただし、十五日に尼御台御所に戻る。後述）。

そして前述のごとく、時政はこの日、御家人たちの所領を現状維持するという「御書」を発給し、幕府の政務を正式に開始した。

十五日。七日に発給された「従五位下の位記」と「征夷大将軍の宣旨」が鎌倉に到着した。『吾妻鏡』は、これをもって千幡が「関東の長者」になったと記している。

十月八日。千幡、元服。会場は時政の名越邸であった。理髪《りはつ》役は時政、加冠《かかん》役は大内義信（河内源氏義光流。時政・牧方の女婿平賀朝雅の父）。有力御家人百余人が列席した。

第三代鎌倉殿源実朝の誕生である。後鳥羽院の命と強力なバックアップによるものであった。

後鳥羽院の厚遇

後鳥羽院は実朝政権にその始動の段階から肩入れしていた。そして後鳥羽院の実朝への厚遇はその後も変わらず続く。

比企の乱の翌年、元久元年（一二〇四）八月四日。実朝の御台所（正室）は京都から迎えることが決まり、その御迎えのための用意について、幕府首脳部で内談《ないだん》（内々の会議）があった。

実朝御台所は、このところ源姓足利義兼《よしかね》の娘が候補に挙がっていた。義兼は河内源氏であるだけでなく、母が頼朝の母の姪（頼朝母の兄弟熱田大宮司藤原範忠《のりただ》の娘）であり、実朝御台所候補に挙がった娘の母は北条時政の娘であり、つまり実朝の従姉妹であるから、武士としての家柄は申し分なかった。だが、実朝が許容せず、都から迎えることになったのである。

この日、実朝は御台所の鎌倉下向に供奉《ぐぶ》する（行列に並ぶ）メンバーの人数を自ら決め、「容儀花麗《ようぎかれい》」（美男子）の御家人を選んで京都に派遣することが決まった。

十月十四日。実朝御台所は公卿坊門信清《ぼうもんのぶきよ》の娘（十二歳。『尊卑分脈』）に決まり、時政・牧方の息子北条政範（十六歳）・畠山重忠の息子重保《しげやす》らの御家人が御迎えのため上洛の途に就いた。

十二月十日。坊門信清の娘は、鎌倉下向のため都を出発した（『明月記』。『仲資王記《なかすけおうき》』）。後鳥羽院をはじめ都人《みやこびと》がその行列を見物した。

新郎実朝は十三歳。新婦は一歳下の十二歳であった。彼女は承久元年（一二一九）正月二十八日、夫暗殺の翌日に二十七歳で出家し、文永十一年（一二七四）九月十日八十二歳で没する（『尊卑分脈』）。

坊門信清は牧氏と同じく中関白《なかのかんぱく》藤原道隆の子隆家（道長の甥）の後胤で、摂関家藤原氏の傍流である。先祖は公卿になれたりなれなかったりしていたが、姉七条院《しちじょういん》藤原殖子《しょくし》が高倉《たかくら》天皇の后《きさき》となって後鳥羽院を生んだ。つまり、後鳥羽院の叔父である。このため、後鳥羽院と強力に結び付き、娘の一人を後鳥羽院の女房に入れ（坊門局《ぼうもんのつぼね》）、もう一人の娘を後鳥羽院の皇子順徳院の女房に入れた。信清と後鳥羽院はほとんど一体化していると言い得るほど私的に結び付いていた。ゆえに家例を遥かに超えた出世を遂げ、元久元年時点では四十六歳で正二位・前権大納言、極官は内大臣に至っている（『尊卑分脈』『公卿補任』）。さらに頼朝時代に吉田経房が務めていた朝幕交渉における朝廷側窓口（後の関東申次《かんとうもうしつぎ》）をも務めている。吉田経房は頼朝が選んだが、信清は後鳥羽院が選んだと言える（細川二〇一七）。

　実朝と坊門信清娘の婚姻により、後鳥羽院と実朝は血は繋がらないが、従兄弟となったのである。実朝と信清娘に男子が生まれれば、後鳥羽院にとってその子は血の繋がった従甥《いとこおい》《じゅうせい》であり、その子が四代鎌倉殿となれば、後鳥羽院は鎌倉殿の従兄伯父《いとこおじ》となる。

　後鳥羽院は、ここまで読んで実朝に肩入れしたのではないか。だからこそ、後鳥羽院は実朝の官位を上げ続け、正二位・右大臣にまで至らせたのであろう。

後鳥羽院暗躍の可能性

ここで、私は一つの推論に至る。

後鳥羽院は比企の乱についての知らせが都に入ったその日のうちに、実朝を従五位下に叙し、征夷大将軍に任官させ、実朝という名字（諱）まで与えた。先に私は、この異様なまでに迅速な後鳥羽院の行動を「まるで待っていたかのように」と書いたが、後鳥羽院は本当に比企氏討伐の知らせが来るのを待っていたのではないか。

一幡の鎌倉殿就任にお墨付きを与えても、当然のことゆえに、頼家や比企能員にとっては有難味は薄い。これに対し、鎌倉殿就任の目が少ない実朝の鎌倉殿就任にお墨付きを与えてやれば、ジリ貧の時政には大いに感謝される。鎌倉幕府を自身のコントロール下に置くことも出来よう。時政が失敗したら、知らんぷりをすれば良い。

比企の乱での時政の行動の背後には、後鳥羽院があったのではないか。

これが、もし史実であれば、時政は自分の幕府支配と引き換えに、幕府そのものを後鳥羽院に売ったことになる。

だが、傍証史料すら無い以上、これは永遠の謎である。

九　時政独裁と十三人合議制の崩壊

時政の文書発給状況

九月二日に比企氏を倒した**北条時政**が九月十日に政務を開始したことは、先に述べた。そして十月九日、実朝の将軍家政所始では、時政は大江広元と共に「別当」と記されており、時政の政所別当就任が確認される。

この後、時政は「遠江守平《たいら》」「遠江守」の名乗りで文書を単独で発給する。『鎌《かま》倉《くら》遺《い》文《ぶん》』に掲載されている建仁三年九月二日比企の乱から元久二年（一二〇五）閏七月二十九日牧氏の変までの約二年間に、時政の発給文書は三十二通が確認される。建仁三年の四ヶ月間に九通、建仁四＝元久元年の一年間に七通、元久二年の八ヶ月間に十六通である。全て時政単独の発給である。

このうち、鎌倉殿（実朝）の意思を伝える関東下《げ》知《ち》状《じょう》が二十二通、六九パーセントを占める。下知状は「鎌倉殿の仰せにより下知件《くだん》のごとし」のように、本文が「下知件のごとし」

で締め括られる鎌倉幕府が発明した文書様式である。

残りは、「下知件のごとし」の文はないが、主人の意思を侍臣が伝える形式である奉書が三通、本人が直接書く形式の下文《くだしぶみ》が一通、同じく書下《かきくだし》が三通、書状《しょじょう》（手紙）形式が二通、時政が袖《そで》（文書の右端）に花押を書いた時政の家臣の奉書《ほうしょ》が一通である。

この中での時政の名乗りは、「遠江守平」十七通、五三パーセント（全て下知状）。「遠江守」十一通、三四パーセント（下知状五通、奉書二通、下文・書下各一通、書状二通）。花押のみが四通（奉書一通、書下二通、家臣の奉書一通）、十三パーセントである。ちなみに花押のみのものは、全て文書の袖（右端）に花押を記す最も尊大な形式の袖判《そではん》（判は花押のこと）である。

この中で最も早い文書は、比企の乱の二日後、『吾妻鏡』が時政の政務開始を記すより六日前の九月四日付書下で、しかも、その内容は「信濃国御家人中野五郎」の「本所」を安堵するという内容であった。中野五郎（能成）は、正治元年四月二十日に頼家に指名された近習五人、安達景盛事件で頼家から命じられた討手五人の一人という頼家側近である。時政は『吾妻鏡』が執政開始を記す以前から事実上、政務を開始しており、また時政の手は頼家の側近にまで及んでいた。

時政の地位

時政の執政期に、時政以外が幕府政務に関して発給した文書は、一通しか確認出来ない。元久二年五月二十八日付「将軍家政所下文」である。「将軍家政所下文」は幕府発給文書の中で最も権威ある文書様式であるが、この文書には時政とともに政所別当であった大江広元以下の政所職員四人が連署して鎌倉殿実朝の意思を奉じているが、時政はそもそも署名がなく、よって花押も据えていない。

下文に限らず、幕府発給文書の文章は発給者の署名まで右筆《ゆうひつ》という字を書く係が書き、発給者本人は花押を据えるだけである。であるから、政所下文などでは発給責任者が花押を書けない場合も、署名だけは書かれているのが通常である。ところが、この政所下文には別当であるはずの時政の署名自体がないのである。

まず、この下文の内容は地頭職の停止であり、この時期であれば関東下知状など時政単独の発給文書で処理されるものである。それについて政所下文が発給されたのは、この時、時政に穢《けがれ》などの障《さわり》があり、文書発給ができなかったのではないか。では、下文に時政の署名自体がないのは、なぜか。可能性はいろいろ考えられようが、私は次のように推定する。

政所は鎌倉殿に限らず公卿の家政機関であり、公家社会では役職に複数の就任者がいる場合、筆頭者が執権と呼ばれた。時政は大江広元の上位の政所別当、つまり執権だったのである。これはすでに指摘されていることである。

そして執権である時政は、下知状など単独での文書発給権を独占していたのではないか。

さらに、時政は政所別当でありながら、複数の職員が署名する政所下文の発給には携わらないという卓越した地位を確立していたのではなかろうか。

恐怖の独裁者

時政は公的には、まず官職は当時、御家人の任官し得る最高職である受領、位階も当時の御家人としては最上層の者しか叙されない従五位下であり、幕府職制としては執権（政所別当筆頭）である。私的には鎌倉殿実朝の外祖父である。いずれも、時政の権力集中の根拠となったのは言うまでもない。

だが、これら公私の立場とは別に、圧倒的な実力差のあった比企能員とその一族・一派を滅ぼし、孫である頼家を鎌倉殿から引きずり下ろして後に殺害した時政は、〝恐怖のオーラ〟を身に纏《まと》った。時政の行く道を阻む者は、何者であろうと死ぬのである。

もはや鎌倉幕府は合議機関を必要としない。比企能員の死、源頼家の鎌倉殿失脚によって、十三人合議制は崩壊した。

時政が比企の乱によって昇った地位は、幕府政治の頂点にある御家人筆頭である。〃執権遠江守平〃は、鎌倉殿実朝を擁する鎌倉幕府の独裁者となった。いわばイタリア及びアメリカのマフィアにおける「カポ・ディ・トゥッティ・カピ capo di tutti capi（ボスの中のボス Boss of all the bosses)」である。

誰かに似ている。そう。鎌倉後期に幼い執権北条貞時（時政の七代目の孫）を傀儡《かいらい》として七年半に亘って鎌倉幕府を支配し「諸人恐懼《しょにんきょうく》（恐れ入る）の外《ほか》、他事《たじ》無」し（『実躬卿記』永仁元年四月二十六日条）と称された平頼綱である。頼綱は鎌倉幕府史上最大の内戦、弘安八年（一二八五）の霜月騒動（十一月事件。十一月戦争）によって、政敵安達泰盛《あだちやすもり》（景盛の孫）とその一族・与党を滅ぼして鎌倉幕府の支配者となった。

比企の乱は戦乱としては霜月騒動に比せば、はるかに小規模であったが、邪魔者となれば孫も幼い曾孫も含め誰でも殺す時政に、他者が抱いた恐怖は、むしろ頼綱のそれより大きかったかもしれない。

〃気の良い伊豆の小土豪〃は、冷酷非情な怪物となった。しかし、時政の専権は、平頼綱よりもはるかに短かった。

コラム② 武家政権

平氏政権

鎌倉幕府は「日本最初の本格的武家政権」である。「武家政権」とは〝武士の政府〟という意味であるが、では、なぜ私がこれにことさら「本格的」という言葉を付すかと言えば、鎌倉幕府以前の武家政権として平清盛とその一族（伊勢平氏）による「平氏政権」が存在するからである。

平治《へいじ》元年（一一五九）十二月の平治の乱は、平清盛を「唯一の武家の棟梁」と言うべき地位に押し上げた。平清盛率いる伊勢平氏は官位の面でも先例を超えた昇進を遂げ、朝廷において勢力を拡大してゆく。

清盛はすべての武士を支配下に置き、事実上、国家の軍事権を独占した。朝廷では永《えい》暦《りやく》元年（一一六〇）、正三位・参議となり、武士で初めて公卿に列した。仁安《にんあん》二年（一一六七）には議政官の最高職である太政大臣となる。太政大臣は天皇の補佐役である摂政・関白・内覧を別格とすれば、朝廷におけるトップの役職である。当然のことながら、このような地位に昇った清盛の意向は、朝廷政務にも大きな影響を与えた。

この伊勢平氏の勢力拡大期から寿永二年（一一八三）七月の都落ちによる伊勢平氏の政権脱落までの期間は、短期間の高倉親政・院政期を除き、後白河院政期と重複する。ここで後白河院政の政務運営方式を概観する。

後白河院政は、白河院・鳥羽院に続く三代目の院政であり、後白河院の後は後鳥羽天皇による短期の親政を経て、後鳥羽天皇退位後の後鳥羽院政となり、承久三年（一二二一）の承久の乱に至る。

後白河院政における政務運営方式を記すと、院は天皇・摂関と合議をおこない、主立った公卿の会議である議定の意見をも聞き、政治的な決定をおこなう。

このシステムにおいて、院と天皇・摂関を含めた諸方との仲介をになったのは、本来は天皇の秘書的な役割である令外官の蔵人と院の私的な家臣である院伝奏《いんのてんそう》であった。

長い間、清盛も院との意思疎通では、右のルートを介しており、清盛の意思は院政の通常のシステムによって後白河院に伝えられている。

清盛は議定において伊勢平氏派の公卿を通じて自己の意思を反映させる以外では、院政の通常ルートによって後白河院と意思疎通をおこなっていた。

以上のことは、清盛が独自のシステムやルートを「構築できなかった」のではなく、

「構築する必要がなかった」からと考えられる。新たな役職やシステムは必要があってこそ作り出されるものである。清盛は院政の通常システムで自分の意思を国政に反映出来ていると考えており、ゆえに新たなシステムの設置をそもそも考えていなかった。

清盛が仁安三年（一一六八）に出家して法名《ほうみよう》浄海《じようかい》を名乗り、もっぱら摂津国福原《ふくはら》に居住するようになると、朝廷と清盛を繋ぐ存在として、清盛の三男宗盛《むねもり》が介在するようになる。この新たなルートは、京都・福原間の距離と時間に対応する必要から設けられたものであろう。

そして治承三年（一一七九）十一月十五日、清盛はクーデターを決行し、二十日には後白河院を幽閉。この「治承三年のクーデター」以後が、厳密な意味での「平氏政権」とされる。

以降、治承四年二月二十一日の高倉天皇退位・安徳《あんとく》天皇（清盛と時子の娘建礼門院《けんれいもんいん》平《たいらの》徳子《とくこ》が生んだ高倉院の皇子。清盛の外孫）践祚《せんそ》（皇位登極《とうぎよく》）、五月十五日以仁王《もちひとおう》（高倉院の庶兄）の反平氏クーデター計画発覚からの内乱（源平合戦、治承・寿永の内乱）勃発、六月二日福原遷都、十一月二十三日京都還都、養和《ようわ》元年（一一八一）正月十四日高倉院崩御、後白河院政再開、閏二月四日清盛薨去と、事態はめまぐるしく展開する。

高倉院崩御により再開された後白河院政においては、院と伊勢平氏との仲介役には蔵人が復活し、そのまま寿永二年（一一八三）七月の平氏都落ちを迎えた。

平治の乱以来、朝廷・院政と強く結びついて成長して来た伊勢平氏による朝廷中枢との意思疎通は、清盛出家から高倉院崩御までの期間に独自システムの萌《ほう》芽《が》が見られるものの、基本的に院政の通常システムによっていた。

いわゆる「平氏政権」は、その主体が武家であったというのみで、鎌倉幕府以降の武家政権とは違い、それまでの国家のシステムと異なるものではなかったのである。

このように朝廷と一体化した平氏政権は、世界史的には高麗の武人政権に近い。

鎌倉幕府と武家政権

これに対し鎌倉幕府は、そのスタートが反乱軍であったうえに、朝廷の所在する京都からは、平清盛の摂津国福原とは比較にならない遠距離の相模国鎌倉を本拠地とした。客観的には朝廷とは別個の権力体・政権であった。

遥か彼方の地に突如出現した強大な武装勢力に対し、朝廷は早くも頼朝時代から専属の交渉役を設け、この役職は令外官ですらないが、鎌倉時代中期、北条時頼執権期からは関東申次の名称で呼ばれ、公卿西園寺《さいおんじ》氏の世襲職となる。

鎌倉幕府はその成立期から、朝廷自身も認める朝廷とは別個の政権であった。

本来の公権力である朝廷とは別個の権力体という鎌倉幕府の性格は、朝廷と同じ京都を本拠地とした室町幕府にも引き継がれ、織田《おだ》・豊臣《とよとみ》政権（織豊《しょくほう》政権）を経て、再び京都からは僻遠の地、武蔵国江戸を本拠とする江戸幕府に至る。

朝廷と武家政権という二つの政権が併存し、双方共に国土の全体を支配するという世界史的にも珍しい中・近世日本の政治体制は、鎌倉時代に始まる。

しかし、中・近世日本にあっての公権力は、形式的には朝廷のみであった。

では、武家政権とは何か。私的武力集団である。

鎌倉幕府は源頼朝が流人時代に有していた最大時でも九人に過ぎず、姻戚北条氏の武士団を加えてもおそらく四十人に満たない私的武力集団が膨張し、巨大化したものである。

鎌倉幕府の構成員は**御家人**と呼称される。これは頼朝に始まる鎌倉幕府の首長「鎌倉殿」の家人（家臣）であることから、普通名詞である「家人」に鎌倉殿への敬意を表す「御」を付けたものである。「家人」とは特定個人の「家に所属する人」、すなわち私的従者を表す言葉である。

「御家人は将軍（鎌倉殿）から所領（領有地）を与えられた」とよく説明される。その実態は、鎌倉殿が自身の御家人（家臣。私的従者）となった者（武士とは限らない）を、荘司や郷司《ごうじ》と同じく荘園・公領などの現地管理人の役職の一つである**地頭**《じとう》（地頭職《しき》）に任命するのである。その所領に御家人が元々、権益を有していた場合は、地頭職への任命は権益の承認・保護を意味した。これを**本領安堵**《ほんりょうあんど》といい、鎌倉殿の御家人に対する最大の**御恩**《ごおん》（恩恵）であった。新しい所領への地頭職任命は**新恩給与**《しんおんきゅうよ》（新恩給付）といい、本領安堵に次ぐ鎌倉殿の御恩であった。これら鎌倉殿の御恩に対し、御家人は戦闘行為や金銭の上納に代表される鎌倉殿への奉仕をおこなうのであり、これが**奉公**《ほうこう》である。鎌倉殿の恩恵と御家人の奉仕の関係が、**「御恩と奉公」**である。「御恩と奉公」の大前提として、鎌倉殿と御家人の間に結ばれた私的主従関係があるのであって、その逆ではない。

また、地頭とセットにされて有名な**守護**《しゅご》（守護職《しき》）は、原則、律令制の国毎に置かれた（陸奥・出羽は不設置）鎌倉幕府の役職であるが、その職務は簡単に言えば管轄国の御家人のまとめ役であり、御家人は鎌倉殿の私的従者として平等であるとされた（もちろん、これは観念であって現実との間には乖離《かいり》がある）。

幕府が主人である個人の私的な持ち物であり、構成員は主人の血族と私的従者であり、すなわち幕府が武士団＝私的武力集団であるということは、鎌倉幕府に限らない。たとえば室町幕府は足利尊氏《あしかがたかうじ》とその後継者を主人とする武士団である。「公儀《こうぎ》」と称された江戸幕府でも、将軍・大名の交代毎に新将軍と大名、将軍と新大名が対面し、新たに主従関係を構築する儀式を必要とした。

江戸時代の地方支配組織である「藩《はん》」が明治期になって初めて法律用語として採用されたことは、よく知られている。「藩」が実際に存在した江戸時代において、たとえば旗本根岸鎮衛《ねぎししずもり》の見聞録『耳袋《みみぶくろ》』に見えるごとく、今日、我々が「藩」と呼んでいる組織は「家」「家中《かちゅう》」と呼ばれていた。

つまり、幕府も藩も「私的武力集団」「私的戦闘組織」「私的暴力集団」、つまりは武士団の性格を持ち続けていたのである。

「私的武力集団」がその本質を失わないまま政権となり、それが七百年近く続いた点が、日本史の特徴である。

第四章　北条義時の台頭と和田合戦

一　三日平氏の乱

平賀朝雅の活躍

建仁三年（一二〇三）十二月末、伊勢・伊賀両国守護山内《やまのうちの》首藤《すどう》経俊《つねとし》の屋形が夜討ち（夜襲）を受けたが、大きな事件にはならなかった。だが、二ヶ月後の翌元久元年（一二〇四）二月、伊勢平氏残党が挙兵した。文治元年（一一八五）三月の壇ノ浦合戦以来、十九年の雌《し》伏《ふく》の末、頼朝薨去以来の幕府の混乱、特に比企の乱を好機として、伊勢平氏残党は復讐戦に起ち上がったのである。

伊勢・伊賀両国守護山内首藤経俊は無勢のゆえに逃亡し、反乱軍は瞬く間に両国を制圧した。蜂起《ほうき》の報は京都守護平賀朝雅の使者によって三月九日に鎌倉に伝えられ、翌十日、幕府は帰洛する使者に託して、朝雅に伊勢・伊賀に発向し反乱を鎮圧することを命じた。

京都では反乱軍は千人に及ぶとの噂が流れ、朝廷でも三月二十一日、後鳥羽院が朝雅に伊賀国の「吏務《りむ》」を命じたうえで、反乱追討を命じた（『明月記』同日条）。四月十二日の除目《じもく》で河内源氏新田流の里見《さとみ》義成《よしなり》が伊賀守に任官しており（『吾妻鏡』文暦元年十一月二十八日条。『尊卑分脈』）、これを伝える『明月記』同十三日条に「伊賀源義成朝雅給」とあるので、朝雅に命じられた「吏務」とは伊賀の知行国主拝命を意味している。

朝雅は二十二日に出京し（『仲資王記』同日条。『吾妻鏡』は二十三日とす）、二十七日に伊勢に入った。

二十九日、幕府は都周辺の御家人に対し、朝雅の下知に従い、伊勢・伊賀に発向すべきことを命じた。

四月二十一日に鎌倉に到着した朝雅の使者の報告によると、朝雅は四月十日から十二日の足掛け三日の合戦で、反乱軍を鎮圧した。故に、この反乱を「三日平氏の乱」と呼ぶ。

三日平氏の乱は、始動したばかりの実朝政権、すなわち時政政権を襲った危機であったが、時政の女婿平賀朝雅の手腕によって呆気《あっけ》なく鎮圧された。時政にとってはまさしく災い転じて福となったが、朝雅自身も後鳥羽院の寵遇《ちょうぐう》を受ける切っ掛けとなった。

また、前述した四月十二日の除目では、里見義成の伊賀守任官の他に、時政・牧方の間に生まれた政範が左馬権助に任官し、義成・政範は従五位下に叙している（『三長記』四月十二日条。『明月記』同十三日条）。

時政・牧方夫妻は比企の乱の勝利により、我が世の春を迎えた。

二　畠山事件

義時と政範の任官・叙爵

元久元年（一二〇四）三月六日、**北条義時**は四十二歳にして相模守に任官し、叙爵した（『鎌倉年代記』『武家年代記』『将軍執権次第』）。受領任官・叙爵が最初の任官・叙位であるのは、父時政と同じである。かくて北条氏は父子二名が受領・諸大夫となり、御家人の間では朝廷身分秩序で頭抜けた地位に就いた。

ところが、四月十二日、右に記したように時政・牧方の間に生まれた唯一の男子政範が叙爵し左馬権助に任官した。政範は異母兄義時より二十六歳下のわずか十六歳であった。これは時政が政範を嫡子、次代の北条氏当主に選んでいたことを如実に示している。義時の叙爵・相模守も、政範との釣り合いを配慮した結果とすら思える。

独裁者時政にとって、先妻の子たちと牧方の生んだ子たちとの関係は、火種であった。

北条政範の頓死

元久元年十月十四日、実朝御台所と決まった坊門信清の娘が鎌倉に下向するため、その御迎えに御家人たちが上洛した。『吾妻鏡』には、北条政範・畠山重忠と時政娘の子重保ら幕府幹部の子弟を含む十五人の名が記されている。彼らは十一月三日に入京した。

翌四日、京都守護平賀朝雅が自邸で開いた宴席で、亭主朝雅と畠山重保（年齢未詳だが、弟重秀が元久二年二十三歳〈元久二年六月二十二日条〉なので、二十代中頃であろう）が口論になり、出席者たちに宥《なだ》められるという小事件があった。

そして十一月五日、旅中に発病していた政範は十六歳の若さで頓死してしまう。知らせは十三日に鎌倉に至り、時政・牧方は「父母の悲嘆さらに比ぶべきものなし」という状態になった。

それは、そうであろう。時政夫妻にしてみれば、好事魔多しどころではない。牧方は時政の子を多く生んだが、生まれる子生まれる子、皆女子ばかりで、男子は時政五十二歳の文治五年（一一八九）に生まれた政範だけだったのである。

牧方の讒言

元久二年（一二〇五）六月二十一日、時政は武蔵国秩父党の実力者、畠山重忠の謀反が発覚したとして、子息義時・時房に重忠討伐を命じた。重忠は時政の娘婿であり、よって義時たちにとっては義理の兄弟である。重忠の謀反を信じかねた義時と時房は、

「事実かどうか糺《ただ》してから動いても、遅くはない」

と主張し、帰宅した。ところが、時政に重忠謀反を伝え、その討伐を勧めた時政の愛妻牧方が兄弟の大岡時親を使者として義時邸に送り、

「義理の母である私が重忠を陥れようとする者の仲間だとして、私を讒言者にしようとするつもりなのか」

と抗議を伝えた。義時は「よく考えます」とだけ返答した。

牧方に重忠を讒したのは、娘婿の京都守護平賀朝雅であったという。朝雅は前年、京都の自邸で重忠の息子重保と口論をしていた。

朝雅は何か用事があって義母牧方に手紙を送り、ついでに京都での口ゲンカの顛末を義母牧方に伝え、「畠山重保は癪《しやく》に障る」程度のことを書いたのではないか。これを読んだ牧方

は重保を憎く思い、畠山一族を陥れることを思いついた。朝雅・重保の口ゲンカと政範の死は言うまでもなく何の関係も無いが、政範が死んだのに、同じように若い重保が生きていることで、さらに憎しみが増幅し、重忠謀反と夫時政に讒言するに至ったのではないだろうか。畠山父子は政範の死が悲しくてならない牧方に八つ当たりされたのである。

時政が愛妻の讒言を鵜呑みにしたとは思われない。幕府所在地相模の北隣で、相模と共に幕府の本拠地である武蔵に大きな勢力を有する秩父党のリーダーの一人、重忠を片付ける好機と判断したのであろう。重忠が娘婿であり比企討伐に大功があったことなど、時政の野望の前には塵芥《ちりあくた》ほどの価値も無かった。

時政の妻、牧方

牧方は年齢未詳であるが、ここで推定しておく。

と言うのは、牧方が『愚管抄』巻六に「時正《(政)》ワカキ妻ヲマウケテ」とあり、一般に時政よりかなり若かったとされているが、異説もあるからである。

牧方が生んだ時政の息子政範は、元久元年十一月に十六歳で没しているので、文治五年（一一八九）生まれである。また、その姉で宇都宮頼綱の妻となった娘は天福元年（一二三

秩父党系図

- 平 忠頼
  - 将常（恒）
    - 武基
      - 秩父 武綱
        - 重綱
          - 重弘
            - 畠山 重能
              - 重忠
            - 小山田 有重
              - 稲毛 重成
              - 榛谷 重朝
            - 女［千葉常胤妻。胤正母］
          - 重隆
            - 能隆
              - 河越 重頼
          - 重継
            - 江戸 重長
        - 基家
          - 重家
            - 渋谷 重国
              - 女［佐々木秀義妻。義清母］

三）四十七歳であり（『明月記』同年五月十八日条）、文治三年生まれである。

当時の女性の初婚、初出産年齢から少し遅めに設定して、牧方を頼朝挙兵の治承四年（一一八〇）時点で二十歳とすると、頼綱妻出産時二十七歳、政範出産時二十九歳、元久二年には四十五歳となる。夫時政の歳はおのおの四十三歳、五十歳、五十二歳、六十八歳である。

牧方は頼綱妻以前に娘（平賀朝雅妻）を生んでいたようだが、頼綱妻・政範の出産は、当時としてはこれでも高齢出産の部類である。よって、四十代の時政との婚姻は、十代後半から二十歳と推定される。

よって、治承四年時点で二十四歳の義理の娘政子より、牧方は四歳以上若い。

時政は四十を過ぎて、二十歳以上若い高貴な妻を娶《めと》り、さらに後には権力の頂点に立った。頼朝挙兵で最大の僥倖《ぎょうこう》を手に入れたのは、時政である。

二俣川合戦

畠山重忠の謀反が発覚したと時政・牧方夫妻が言い出した翌日の六月二十二日寅の刻（午前四時頃。夜明け頃）、「謀反の輩《ともがら》を誅せらるべし」として、御家人の軍兵《ぐんぴょう》が由比ヶ浜に競い集まった。畠山重保も郎従三人を率いて駆け付けようとしたが、「謀反の輩」は重保であった。重保らは浜に向かう途中で、討手と出会った。

討手の大将は、「仰せを奉《うけたまわ》」った三浦義村であった。この「仰せ」は形式上、実朝（または政子）の命であるが、実際には時政の指令であったことは言うまでもない。

義村は御家人たちに重保主従を包囲させた。重保らは囲みを破ろうと戦ったが、多勢に無勢で突破し能《あた》わず、全員、殺された。

そして畠山重忠が鎌倉に向かっているとの情報を受け、北条義時を総大将（大手の大将軍）とする討伐軍の大軍勢が出陣した。北条時房と侍所別当和田義盛が別働隊の大将（関戸《せきど》の大将軍）となった。不本意であっても、義時たちとしても重忠挙兵が事実であれば、戦わざるを得ない。

重忠に従っていたのは次男重秀《しげひで》（母は**足立遠元**の娘）、郎従本田《ほんだ》近常《ちかつね》・榛沢《はんざわ》成清《なりきよ》以下百三十四騎。秩父党実力者重忠の軍勢としては少な過ぎる。実際、重忠の弟長野重清は所領のある信濃に、同じく渋江《しぶえ》重宗《しげむね》は奥州にあった。重忠謀反が事実であれば、あり得ないことである。

武蔵南部の鶴峯《つるがみね》（現・横浜市旭区鶴ヶ峰）の麓《ふもと》に陣していた重忠に、重保が今朝誅され討伐軍が向かって来ているとの知らせが入った。

本田近常・榛沢成清は、

「聞くところによると、討手は幾千万騎と知れない程だそうです。とても、この数では戦いになりません。本拠地に帰って討手を待ち、合戦を遂げるべきです」

と進言したが、重忠は、

「それはダメだ。合戦の時には、家も忘れ、親も忘れるのが、真の将軍（大将の意）だ。それに重保が殺されてしまったのだから、もう所領を思う意味などない。梶原景時は都に行こうと所領を逃げ出し、途中で誅された。しばらくの命を惜しんだように見えた。それに本当に謀反を企てていたように思われた。景時のように思われるのは、恥だ。そうはなりたくはない」

と言って、このまま突き進むことにした。

午《うま》の刻（正午頃）、重忠勢と討伐軍は、武蔵国二俣川で遭遇した。

討伐軍の中には安達景盛があった。景盛は六騎の御家人を率いていた。安達氏も派閥を形成しており、また六人それぞれが自分の家臣を連れていたはずである。景盛は先陣を駆け、鏑《かぶら》矢《や》を放った。これは戦闘開始の合図であり、ここに**❼二俣川合戦（畠山事件）**が開戦した。

重忠は先陣を切った景盛の姿を見て、

「景盛は昔から弓や馬で遊んだ友だ。その景盛が万人に抜きん出て、先陣を切った。感激だ」

と喜び、子息重秀（二十三歳）に声を掛けた。

「生命《いのち》を捨てる気で行け」

景盛の姉妹の一人は重忠の弟長野重清の妻（鈴木二〇一九）であり、重忠と景盛は義理の兄弟であった。それでも、と言うより、それゆえにこそ、景盛は先陣を駆けたのであり、重忠はそれを喜んだのである。これが〝主人（二俣川合戦の場合、鎌倉殿実朝または政子）の命が下れば、肉親であろうと親友であろうと殺す〟古代・中世武士の価値観・倫理観、「兵《つわもの》の道」である。

また、景盛の率いた六騎の御家人の中の玉村《たまむら》太郎《たろう》は上野が本領であり、飽間《あきま》太郎も上野武士と推定される。これは景盛が前年滅びた比企能員に代わって、上野守護に就任したためではないかと思う。景盛の上野守護在職が確認出来るのは五年後の承元四年（一二一〇）だが（佐藤一九七一）、比企の乱直後に任命されたと考えて良いであろう。上野玉村氏は景盛の孫泰盛にも仕えて執事（家臣筆頭）を務め、弘安八年（一二八五）の鎌倉幕府の内戦、霜月騒動で主人泰盛と共に討たれたようなので（細川二〇一一A）、玉村氏は景盛以来安達氏の累代の家臣となっている。

畠山勢と安達勢の戦いは数度に及び、安達勢の多くが殺された。

少数の畠山勢は奮戦し、討伐軍との戦いは続いた。

だが、四時間後の申《さる》の刻（午後四時頃）、相模の武士で弓の達人である愛甲《あいこう》季隆《すえたか》の放った矢を受け、重忠は死んだ。四十二歳。これを見て、子息重秀以下畠山勢は自刃し、戦いは討伐軍の勝利に帰した。

愛甲季隆は重忠の首を総大将義時の元に持参した。

父の暴走を咎める義時

この日、まったくの偶然であるが、義時の後妻伊賀方が男子を生んでいる。後の北条政村である。

翌二十三日、鎌倉に帰参した義時は、時政を糾弾した。

「重忠の弟や親族はほとんど他所《よそ》にいた。重忠と一緒に戦場に来た者は、たった百人ばかり。だから、重忠が謀反を企んでいたというのは、ウソだ。讒言によって殺されたなら、かわいそうでならない。斬られて陣に持ち込まれた首を見て、仲良くしてきた長い間のことを思い出し、自分は涙が止まらなかった」

時政はただ押し黙っていた。

重忠の無実を知って怒ったのは義時だけではなかった。同日、時政と結んで重忠を陥れた重忠の従兄弟である稲毛重成・榛谷《はんがや》重朝《しげとも》兄弟は子息たちと共に御家人たちに虐殺された。

重成は時政と図って、近く鎌倉府内で兵乱が起きるとの手紙を送って、重忠を誘《おび》き寄せたのであった。畠山事件には秩父党内部での主導権争いの側面があった。

重忠の子でまだ十歳だった重清は自害し、重忠の弟長野重清（甥と同名）も信濃で自害した（『桓武平氏諸流系図』）。畠山重忠一族の冤罪による死を、鎌倉の人々は皆、悲しんだという。

比企能員に続いて、武蔵の実力者畠山重忠を葬った時政であったが、この事件は彼の失脚の始まりであった。

三　牧氏の変

時政の失脚

閏七月十九日、牧方が娘婿平賀朝雅を将軍に立てるため、時政邸にいる実朝を殺害しようとしているとの風聞《ふうぶん》（噂）を受け、政子は御家人たちに命じて時政邸にあった実朝を義時邸に迎え入れた。これによって、時政邸に集められていた御家人たちは皆、義時邸に参向してしまった。

もともと、建仁三年九月十日、時政が政務を開始した日、当時、まだ千幡の童名を名乗っていた十二歳の実朝はそれまで暮らしていた政子邸から時政邸に移った。ところが五日後の十五日、実朝と一緒に時政邸に入った乳母阿波局が姉政子の邸に参上し、牧方の挙動には実朝への「害心《がいしん》（殺意）」が感じられると訴えた。

政子は「自分も前から思っていた。早くこちらにお迎えしよう」と返答し、すぐさま**義時**・三浦義村・結城朝光らを派遣して、実朝を時政邸から自邸に戻した。時政はうろたえ

（周章《しゅうしょう》）、女房（侍女）を政子邸に行かせて謝罪を伝えたのだが、政子は「（実朝が）成人されたら、そちらでお世話してください」と返事をしている。

このように元来、時政の先妻の娘である政子・阿波局と時政・牧方夫妻、特に牧方は実朝を巡ってギクシャクした関係にあり、これがついに破局を迎えたのである。

丑《うし》の刻（午前二時頃）、時政は出家（法名明盛）を遂げた。

翌二十日辰の刻（午前八時頃）、時政は故郷、伊豆北条に下向した。殺されはしなかったが、政治生命は完全に絶たれた。六十八歳であった。牧方も伊豆に流されたという（『保暦間記』）から、夫と共に北条に下向したのであろう。

この日、義時・大江広元・三善康信・安達景盛が義時邸で評議し、京都守護として在京している平賀朝雅の誅伐を決め、在京御家人らにこれを命じる使者が発せられた。

比企の乱から二年弱にして、鎌倉幕府の「カポ・ディ・トゥッティ・カピ」は、この❽**牧氏の変**により失脚したのであった。

平賀朝雅追討

時政失脚の五日後、閏七月二十五日夜、鎌倉からの使者が入洛した。

翌二十六日、朝雅は何も知らず、後鳥羽院の仙洞《せんとう》御所（院《いんの》御所）に参上した。三日平氏の乱の鮮やかな鎮圧ぶりで後鳥羽院に気に入られた朝雅は、後鳥羽院近臣の武士として京都でときめいていたのである。

仙洞御所での囲碁の会に参加していた朝雅の元に、追討使の襲来を知らせる使者がやって来た。囲碁の会を中座して使者に会った朝雅は、さすがに肝が据わっていた。おちついて囲碁会場の部屋に戻ると、自分の目を数えてから、後鳥羽院に、

「関東（幕府）から、私を追討する使者が参上しました。逃げようがありません。早くお暇《いとま》を頂戴致したく存じます」

と奏上した。

仙洞御所を退出し、六《ろつ》角《かく》東《ひがしの》洞《とう》院《いん》の自邸に帰った朝雅を追討の軍勢が襲った。しばらく交戦したが、敗北を悟った朝雅は大急ぎで逃げ、松阪（京都から近江への経路である現・京都市左京区の地域名称）に至った。そして追って来た追討の軍勢に射《い》殺《ころ》された。

時政夫妻の計画をどこまで知っていたかは、わからない。

時政の動機

時政は敗れた。

と言うよりも、自滅した。

なぜ、このような無謀な行為に時政は走ったのか。

牧方、そして牧方との間に生まれた娘たちの将来が心配だったのだろう。

もう六十八歳である。

当時としては、いつ死んでもおかしくない。

牧方は、先妻の子供たちと、うまく行っていない。

鎌倉殿実朝は母政子に懐《なつ》いている。

このまま自分が死んだなら、牧方やその娘たちは、政子・義時ら先妻の子供たちによって一掃されてしまう。

それを防ぐためには、自分が権力の座にあるうちに、孫実朝を亡き者にし、婿平賀朝雅を四代鎌倉殿に立てねばならない。

邪魔者を悉《ことごと》く殺して来た独裁者は、己の影に怯《おび》えたのである。

晩年の時政、その後の牧方

故郷北条に落ちた十年後、建保三年（一二一五）正月六日、時政は没した（正月八日条）。享年七十八。

北条下向後の時政の動静でわかるのは、文治五年（一一八九）六月に時政が奥州合戦の戦勝を祈願して北条の地に建立した願成就院《がんじょうじゅいん》の南に、承元元年（一二〇七）十一月十九日、時政の御願として塔婆《とうば》が立てられ、その供養がおこなわれたことだけである。

牧方は『明月記』によれば、嘉禄二年（一二二六）十一月十一日入洛し、翌安貞《あんてい》元年正月二十三日、平賀朝雅没後に再婚した娘の婿、権中納言藤原国通《くにみち》邸で時政の十三回忌を公卿・殿上人をも招き盛大におこなっている。四日後の二十七日には「子孫女房」を率いて天王《てんのう》寺《じ》・長谷寺《はせでら》・南都七大寺《なんとしちだいじ》を参詣《さんけい》し、東大寺の万燈会《まんとうえ》を見物した。

すでに鎌倉幕府は牧方の血のつながらない孫である執権泰時の治世期であり、穏便な泰時は最早、政治的には何の影響力も無い祖母をそれなりに援助し、好きにさせていたのであろう。

時政・牧方夫妻が自身の人生をいかに思っていたかは、不明である。最も愛した政範をわずか十六歳で失うという悲劇もあった。だが、客観的には、この二人は人生を楽しみ尽くした。

無名の田舎土豪で終わるはずだった時政は、娘より若い深窓の令嬢を妻に迎えられただけで僥《ぎよう》倖《こう》とすべきを、生き馬の目を抜く権力闘争を勝ち抜き、たった二年弱ではあるが、日本最初の武家政権の独裁者となり、しかも天寿を全うして、故郷でおそらくは愛妻に看取られて死んだ。

権勢絶頂だった伊勢平氏の姻戚である受領層貴族の姫君、牧方は父より年上の無教養な田舎親爺の妻となるというこれ以下は無い程の不幸に見舞われたが、結果として好き勝手な生涯を送った。

鎌倉幕府成立で、最も良い目を見たのは、傍《はた》迷惑なこの夫婦だったのかもしれない。

しかし、比企一族一党・一幡・仁田忠常・源頼家・畠山重忠父子・稲毛重成・榛谷重朝・平賀朝雅らの末路に思いを馳せる時、憂き世の不条理に暗《あん》澹《たん》とせざるを得ない。

執権に就かなかった義時

牧氏の変での時政・牧方夫妻失脚は、北条政子の主導でなされた。

だが、時政夫妻が武力に訴えて抵抗する可能性はあり、その場合、政子側の武力を担うのは、実朝を自邸に迎え入れた義時である。

牧氏の変には、姉政子と組んだ義時の無血クーデターの側面がある。

そして『吾妻鏡』は時政が伊豆北条に下向した元久二年閏七月二十日、「相州（義時）執権の事を奉《うけたまわ》らしめたもう」と義時の執権（政所別当）就任を明記しており、一般にはこれが定説になっていた。

ところが、岡田清一氏の研究によると、義時は承元三年（一二〇九）後半まで将軍家政所下文にも関東下知状にも署判をしておらず、岡田氏はこの文書発給状況から義時の政所別当就任を承元三年七月以降、同年十二月以前としている（岡田二〇〇六所収、初出一九八九）。『吾妻鏡』編纂時点では執権職は北条氏の家職になっていたことから、元久二年閏七月二十日の義時執権就任記事は、鎌倉後期の状況を遡《そ》及《きゅう》させた『吾妻鏡』の誤《こ》謬《びゅう》の典型例であり、義時の執権就任時期は文書の発布状況を根拠とする岡田説が正しいと判断される。

義時は牧氏の変後も四年以上も政所別当に就任していないのである。

では、この時期、義時は幕府においていかなる地位に就いていたのであろうか。

義時は言うまでもなく鎌倉殿実朝の叔父であるが、これは私的なものである。

幕府での義時の公的地位を示すと考えられるのは、閏七月二十日の平賀朝雅誅伐決定の手続きである。

　すでに記したように、朝雅誅伐は義時邸での**義時・大江広元・三善康信**・安達景盛の評議で決められた。義時・広元・康信は十三人合議制のメンバーで、景盛は故**小野田盛長**の息子である。そして十三人合議制メンバーの内、**梶原景時・三浦義澄・小野田盛長・比企能員**はすでに亡く、**北条時政**が失脚、**藤原親能**は相変わらず京都守護として在京している。よって、元久二年の時点で鎌倉にあった十三人合議制メンバーは、義時・広元・康信に、**八田知家・和田義盛・足立遠元・藤原（二階堂）行政**の四人、計七人である。だが、和田義盛を除いて、八田知家・足立遠元・藤原行政は高齢のためか、この頃は政治活動がほとんど見られない。

　比企の乱後の時政の独裁化で十三人合議制は崩壊していたが、義時は朝雅誅伐決定を合議で決定することにより、十三人合議制よりずっと小規模であるが、合議体を復活させ、そのメンバーの一人であることを唯一の公的立場として、幕政に臨んだようである。

　時政が就いた政所執権別当、鎌倉幕府の「カポ・ディ・トゥッティ・カピ」の地位を義時は望まなかったのである。時政の言動と末路を見て、独裁の危うさを学んだのである。鎌倉殿実朝と実朝の母であり偉大なる頼朝の後家尼政子、二人を支える合議体のメンバーの一人、それが牧氏の変後の義時の地位であった。

四　宇都宮頼綱討伐未遂事件

政子の命令を拒絶した小山朝政

牧氏の変の翌月に勃発するのが❾**宇都宮頼綱討伐未遂事件**である。

八月七日、時政・牧方のもう一人の女婿、政子・義時らの義弟でもある下野の大豪族宇都宮頼綱の謀反計画が発覚したとして、**義時・大江広元**・安達景盛が政子の御所で合議をおこなった。頼綱はすでに一族・郎従を率いて鎌倉に赴こうとしているという。

会議が終わってから、政子の御所に宇都宮と同じく下野を本拠とする小山朝政が呼ばれた。朝政が参上し義時の前に蹲踞《そんきょ》すると、広元が政子の言葉として、朝政に宇都宮頼綱討伐を命じた。

広元は、小山の先祖藤原秀郷の平将門討伐、朝政が決行した寿永二年（一一八三）野木宮合戦での志太義広討伐を先例に挙げ、これを「武芸の眉目《びもく》」と讃えて、宇都宮討伐を命じる政子の命を伝えた。

だが、朝政は「叔《しゅく》家《け》の好《よしみ》あり（親戚で仲が良いから）」（叔は父母の弟妹の意）という、およそ理由にならない理由で、これを拒否した。

頼綱は、朝政の母で頼朝の乳母だった寒河尼の兄弟宇都宮朝綱の孫で、たしかに「叔家」だが、そんなことは古代・中世武士にとって、戦うのには何の関係も無い。二俣川合戦で安達景盛は義理の兄、畠山重忠と戦っているではないか。

だが、朝政は、

「誰か他の者に命じていただきたい。ただし、自分は頼綱の叛逆には与同せず、防戦には力を尽くす所存である」

と答えたのである。

鎌倉殿代行である政子の命を拒否したのである。これはただ事ではない。武家社会にあっては家臣にとって主人の命は絶対である。たとえ努力しても、指令を果たせなければ首を斬られるという話は、第一章第三節で紹介した。ましてや、命令拒否は、それを理由に討伐の対象にすらなる。

偉大なる源頼朝の後家、鎌倉殿実朝の母にして代行である政子の命を、小山朝政は即座に、そしてあっさりと拒否した。

頼綱の出家

十一日。宇都宮頼綱は書状を義時に提出した。「反乱など、全く考えていない」という弁明書であった。これには小山朝政の手紙も添えられていた。

十六日。宇都宮頼綱は下野で出家した。法名、蓮《れん》生《しょう》。同時に出家した郎従は六十余人に上った。宇都宮武士団の軍事力と結束を示すものである。

翌十七日、頼綱は鎌倉に向かって出発した。謝罪のためである。

十九日、頼綱は鎌倉に到着し、ただちに義時邸に参上したが、義時は対面を拒否した。

そこで頼綱は切り落とした髻《もとどり》（マゲ）を朝政の弟結城朝光に託して、義時に献上した。義時への恭順の意をあらわしたのである。

届けられた宇都宮頼綱の髻には、小山朝政のメッセージが込められていた。

「頼綱は出家して、髻まで献上した。ここまでしても、それでも、お前が頼綱を許さないと言うなら、それならそれで、こちらにも考えがある」

これに対し義時は髻を一見した後、朝光に預けた。義時は頼綱の謝罪を受け入れたのである。

事件はこれで終わった。

小山朝政の尽力により、宇都宮頼綱は討伐を免れたのであった。

そもそも頼綱は無実だと言っていたのであり、謝罪するのはおかしい。謀反を計画していると疑われたことを、己の不明として謝罪したという理屈なのであろうが、頼綱が出家し髻を義時に献じたことは、宇都宮氏が義時の軍門に下ったことを意味する。

牧氏の変の余燼《よじん》であるが、義時は時政・牧方を倒した勢いを駆って大豪族宇都宮氏を一撃し、幕府中枢への権力集中を企図していたのである。

義時にしてみれば、頼朝のようなカリスマ性を期待出来ない、若いと言うより幼い十四歳の実朝を担いでゆく以上、幕府政治の安定のためには、幕府中枢へ権力を集中するしかないと考えたのであろう。

下野の大豪族宇都宮氏討伐を同じ下野最大の豪族小山氏に命じた義時の戦略は、

「宇都宮を倒すには、小山も大きな犠牲を払う。討伐に成功すれば、小山に恩賞を与えねばならないが、それはどうとでもなる。共倒れになってくれれば、なお良い」

というものであろう。父時政ばりの陰険な作戦であるが、義時は幕府の安定のため、冷徹に決断したのである。

だが、小山朝政は乗せられもせず、臆することもなかった。最悪の事態をも覚悟して、即座に情を取ったのである。

もし、宇都宮氏と小山氏が連合し、幕府に牙を剥《む》いたなら、北坂東を戦場に空前の大動乱が勃発し、幕府そのものが破滅しかねない。我々は百七十五年後、康暦《こうりやく》二年（一三八〇）から応永《おうえい》四年（一三九七）まで十七年に亘って鎌倉府を相手に戦われた小山義政《よしまさ》・若犬丸《わかいぬまる》の乱を知っている。

そして宇都宮頼綱の髻に込められた朝政の決意を知った義時は、矛を収めたのである。

五　大豪族抑圧策と義時の政所別当就任

義時、政所別当に

三年後の承元二年（一二〇八）十二月十八日、十三人合議制メンバーだった**藤原親能**が在京のまま六十六歳で没した。

翌年、実朝十八歳の承元三年十一月二十日、義時は守護の交代制を導入しようとしたが、十二月十五日、千葉成胤・三浦義村・小山朝政の三大御家人から反対されて断念している。義時が幕府からの自立性の強い大豪族の勢力削減を一貫して政治目標としていたことは、宇都宮事件と守護交代制の挫折で明らかであろう。

この点で時政・義時の政策には共通点がある。畠山事件で時政が娘婿畠山重忠を滅ぼし、稲毛重成・榛谷重朝も討たれたことで、武蔵に不動の地位を築いていた秩父党は大きな打撃を受け、その結果、北条氏は武蔵に支配を伸張することになった。頼家がやろうとした御家人所領の五百町歩以上没収策にも通じる。

だが、時政がまっしぐらに自己への権力集中を目指したのと比べると、義時の政治行動には矛盾がある。不可解と言っても良いほどである。

大豪族抑圧のような強硬策を実行しようとする者は、強権発動が可能な公的地位にあった方が良いに決まっている。にもかかわらず、義時が時政の独裁権力の根拠であった政所執権別当に就かなかったことは、前述した。

義時が目指したのは、鎌倉殿（将軍）への権力集中と鎌倉殿を補佐する合議機関の構築であったようだ。鎌倉殿就任時点で十二歳と、幼い実朝に代わって政務を執った義時であったが、鎌倉殿の政務を補佐する幹部集団のメンバーの一人というのが、義時が自己に課した役割であった。つまりは、頼朝時代の体制や十三人合議制への回帰である。義時は、鎌倉殿以外の者が独裁的権力を有する体制は鎌倉幕府に合わず、鎌倉殿の下での合議制が理想的であると考えていたようだ。

だが、周囲の状況は義時の希望を叶えず、義時は結局、承元三年（一二〇九）後半、政所別当に就任した。

以降の将軍家政所下文は別当が大江広元の子源親広、義時の弟北条時房など増員がなされ、五人になっている。義時は別当筆頭（署名は相模守平）なので、執権（執権別当）に就任している。だが、幕府の方針などの重要な決定では常に**大江広元**・安達景盛らと合議をおこなっており、時政のような独裁者ではない。義時は合議の際の議長役であり、比喩的に言えば投票権は他のメンバーと同じく一票であった。

義時時代の執権は、集団指導制のメンバーの一人、いわば現代企業における取締役会長のようなものと考えれば良いと思う。

六　泉親平反乱未遂事件

義時の挑発

牧氏の変・宇都宮頼綱事件後、八年の表面的な平和の後に突然起きるのが、建保元年（一二一三）二月の⑩**泉親平反乱未遂事件**である。

同月十五日、信濃の青栗《あおぐり》氏の一族である僧阿静房《あじょうぼう》安念《あんねん》を千葉成胤が**義時**に突き出した。反乱計画に成胤を誘いに来て捕らえられたのである。

義時は実朝（二十二歳）に報告し、**大江広元**と合議のうえ、安念を二階堂行村（**藤原行政**の次男）に預け、取り調べを命じた。

翌十六日、安念の自白によって明らかになった反乱計画は、極めて大規模なものであった。参加者は記録されているだけで信濃・相模・越後・上総・下総・伊勢国の住人、張本百三十余人、与同者二百人に及んだ。首謀者は信濃国住人泉親平で、一昨年から計画し、頼家の遺児栄実を担ぎ、義時を倒そうとしていた。

数年続いた平和の裏で、執権義時の進めてきた大豪族抑圧などの中央集権的政策に不満が鬱積していた結果である。

しかも、逮捕された首謀者の中に義直《よしなお》（義盛の子）・義重《よししげ》（義盛の子）・胤長《たねなが》（義盛の甥）の和田一族三名が含まれていた。

三月八日、上総にあった侍所別当和田義盛は鎌倉に駆け付け、実朝に直談判して、頼朝時代以来の自分の功績を述べ、実朝から子息義直・義重の赦免を得た。

さらに翌九日、義盛は和田一族九十八人を率いて将軍御所に参上し、残る甥胤長の赦免を願った。しかし、義時は胤長を緊縛し居並ぶ一門の面前を連行するという義盛以下和田一門の神経を逆なでするマネを敢えておこなった。

幼女の死

三月十七日。和田胤長は陸奥に流刑となる。

二十一日。胤長の娘で六歳の荒鵑《こうけん》は、父が遠くに行ってしまったのを悲しむ余りに病となり伏せっていたが、この日、危篤となった。そこで胤長に良く似ている義盛の孫（常盛《つねもり》の子）朝盛が荒鵑を見舞い、

「父は帰ったぞ」
と声を掛けた。すると荒鵬は頭をもたげ、一瞬、朝盛の顔を見て、そして死んだ。

全面対決へ

二十五日。胤長の鎌倉屋敷は、たっての願いで義盛に与えられた。

ところが、たった七日後の四月二日。旧胤長邸は、あらためて義時に与えられ、義時は即座に配下を派遣して、すでに入居していた義盛の代官を叩き出させた。

義時は謀反計画の規模の大きさに驚き、和田義盛との対決は避けられないと腹を括り、挑発行為を繰り返したと考えられる。昔の功績を振りかざして鎌倉殿の決定を覆すという行為が、義時には義盛の横紙破りと思えたのではないか。ましてや、九十八人もの一門を動員してのデモは、赦されざる行為と映ったであろう。鎌倉幕府は和田義盛一人で作ったものではないのである。

こうして泉親平事件によって発生した事態は、政所別当**北条義時**（五十一歳）と侍所別当**和田義盛**（六十七歳）の全面対決に向かうこととなる。

七　和田合戦

和田氏について

和田氏は相模最大の豪族三浦氏の分家であるが、義盛は頼朝挙兵直後の治承四年（一一八〇）十一月十七日に初代侍所別当に任命された。建保元年当時は六十七歳であり、幕府では宿老というべき地位にあった。義時は十六歳下で、同年五十一歳である。当時、三浦の惣領は、義盛の従弟である三浦義村であった。義村の年齢は未詳であるが、第二章第一節で述べたように、母方の従兄である義時より五歳くらい年下と仮定すれば、建保元年には四十六歳である。この推定年齢が正しければ、従兄弟とはいえ、和田義盛と三浦義村は父子ほども年齢が隔《へだ》たっていたことになる。しかも、義盛は頼朝以来の宿老であり、義盛の勢威は惣領義村を凌《しの》いでいたらしい。『愚管抄』巻六には義盛について「義盛左衛門ト云三浦ノ長者」と記されている。

三浦兄弟の裏切り

義盛は五月三日に挙兵を決め、準備を進めた。

和田義盛は、従弟である三浦本家の義村・胤義兄弟にも当然のこととして声を掛けた。三浦兄弟は共に戦うことを約束し、起請文まで書いていた。

だが、三浦兄弟は、単純で人の好い従兄を裏切る。『愚管抄』の「三浦ノ長者」に明らかなように、世間では義盛の二十歳上の叔父**三浦義澄**が没した正治二年（一二〇〇）以降、三浦の当主を義盛と見ていたらしい。義盛自身も二十歳以上年下の従弟義村を侮《あなど》っていたのであろう。単純な義盛はその意識が態度にも出ていたはずで、義澄の嫡子義村は内心、義盛を憎んでいたはずである。義村にすれば、父方の従兄和田義盛より、母方の従兄北条義時の方が親しみがあったのかもしれない。

挙兵予定日前日の五月二日朝、和田義盛は予定を早め、この日の決起を決めた。完全武装の軍兵が義盛邸に参集した。ただならぬ様子を知った近隣に住む八田知重（**八田知家**の子）は使者をもって大江広元に次第を告げた。広元は客人と酒宴の最中であったが、中座して実朝邸（幕府）に駆け付けた。

一方、三浦兄弟は義時邸に入り、義盛の謀反計画を義時に告げた。三浦兄弟は最初から義時と内通しており、義盛の挙兵が明白となった時、通報することを義時と決めていたと考えるべきだろう。義盛が先に動けば、義盛は鎌倉殿に敵対する逆賊となるからである。

義時にしてみれば、三浦の当主義村が自分に付いてくれたことで、三浦一門の大半は自陣営となる可能性が大きくなった。少なくとも大族三浦全体を敵に廻すことは回避できたのである。義時は和田義盛と三浦義村のギクシャクした関係に付け込み、三浦を割ることに成功したとも言える。また、従弟義村の友情は、義時にとって計り知れない価値があったとも言える。

義盛、兵を挙げる

義時は囲碁の会を開催中で自分も参加して対戦中であったが、義盛の謀反を聞いても慌てず、自分の目を数えてから座を立ち、装束を出仕用に着替えて、実朝邸に向かった。いかにも落ち着いた態度であるが、挑発を繰り返していたのは自分であり、義盛の挙兵は織り込み済みな上に、しかも三浦兄弟が自陣営に廻ったのであるから、驚きは無かったのであろう。だが、義盛は強敵であり、内心、余裕は無かったはずである。義時の泰然たる態度は、実朝・政子をはじめ周囲の人々の動揺を抑えるための演技であったろう。

和田義盛が武蔵の横山時兼《よこやまときかね》（叔母が義盛の妻で、妹が義盛の嫡子《ちゃくし》常盛の妻）と結んでいる疑いは義時側も察知していたが、挙兵が今朝になるとは予想しておらず、実朝邸（幕府）の防備はなされていなかった。広元・義時は実朝邸に参上すると、政子と実朝室を鶴岡別当坊に避難させた。

申の刻（午後四時頃）、和田義盛は挙兵し、軍勢は実朝邸を襲った。和田合戦の始まりである。

和田方の第一の攻撃対象が実朝邸であったことは、義盛の挙兵目的が〝君側《くんそく》の奸《かん》〟北条義時の排除ではなく、鎌倉殿実朝の打倒であったことを示している。義盛は実朝を義時と一体化した〝悪〟とみなしたのである。

和田方は義盛とその息子嫡男常盛・義秀・義直・義重・義信・秀盛、孫（常盛の子）朝盛、三浦一族では岡崎実忠《おかざきさねただ》、相模中村党の土屋義清《つちやよしきよ》はじめ土屋・土肥、相模鎌倉党の梶原・大庭・深沢、下野小山一門の大方《おおかた》、武蔵児玉党の塩屋《しおや》、武蔵秩父党からは中山・古郡《ふるごおり》・渋谷などであった。

このうち、土屋義清は三浦一族の岡崎義実《よしざね》の子であるが、母が中村党の中村宗平の娘で、叔父土屋宗遠《むねとお》の養子となり、義父宗遠と共に頼朝挙兵に加わった古参御家人である（治承四年八月二十日条）。

また、渋谷高重は武蔵秩父党だが、本拠地は相模国高座《たかくら》郡渋谷で、横山時兼の婿であった。

和田方は主力百五十騎を三手に分け、実朝邸の南門、義時邸の東・西両門に攻め寄せた。

義時邸では主人は実朝邸にあったが、留守番の家臣たちが弓矢を取って反撃し、多くの死傷者を出した。


和田方の大軍は広元邸にも押し寄せ、矢を放った。宴会の客は邸内にまだ残っており、生きた心地もしなかったであろう。その後、義盛方は実朝邸の南西、横大路に至って、実朝邸の隣である政所の前で相模の波多野《はたの》忠綱《ただつな》が先陣となった義時方と合戦を繰り返した。ここに三浦義村が馳せ加わり、和田と三浦は一族で殺し合うこととなった。

局地戦であった比企の乱と異なり、鎌倉府内は市街戦の巷と化した。頼朝の鎌倉入り以来、三十三年にして都市鎌倉は初めて完全武装の騎馬武者部隊同士が正面衝突する正規戦の戦場となった。

実朝邸襲撃

酉の刻（午後六時頃）、義盛方は実朝邸の四面を取り囲んだ。実朝邸の周囲は義盛方の旗が靡《なび》き、そこから矢が射込まれた。

義時の息子泰時・朝時、義時の外甥（妹の子）源姓足利義氏らが必死の防戦に努めたが、義盛の三男朝夷名三郎義秀《あさいなのさぶろうよしひで》（三十八歳）が遂に惣門（正門）を破り、南庭に乱入した。籠もっていた御家人たちは追い散らされ、義秀の軍勢は実朝邸に火を放った。猛火が燃え広がり、実朝邸は一宇も残さず焼け落ちた。

たまらず実朝は義時・広元に連れられ、実朝邸の東の丘にある頼朝の法華堂《ほっけどう》（供養堂）に避難した。鎌倉殿が幕府を追われた。

燃え上がり焼け落ちる実朝邸とその周辺で、武士たちは矢を放ち刀剣を振るって殺し合った。中でも朝夷名義秀は「神のごとし」と讃えられる武勇を振るい、義秀に敵した者は全て殺害された。

朝夷名義秀の武勇

義秀の従兄弟（義盛の弟義茂の子）、高井重茂《たかいしげもち》は和田一族でありながら義時方に属していた。重茂は義秀と組み合い、共に落馬しながら戦い続けたものの、結局は義秀に殺された。義秀を落馬させたのはこの重茂だけであった。続いて、義時の次男朝時が太刀を手に落馬した義秀と戦った。朝時は奮戦したが、義秀に疵《きず》を負わされ、引き退いた。

その後、猛将義秀は実朝邸を出て、政所前の橋の近くで源姓足利義氏と遭遇した。逃げる義氏を追った義秀は、義氏の鎧の袖を掴む。義氏は馬に鞭《むち》打って堀を西側に飛んだ。袖はちぎれたが、馬は堀を飛び越え、義氏は逃れることができた。義秀は数刻の戦闘で馬が疲れていたため、馬を飛ばさず堀の東に留まった。そして橋を渡って義氏を追おうとしたところ、足利義氏の家臣であろう鷹司官《ようしかん》という者が立ちはだかった。鷹司官は義秀に殺されたが、義氏は逃れることができた。

その後、若宮大路《わかみやおおじ》の米町口《こめまちぐち》で、義秀は甲斐源氏の武田（伊沢）信光に遭遇した。義秀と信光は互いに目を合わせ、戦おうとした。この時、信光の息子悪三郎《あくざぶろう》信忠《のぶただ》が二人の間に駆け入った。父の身代わりになろうという信忠の孝行の思いに義秀は感じ、馬を走らせて去った。

和田方の勝算

ところで、朝夷名義秀の戦いぶりを見ると、源姓足利義氏・武田信光という大兵力を有する有力御家人が、すぐに義秀と一騎打ちになっており、これは有力御家人といえども鎌倉に連れて来る軍勢は多くはなかったことを表している。

和田合戦は突然起こったため、初日の戦闘では御家人たちは現有兵力のみで戦った。三浦兄弟の裏切りがなく、義盛が予定通り三日に挙兵していれば、武蔵横山党など当日参戦の軍勢を加えた和田方は兵力で勝り、勝算は充分にあったのである。

横山党の加勢

合戦は日暮れた後も続き、結局、夜通し戦われた。やがて暁更《ぎょうこう》の時を迎えた。この頃になると、さしもの和田方も軍兵《ぐんぴょう》は減り、矢は数少なくなり、馬は疲れ、次第に不利な情勢となった。和田方は疲馬《ひば》に鞭打って由比ヶ浜へと撤退した。

北条泰時は三鱗紋《みつうろこもん》（北条氏の家紋）の旗を掲げた軍勢を率い、実朝邸へと通じる中下馬橋《なかのげばし》の警護に当たることになった。

この間も米町辻と大町《おおまち》大路《おおじ》では合戦が続いており、足利義氏・八田知重らは勝ちに乗って和田方を攻めていた。

夜が明け、三日となった。小雨が灑《そそ》ぐ寅の刻（午前四時頃）、横山時兼（六十一歳）の率いる武蔵横山党が鎌倉の西方、七里《しちり》ヶ《が》浜《はま》の腰越浦《こしごえのうら》に襲来した。そのまま鎌倉府内を目指した時兼らの目に入ったのは、喚《おめ》き戦う武士たちであった。

時兼は義盛との約諾通り、この日、鎌倉にやって来たのだが、合戦はすでに前日、始まっていた。和田方はすでに兵糧《ひょうろう》も無く、乗る馬も疲れていた。

だが、時兼は迷わなかった。横山党は簑笠《みのかさ》を一斉《いっせい》に脱ぎ捨て、敗色濃厚な和田方に加わったのである。

空に向かって横山党が脱ぎ投げた簑笠は、地に落ちて山を成した。

義盛方は三千騎の大軍となり、勢いを盛り返した。

日和る軍勢

辰の刻（午前八時頃）、相模の曽我・中村・二宮《にのみや》・河村《かわむら》の軍勢が鎌倉に到着し、鎌倉西方の海岸部である稲村ケ崎《いなむらがさき》と、やはり鎌倉西部の武蔵大路《むさしおおじ》に陣を敷いた。しかし、戦いには加わろうとしない。頼朝法華堂を本陣とする幕府方（義時方）は自陣営への参加を呼びかけたが、容易に従おうとしない。彼らは幕府方と勢いを盛り返した義盛方の戦闘を目にして、どちらが勝つかわからず、日和《ひよ》ったのである。多くの武士たちにとっては、自分に恩賞をくれる者、すなわち勝者が主人であった。「恩こそ主」というやつである。

日和った軍勢は、幕府方の使者に鎌倉殿実朝の「御教書《みぎょうしょ》」を要求した。幕府方は実朝が花押を据えた「御教書」を作成し、新来の軍勢に与えた。御教書を拝見した軍兵は、ことごとく幕府方となった。御家人たちにとっての鎌倉殿の権威を示すものである。

この後、下総の千葉成胤が軍勢を率いて鎌倉に参上し、幕府方に加わった。

幕府方・和田方共に新手が加わり、戦闘は激化した。由比ヶ浜と若宮大路は激戦の舞台となった。

和田方の朝夷名義秀・土屋義清・横山党の古郡《ふるごおり》保忠《やすただ》は馬を並べて（轡《くつばみ》を並べて）四方の敵兵を攻め、これがため幕府方の軍勢は度々追い散らされた。だが、土屋義清は実朝が陣する頼朝法華堂を攻めようと進軍する途中、流れ矢に中《あた》って死んだ。

和田方敗退

酉の刻（午後六時頃）、義盛の四男義直（三十七歳）が討ち取られた。義盛が最も可愛がっていた息子であった。

義直の死を知らされた義盛は気落ちし、

「今となっては、戦っても何の意味もない」

とつぶやき、声を上げて泣いた。

そして戦場を走り回るうち、江戸《えど》能範《よしのり》の所従《しょじゅう》（家臣の一種）に討たれた。六十七歳であった。

朝夷名義秀は五百の軍勢を率い、船六艘で安房に向かった。

義盛の長男常盛（四十二歳）・横山時兼・古郡保忠ら和田方の幹部六人も逃げ落ちた。だが、上記の三人は翌四日、甲斐国で自殺した。

朝夷名義秀の行方は知れない。

かくて和田合戦は、和田義盛方の敗北となった。

和田合戦で討たれた和田方の御家人は、和田一門十三人、横山党三十一人、中村党土屋氏十人、山内首藤一族二十人、秩父党渋谷氏八人、毛利氏十人、鎌倉党十三人、その他三十七人。都合百四十二人。家臣の数は記録されていない。捕虜となった者は二十八人。

幕府方の討ち死には五十一人。負傷者は一千余人（五月六日条）。

和田一族、武蔵横山党、相模の土屋・山内・渋谷・毛利・鎌倉など幕府の本拠地である南坂東を中心に多くの有力武士団が和田方として滅亡、あるいは没落した。

義時は、からくも勝利し、和田氏が滅び鎌倉党や横山党から多数の敗死者が出たことは、相模・武蔵における北条氏の勢力を大きく伸張させた。

執権職の成立

五月五日、**義時**は和田義盛の就いていた侍所別当に就任した。

何と言っても和田合戦の最大の歴史的影響は、この義時の侍所別当就任である。それまで就いていた政所別当と侍所別当を兼任したのである。これは義時が幕府の職制において政治と軍事の大権を掌握したことを意味する。

政所別当と侍所別当を兼職した地位が、これ以後、執権と呼ばれるようになる。同じく執権と言っても、時政のそれとは全く異なる。鎌倉北条氏の世襲する鎌倉幕府役職の頂点である執権職は、和田合戦の結果成立したのである。

翌六日、義時は侍所の副官である所司に、御家人でありながら自己に臣従する金窪行親を任命した。これ以降、侍所所司には史料用語で「**御《み》内《うち》人《びと》**」、学術用語で「**得《とく》宗《そう》被《ひ》官《かん》**」と呼ばれる北条氏当主（得宗）の家臣化した御家人が就任するようになり、それは鎌倉幕府滅亡まで継続する。

八　和田合戦後の事件

重慶殺害

和田合戦の四ヶ月後に起きるのが、⓬**重慶（畠山重忠子）殺害事件**である。

建保元年（一二一三）九月十九日、下野の日光山別当弁覚《べんかく》の使者が鎌倉に到着し、弁覚の知らせを伝えた。

元久二年（一二〇五）六月に無実の罪で殺された畠山重忠の末子である大夫《たいうの》阿《あ》闍《じゃ》梨《り》重慶《ちょうけい》という僧侶が、日光山の麓《ふもと》に籠もり、牢人《ろうにん》（浪人）を集め、また盛んに祈祷をおこなっており、謀反を企てていることは明白であるというのである。

そこで実朝は、たまたま、その場にいた小山朝政の弟長沼宗政に重慶を生け捕りにして来るように命じた。

命じられた当年五十二歳の宗政は勇躍して、その場から出陣した。

二十六日、宗政は重慶を殺して、斬首した首だけ持って帰って来た。

ショックを受けた実朝は側近の関東祗候の廷臣（将軍に仕える貴族）源仲兼《なかかね》を通じて、

「畠山重忠は無実の罪で殺された。末子の僧がたとえ陰謀を企んだからとて、どれほどのことがあろう。命じた通りに生け捕りにして来れば、陰謀が本当かどうか調べて、どうするかは私が決めたものを。殺してしまうとは、軽率で罪業《ざいごう》の元だ」

という叱責の言葉を宗政に伝えた。ところが、これを聞いた宗政は逆切れして、

「あの僧が叛逆を企てたことは、間違いないのだ。生け捕ることは簡単だったが、生かして連れて帰れば、女たちや尼たちに言われて、きっと実朝様は許してしまうと思ったので、殺したのだ。こんなことでは、これから誰も実朝様に忠義を尽くそうなどと思わないだろう。これは実朝様のお間違いだ」

と目を剥いて仲兼に怒鳴り散らした。極端な例だが、これも鎌倉武士の実像の一つである。

また一人殺される頼朝の子孫

和田合戦の翌建保二年十一月二十五日、鎌倉に京都からの飛脚が到着した。

その報告によると、和田義盛と土屋義清の残党が頼家の遺児、僧栄実（十四歳。『愚管抄』巻六）を「大将軍」に擁して叛逆を企てていることが発覚。十三日、討手の襲撃を受けた栄

実は自殺し、与党は逃亡した（**⑬栄実殺害事件**）。

栄実の母は頼朝の右筆だった一品房《いっぽんぼう》昌寛《しょうかん》の娘（『尊卑分脈』。慈光寺本『承久記』）であり、頼家の側室であった。栄実は童名を千手《せんじゅ》といい、和田合戦半年後の建保元年十一月十日、将軍御所で出家していた。政子の計らいであった。政子は頼家の遺児である栄実が和田一党残党に担がれることを心配したのであろう。だが、出家させてもなお、政子の危惧はわずか一年後に当たってしまった。御家人間抗争の中で、また一人、頼朝と政子の血筋が消えた。

第五章　源実朝暗殺と承久の乱への道程

一　政子の熊野詣

皇子下向の提案

和田合戦の五年前、承元二年（一二〇八）十月十日から十二月二十日まで、五十二歳の政子は熊野参詣の旅をしている。

そして和田合戦から五年の後、建保六年（一二一八）二月四日、政子は六十二歳で再び熊野神社に参詣するため上洛の途に就いた。入洛したのは二十一日である。この後、熊野参詣に紀伊国まで行き、また京都に戻った。

四月十四日、従三位に叙す。翌十五日。後鳥羽院から、

「会ってやろう」

という仰せが伝えられると、政子は、

「田舎の老いた尼がお側に参っても、上皇様はつまらないだけです」

と答え、なお他の神社仏閣に参拝する予定であったのを全て取り止め京都を出て、二十九

日に鎌倉に帰って来たのであった。

だが、在京中に政子は後鳥羽院の側近として京都政界において権勢無双であった卿二位《きょうのにい》（藤原兼子《けんし》。姉範子《はんし》が後鳥羽院の乳母）には会っている。『愚管抄』巻六によると、卿二位の方が政子のところに何度も行って、いろいろ話したらしい。

この時、卿二位から、

「男子が無いまま実朝様にもしもの事があった時は、後鳥羽院の皇子のお一人を将軍として鎌倉に下向させてもらっては、いかがです」

という提案があったという。卿二位の頭にあったのは、自分が養育していた冷泉宮頼仁《れいぜいのみやよりひと》親王（母は坊門信清の娘で、実朝妻の姉妹）であったというが、『愚管抄』によれば、あくまでも京雀たちの噂ということである。しかし、後の状況から、卿二位が皇子下向を政子に向かって発言したのは事実のようである。政子は「縁起でもない」と思ったに違い無い。この時は。

政子の肝煎《きもい》りで実朝の猶子《ゆうし》にもなっていた頼家の次男公暁《こうぎょう》は、園城《おんじょう》寺で修行して阿闍梨《あじゃり》（修行僧を指導し教義を伝授する高僧）の資格を得、この時十九歳で鶴岡別当の地位にあった。

さらに公暁には禅暁という弟もいる。万一、実朝に男子ができなくとも、頼朝と政子の子孫が鎌倉殿を継承する可能性があった。

そもそも、当時としては高齢の五十二歳と六十二歳という年齢で政子が二度も熊野を参詣したのは、これ以上の悲劇の起こらないこと、そして何よりも病がちで比企の乱の翌元久元年（一二〇四）十二月に婚姻した御台所（後鳥羽院の近臣坊門信清の娘）との間にもなかなか子の出来ない実朝の健康を祈るためであったはずである。

二　同床異夢の後鳥羽院と実朝

実朝のスピード昇進

建永元年（一二〇六）二月二十二日、十五歳で従四位下に叙した後の、実朝の叙位・任官は次のようである。

承元元年（一二〇七）十六歳　正月五日　従四位上

承元二年（一二〇八）	十七歳	十二月九日	正四位下
承元三年（一二〇九）	十八歳	四月十日	従三位
同年		五月二十六日	右近衛中将
建暦元年（一二一一）	二十歳	正月五日	正三位
同年		正月十八日	美作権守を兼ねる
建暦二年（一二一二）	二十一歳	十二月十日	従二位
建保元年（一二一三）	二十二歳	二月二十七日	正二位
建保四年（一二一六）	二十五歳	六月二十日	権中納言
同年		七月二十日	左近衛中将を兼ねる
建保六年（一二一八）	二十七歳	正月十三日	権大納言
同年		三月六日	左近衛大将

後鳥羽院の実朝優遇は止《とど》まることを知らず、実朝は異様とも言えるスピードで官位を上昇させていった。

頼家の極位は二十一歳での従二位であり、実朝は二十二歳で正二位に叙して兄を越えた。

頼朝も極位は正二位だが、頼朝は四十三歳での叙位であった。頼家は十九歳での左衛門督が極官であり、実朝は十四歳での右近衛権中将任官で兄を越えた。二十七歳で権大納言に任官し、父の極官（四十四歳）に並んだのである。

そして建保六年三月六日、実朝（二十七歳）は武官の最高官職というべき左近衛大将に任官するのである。

同床異夢

王朝貴族は叙位・任官に際し天皇・上皇・摂関などに謝意を示すため参上する拝賀《はいが》という儀式をおこなう。鎌倉在住の実朝は鶴岡八幡宮に拝賀に行く。左近衛大将任官における実朝の拝賀行列に並ぶため、大江広元の次男長井時広が京都から呼ばれた。

六月二十七日の拝賀で任務を終えた時広は八月二十日、実朝に帰京を願い出た。

ところが、これを聞いた実朝は激怒し、

「鎌倉に下向した以上、もう決して京都に戻って朝廷に仕えたいなどと考えてはならない」

と言い、さらに、

所存の企《くわだて》、関東を褊《さみ》するに似たるなり。
（時広の言動は、まるで幕府を見下しているようだ）

と言い放った。

この言葉には、実朝の「幕府は決して朝廷に比して劣るものではない」という不遜ともとれるほどの自負が、はっきりと表れている。実朝は鎌倉幕府を朝廷に比肩するものであり、またそうあらねばならぬと考えていた。そして、その幕府の主《あるじ》としての自覚と自信を持っていたのである。

実朝の歌集『金《きん》槐《かい》和歌集』に載る、

山はさけ海はあせなむ世なりとも君にふた心わがあらめやも

の広く世に知られた和歌は、「君」を後鳥羽院とし、「たとえ山が裂け海が干上がるような世になろうとも、院に背《そむ》く（逆らう）心が、私にどうしてあるでしょうか（絶対ありません）」という意味で訳されることが多い。訳はそれで良いと思うが、これはいわば社交辞令であって、実朝の本音は「関東を編するに似たるなり」の方だろう。実朝は幕府を朝廷から相対的に自立した組織と考えていたのである。それは、かつて頼朝の下《もと》に結集した御家人たちが願った組織そのものである。

実朝は朝廷に恭順の意を抱いており、これが自立を目指す御家人たちとの対立を生んだという考えもあるが、私は従いがたい。そもそも天皇や朝廷への尊崇《そんすう》は、武士・御家人を含めた古代・中世人にとっての常識であって、何も実朝に限るものではない。「朝廷への尊崇」と「朝廷からの相対的自立」は別の話であって、実朝にとっては矛盾するものではなかったはずである。

対する後鳥羽院は、実朝を取り込むことによって遠隔操作し、幕府を支配下に置くことを目指していたと考えられる。

後鳥羽院と実朝は同床に異なる夢を見ていた。

たとえ承久元年正月二十七日の事件が無かったとしても、二人の意識の相違は、いずれ表面化し、朝廷と幕府の武力衝突は避けられなかったであろう。

三　鎌倉殿暗殺

右大臣任官

建保六年（一二一八）後半、実朝はついに大臣に昇る。

まず、十月九日に内大臣に進んだ。官位ですでに兄を越えていた実朝は、ここに官職で父をも越えた。

そして二ヶ月足らずで十二月二日、右大臣に至る（『公卿補任』など）。周知のように、これが実朝の極官である。実朝の歌集『金槐和歌集』の「金槐」は鎌倉の「鎌」の偏と大臣の唐名「槐」を合わせたもので、「鎌倉右大臣」を意味する。位階は正二位。

平清盛は実朝と同じ正二位・内大臣に昇った時、四十九歳であった。清盛の最初の嫡子重盛は正二位・内大臣を極位・極官としたが、任官は四十歳。重盛薨去後、清盛嫡子となった宗盛は従一位・内大臣を極位・極官としたが、任官は三十六歳、叙位はその後である。五十歳で従一位・太政大臣に昇った清盛、官職は同じだが従一位に昇った宗盛には及ばないにしても、実朝は内大臣任官時二十七歳であるから、圧倒的に若い。

実朝は二十七歳にして、武門ではトップクラスの官位に昇ったのであった。上には官職では令外官である摂政・関白・内覧を除けば太政大臣・左大臣しか無く、位階では正一位・従一位しか無い。

後鳥羽院の実朝優遇は、ほとんど極点に達した観がある。

実朝と正室坊門信清娘の間に男子が生まれれば、当然、後鳥羽院の従甥であるその子は四代鎌倉殿である。そしてその子は実朝の官位を引き継ぐのであり、後鳥羽院によって摂関家にも比す最高級の家格が創設されることになる。後鳥羽院は自分と血縁で繋がる鎌倉殿家を通じて鎌倉幕府を支配するのである。その時、後鳥羽院は史上空前の軍事力、私兵を持った治天の君となる。

実朝は右大臣任官の拝賀を、左近衛大将任官時と同じく鶴岡八幡宮でおこなうことを決めた。予定日は翌建保七年、すなわち承久元年正月二十七日である。

頼家の忘れ形見

実朝の甥、頼家の次男である善哉は、正治二年（一二〇〇）、父頼家十九歳の時に生まれた、比企の乱で死んだ一幡の三歳下の弟である。乳母夫は三浦義村（建永元年十月二十日条）。
善哉の母は、『吾妻鏡』承久元年正月二十七日条に「賀茂六郎重長女」とあり、この重長は頼朝の遠い先祖源満仲の弟満政の子孫で三河足助《あすけ》氏の祖である足助重長《しげなが》である（『尊卑分脈』）。そして『吾妻鏡』同記事には、善哉母について「為朝の孫女なり」ともある。つまり足助重長が、頼朝の叔父源為朝の娘と婚姻して生まれたのが、公暁の母というのである。『尊卑分脈』は重長の子重季に「母源為朝女」とあり、その姉妹に「若宮別当」「禅暁母」とあるので、「若宮別当（鶴岡別当）」＝「公暁」（善哉の法名）と禅暁の母は、足助重長と源為朝の娘の間に生まれたと考えられる。

足助重長は頼朝とは遠縁ではあるが清和源氏であり、源為朝は十三歳で九州に渡って、三年で九州を占領し、十八歳の保元元年（一一五六）、保元の乱で上洛して崇徳上皇陣営に属して強弓を駆使して奮戦し、その武勇を惜しまれて右手の筋を抜かれて、伊豆大島に配流された。そして治承元年（一一七七）、海賊として坂東沿岸を荒らし回ったため、朝廷の命を受けた坂東武士団に討たれたという（『保元物語』）。反省という言葉を知らないような生涯であるが、これが当時は勇士と評価される。善哉はこのような武勇の人を曽祖父に持つのである。

頼家治世時代に大きな勢力を有した**比企能員**を祖父とする一幡が嫡子であったことは動かしがたいが、母方が清和源氏、特に源為朝に連なる善哉は、血統的に一幡に継ぐ頼家の後継第二位にあったことになろう。

前にも書いたように、比企の乱後の元久二年（一二〇五）十二月二日、善哉は政子の計らいで、六歳にして鶴岡八幡宮別当尊暁の門弟となり、侍五人が扈従《こしょう》（貴人に付き従うこと）するという威儀を正して尊暁の坊に入った。翌建永元年六月十六日には七歳で、政子の尼御台所御所で鎌倉殿実朝臨席のもと着袴《ちゃっこ》の儀をおこない、同年十月二十日には実朝の猶子（相続権の無い養子）として初めて幕府に入御した。やはり、政子の仰せであった。建暦元年（一二一一）九月十五日、十二歳で出家し、法名を公暁と号することとなる。同月二十二日には受戒のため、猶子になるによって実朝から扈従の侍五人を遣《つか》わされ、尊暁の後に鶴岡別当となった師匠定暁《じょうぎょう》と共に上洛し、天台宗寺門派総本山の長等山園城寺《ながらさんおんじょうじ》に入った。園城寺で阿闍梨（修行僧を指導し教義を伝授する高僧）の資格を得、和田合戦四年後の建保五年（一二一七）六月二十日帰東して、政子の命により五月に没した定暁の跡を受け、わずか十八歳で鶴岡別当に就任した。

たった六年の修行で阿闍梨となり、鶴岡別当となるのは、鎌倉幕府、実際には政子の意向を反映した全くの家格人事である。政子は鎌倉殿に実朝、鶴岡別当に公暁を配置し、鎌倉の聖俗両面共に頼朝と自身の子孫で固めようと構想したのである。

それは非業の最期を遂げた頼家の供養であるとも考えていたのであろう。

事件の前兆

建保六年九月十三日夜、三浦義村の三男で公暁の門弟である三浦駒若丸《こまわかまる》を張本とする鶴岡の児童・若僧らが月明かりの中を徘徊し、これを咎めた宿直人《とのいびと》（不寝番）と乱闘になり、御家人が駆け付ける騒ぎがあった。

同年も暮れとなった十二月五日、公暁が参籠《さんろう》（寺社などに一定期間入って、外に出ないこと）し、部屋を出ることもなく髪も剃《そ》らず、伊勢神宮をはじめとする諸社に使節を送ったため、人々が怪しんでいるとの報告が実朝にあった。

だが、いずれも、それだけのこととして済まされた。

十二月二十一日、拝賀に扈従する公卿五人と共に、後鳥羽院から拝賀のために下賜された装束・車などの品々が鎌倉に到着した。

二十六日には拝賀の行列に並ぶ随兵《ずいひょう》の人選がおこなわれた。

血に染まる鶴岡八幡宮

承久元年（一二一九）。実朝は二十八歳、公暁は二十歳。

以下は『吾妻鏡』『愚管抄』巻六に基づく再現である。

正月二十七日。鎌倉は曇りで、夜になって大雪が降り、二尺余り（六十センチメートル以上）も積もった。

実朝は公卿・殿上人、そして千騎の随兵などの組む大行列で、酉の刻（午後六時頃）、幕府を出た。右大臣拝賀であるから実朝は騎馬ではなく、後鳥羽院から賜った車を用いた。

鶴岡八幡宮に到着した実朝は、門外に随兵の御家人たちを留め、公卿や役付きの幕府幹部などを連れ、宮寺《ぐうじ》に入った。

束帯《そくたい》を着し笏《しゃく》を持った実朝は長い裾《すそ》を引きながら、一人で八幡神の宝前《ほうぜん》に奉幣《ほうべい》（神霊に幣《へい》帛《はく》〈捧げ物〉を献ずること）をおこなった。石段を下り、公卿らの前に戻った時。

兜巾《ときん》（僧侶が被る頭巾《ずきん》）を着けた僧一人が飛び出し、実朝の引く裾を踏み付けるやいなや、

「親の仇はこうやって討つのだ」（「ヲヤノ敵ハカクウツゾ」『愚管抄』巻六）

と叫びながら、実朝の頭部に太刀で斬り付けた。公暁であった。

公暁は倒れた実朝の首を刎《は》ねて、それを手にした。

そこにやはり兜巾を着けた三・四人の僧が飛び出し、抜刀して実朝の供の者らを追い散らした。彼らは松明《たいまつ》を手にしていた源仲章を斬殺した。仲章は楼門の所で急に具合が悪くなった**義時**と御剣役を交代して、この場に至り災難に遭ったのである。暗殺者たちが執権義時を狙ったのは明らかであった。

騒ぎを知った随兵の御家人たちが武田信光を先頭に駆け付けたが、公暁らはすでに逃げ去った後であった。そこで雪《ゆき》ノ《の》下《した》の別当坊に向かい、坊に籠もった公暁の門弟たちと合戦になった。鎌倉党の長尾定景と子息二人が先陣となった。門弟たちは敗北したが、ここに公暁はおらず、御家人たちは空しく去った。

実朝の首を抱えた公暁は、雪ノ下北谷の後見人備中阿闍梨の屋敷に逃げ込んでいた。出された食事を食べる間も、首を抱えたままであったという。緊張で腕が硬直してしまっていたのであろう。自分が斬った生首を抱えたまま食事を摂《と》る僧の姿は、鬼気迫るものであったにちがいない。

公暁はここから乳母夫であり、門弟駒若丸の父である三浦義村に使者を送り、

「将軍はもういない。拙僧こそが関東の長者にふさわしい。だから、そのために早くやるべ

きことをやってほしい」

と伝えた。公暁が義村を味方だと信じていたことがわかる。

しかし、これを伝えられた義村は実朝の恩を思って泣き、しばらく言葉も無かった。

やがて落ち着きを取り戻した義村は、使者に言った。

「まずは我が家にお出でください。お迎えの者を遣わします」

使者が去ると、今度は義村が義時に使者を送り、今の出来事を伝えた。

たまたま体調を崩して、源仲章と御剣役を交代して命拾いした義時は、鶴岡の神宮寺で休憩して少し持ち直したので、小町の自邸に戻っていた。義時は義村の知らせを聞くや、

「すぐさま阿闍梨（公暁）を誅せ」

と伝えた。

知らせを聞いた義村は、一族を集めて作戦会議を開いた。

「阿闍梨は強い。ただ者ではない。簡単には殺せまい。大変難しい仕事だ」

と話し合った結果、義村は勇敢な者として大将には、別当坊でも先陣となった長尾定景を選んだ。定景は責任の重大さに躊躇《ちゅうちょ》したが辞退できず、大将となった。

座を立った定景は鎧を着し、強力《ごうりき》で知られた西国の住人、雑賀次郎《さいがじろう》以下五人の郎従を率い、

公暁がいるという備中阿闍梨邸に向かった。

定景は鎌倉党の構成員であるが、治承四年八月二十三日の石橋山合戦で同じ鎌倉党の大庭景親方に属し、頼朝方の佐奈田《さなだ》義忠《よしただ》を討ったが、その後、捕虜となり同年十月二十三日に義村の父**三浦義澄**に預けられ、翌養和元年七月五日、許されて御家人に列した。この時、三浦義澄に預けられたことから、三浦氏の庇護下に入ったようだ。以後、長尾氏は三浦氏の家子に加えられている（暦仁《りゃくにん》元年二月十七日条）。三浦氏と鎌倉党が同族であったことによろう。つまり、御家人三浦氏の武士団に加えられた御家人長尾氏が西国の住人雑賀氏を郎従にしているのであり、ここにも「広域武士団」の存在を指摘できる。

一方、公暁は義村の迎えが遅いのに痺《しび》れを切らせ、備中阿闍梨邸を出て、義村邸に向かっていた。定景隊と公暁は行き会い、雑賀次郎が公暁に組み付いて格闘になったところを、定景が太刀で公暁の首を刎ねた。

定景が持ち帰った公暁の首を、義村は義時邸に持参した。義時は出居《でい》（居間）で自身の家臣化した御家人安東《あんどう》忠家《ただいえ》（駿河）に紙燭《しそく》（松の棒に油を塗った照明具）を持たせて、首実検をした。一緒に見た泰時が、

「今まで阿闍梨の顔を、しっかりと見たことがないので、まだ疑わしい」

と言った。公暁の首かどうかわからなかったのである。

政子は今夜中での公暁一党の処罰を命じた。その公暁一党として公暁の受法の師である少輔《しょうゆうの》阿《あ》闍《じゃ》梨《り》勝円《しょうえん》が生け捕られた。

翌二十八日。暁に実朝薨去を伝える使者が上洛の途に就いた。日数は五日以内と決められていた。

辰の刻（午前八時頃）、実朝正室である坊門信清の娘が出家した。また、この日、安達景盛ら御家人百余人が実朝薨去の悲しみに堪えず出家を遂げた。戌《いぬ》の刻（午後八時頃）、実朝は父頼朝が祖父義朝の菩提を弔うために建立した雪ノ下の勝長寿院の傍らに葬られた。まだ首が見付かっていなかったため、昨日、実朝が結髪した時、側にいた近侍《きんじ》に「記念だ」と言って与えた頭髪を首の代わりに棺《ひつぎ》に納めた。

以上が**⓮源実朝殺害事件**の顛末である。卿二位の不吉な予言は、こうして当たった。

黒幕はいたのか

この事件の背後には、公暁を指嗾《しそう》した黒幕がいたと古来言われている。だが、その黒幕が誰であったかは諸説あって今に至るも判然としない。

黒幕候補は、まず**北条義時**。次に公暁の乳母夫であった三浦義村（建永元年十月二十日条）。義時と義村の共謀という説もある。そして後鳥羽院である。以下、それぞれ検討してみる。

・北条義時説

古来ある説であり、義時が事件発生の直前に体調不良を理由に源仲章と御剣役を交代したのも、事前に全てを知っていたためとされる。

だが、政子・義時ら北条氏にとって実朝は最大と言うより唯一の権力基盤、言わば「玉」であり、その実朝を義時ら北条氏が殺害する必要性がそもそも存在しない。同じ政子の子であっても、比企氏に取り込まれていた頼家とは違う。それに比企の乱の時の実朝のような次の駒を北条氏は持っていなかった。あらゆる意味でリスクばかりで、何一つ得が無いのである。

・三浦義村説

小説家永井路子氏が連作小説『炎環《えんかん》』中の「覇樹《はき》」（同氏一九六四）で公表し、歴史研究者の石井進氏が『鎌倉幕府』（同氏一九六五）で賛同して、昔からあった義時説に匹敵する有力説となった。

だが、義村にしても、公暁が自ら実朝を殺害しては、公暁が将軍となる可能性は極めて低く、事の成就《じょうじゅ》には、やはりリスクが大き過ぎる。それなりの支持勢力を形成しておこなった乙巳《いっし》の変（大化の改新）とは違うのである。

・北条氏・三浦氏共謀説

五味《ごみ》文彦《ふみひこ》氏（同氏一九九〇）によるもので、将軍独裁を目指す実朝を北条氏・三浦氏らが阻止するためであったとするが、北条氏・三浦氏らが右に述べたリスクを冒してまで実朝殺害を実行せざるを得ないほど、実朝と対立していたことを示す史料は存在しない。

・後鳥羽院説

後鳥羽院にしても、実朝をいわば籠絡《ろうらく》して幕府の遠隔操作を目指していたと推定され、その実朝を殺害してしまっては何の意味も無い。

いずれも、賛同しかねる。

では、黒幕は誰か。黒幕はいない、というのが私の意見である。

公暁の暴走で起こった突発事件であった可能性が最も高いと考える。公暁は数え年二十歳。満年齢なら十九歳である。十代で、誰に指嗾されたのでもなく、自ら決断し、己の信ずる正義に殉《じゅん》じるテロリストは、古今東西に存在する。昭和の日本にも存在した。

四　敷かれたレール

後鳥羽院皇子の下向願い

実朝暗殺が頼朝薨去以来の抗争の一つの結末であったことは明らかであろう。確実に言えるのは、この事件が鎌倉幕府を苦況に陥らせ、それが承久の乱の遠因となったことである。

幕府は、政子が前年、熊野参詣のおりに都で会見した卿二位の発言に縋《すが》り、二月十三日、参詣にも同行した文士二階堂行光を上洛させ、行光は二十六日に入洛した（『光台院御室伝《こうだいいんおむろでん》』）。後鳥羽院皇子の六条宮雅成親王・冷泉宮頼仁親王いずれかの鎌倉下向を願うためである。行光は幹部クラス（宿老《しゅくろう》）の御家人たちが連署した嘆願書（奏状《そうじょう》）まで持《じ》していた。幕府首脳部の混乱とそれを何とか乗り切ろうとする必死さがわかる。

二月十四日。伊賀光季《いがみつすえ》が京都警護のため上洛の途についた。京都における鎌倉幕府の出先機関である京都守護に就任したのである。

光季は承久の乱関係の研究書・一般書では「執権北条義時の後妻伊賀方《いがのかた》の兄」と紹介されるだけであることが多い。だが、父で伊賀守に任官した所朝光は秀郷流藤原氏である佐伯氏出身の京武者で、母は頼朝時代に**大江広元**と共に政所別当を務めた源邦業の娘である。邦業は頼朝の先祖源頼義の弟で、兄と違い普通の貴族になった源頼清の子孫である。つまり朝光は河内源氏の血を引いており、これこそ朝光が御家人（侍）では**北条時政**・**義時**・時房に次ぎ、三浦義村より先に国守に任官した根拠と推定される。よって、伊賀光季は京武者の家の出で、かつ清和源氏の血を引いていた。しかも、光季の母は、頼朝の母のオバ（伯母又は叔母）の子、文士**藤原行政**（二階堂氏祖）の娘であった。光季は血統・教養などの点でも、京都守護には適任の存在であった。

頼朝の甥、殺される

二月十九日。政子の命により、義時は軍勢を駿河に発した。頼朝の異母弟阿野禅師全成の遺児阿野時元を討つためである。大将は義時の家臣化した御家人、侍所所司金窪行親であっ

伊賀氏姻戚関係系図

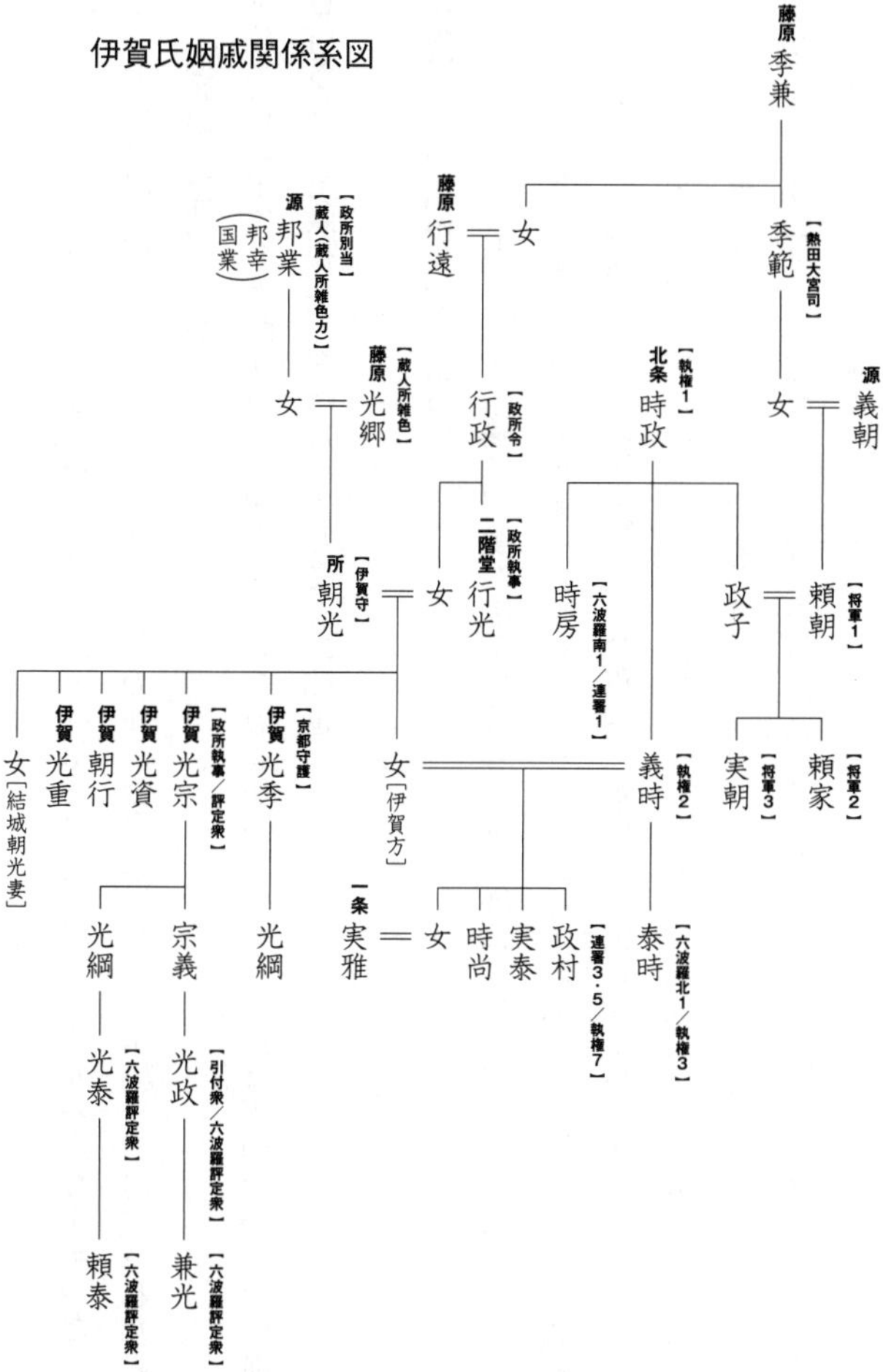
藤原 季兼
藤原 行遠
女
季範【熱田大宮司】
源 邦業（邦幸 国業）【政所別当】【蔵人（蔵人所雑色カ）】
女
藤原 光郷【蔵人所雑色】
行政【政所令】
北条 時政【執権1】
女
源 義朝
所 朝光【伊賀守】
女
二階堂 行光【政所執事】
時房【六波羅南1／連署1】
政子
頼朝【将軍1】
女［結城朝光妻］
伊賀 光重
伊賀 朝行
伊賀 光資
伊賀 光宗【政所執事／評定衆】
伊賀 光季【京都守護】
女［伊賀方］
義時【執権2】
実朝【将軍3】
頼家【将軍2】
光綱
宗義
光綱
一条 実雅
女
時尚
実泰
政村【連署3・5／執権7】
泰時【六波羅北1／執権3】
光泰【六波羅評定衆】
光政【引付衆／六波羅評定衆】
頼泰【六波羅評定衆】
兼光【六波羅評定衆】

た。

討伐軍は二十二日、駿河国安野《あの》郡（現・静岡県沼津市）に至り、時元の軍勢を破った。そして二十三日酉の刻（午後六時頃）、時元自殺の報が鎌倉に入った。事実上、討伐されたのである（**⑮阿野時元殺害事件**）。

実朝の従兄弟である時元自身に鎌倉殿を希《のぞ》む意思があったかどうかは不明だが、その血統を幕府首脳が危険視して討伐に至ったことは間違いない。

二階堂行光、禅暁を連れ去る

二月二十九日、大江広元の嫡子、源親広《ちかひろ》がやはり京都守護に就任して、京都に向かった。親広が源氏を名乗る理由は、九条兼実の政敵だった京都政界の巨頭、源通親《みちちか》の猶子（相続権の無い養子。子供待遇）説（『江氏家譜《ごうしかふ》』）、外祖父が京武者多田《ただ》行綱《ゆきつな》（摂津源氏）であった説（安中坊系譜）がある。いずれにしろ京都に親しく、もともと父広元も下級官人出身の文士であることが、京都守護就任の理由であろう。

一方、閏二月五日、京都では二階堂行光が仁和寺《にんなじ》にあった禅暁《ぜんぎょう》阿闍梨を連れて、どこかに「下向」した（『光台院御室伝』）。

禅暁は頼家の息子、実朝には甥であった。素直に解釈すれば、この下向は「鎌倉へ下向した」と取れるが、この後も行光は在京している。日付に間違いがあるのか、「行光が禅暁を洛外のどこかに連れ出した」と解釈せざるを得ない。

後鳥羽院の対決姿勢

閏二月十二日、二階堂行光の使者が鎌倉に到着。報告内容は、

「後鳥羽院皇子の宮（皇子）の関東下向の事は、二月一日に天聴《てんちょう》（＝天皇が知る）の意で、順徳天皇ということになるが、実質的には後鳥羽院）に達し、後鳥羽院の御所（仙洞《せんとう》）で審議が成された。両親王（両所）のうち、どちらかを必ず鎌倉に下向させる。ただし、今すぐ（当時《とうじ》）ではないとの返答が四日に下された」

という幕府側の希望に添うものであった。この返答を得た行光は鎌倉帰還の可否をも尋ねていた。

閏二月十四日。京都に戻る行光の使者に、「早々に親王を下向させてほしい」と朝廷に伝えるよう行光への指令を与えられた。

このメッセージの伝達を『吾妻鏡』は「仰せ遣《つか》わさる」と表現しており、政子の命という

形であったと考えられる。幕府首脳部が鎌倉殿の不在を一日も早く解消しようと焦っていたことがわかる。

三月八日、後鳥羽院の御使《おつかい》（使者）藤原忠綱《ただつな》が鎌倉に下向。翌九日、忠綱は政子邸（旧実朝邸。つまり、建造物としての幕府）に参上し、政子に後鳥羽院のメッセージを伝えた。「右《う》府薨《ふこう》じ御《たま》うの事、叡慮《えいりょ》殊《こと》に御嘆息《ごたんそく》のよし（後鳥羽院は実朝の薨去を大変お嘆きです）」（「叡慮」は「天皇のお考え・お気持ち」であるが、ここでは当然、後鳥羽院）という、あたり障《さわ》りの無い慰藉《いしゃ》の言葉であった。

ところが、この後、義時と対面した忠綱は、後鳥羽院の寵姫《ちょうき》である白拍子《しらびょうし》亀菊《かめぎく》（伊賀局《いがのつぼね》）の所領である摂津国《せつつのくに》長江荘《ながえのしょう》と同国倉《くら》（椋）橋荘《はしのしょう》の地頭改易《かいえき》を命ずる院宣を突き付けたのであった。長江荘の地頭は義時自身であったが、これに従えば済《な》し崩しに御家人の持つ地頭職《じとうしき》が朝廷（後鳥羽院）の要求で改易されるようになるのは明らかである。

後鳥羽院は戦略家であった。皇子下向は「すぐにではないが」という条件付きで確約する一方で、義時の有する地頭職の改易を命じた。頼朝薨去後ここ二十年の混乱とその末の将軍家断絶を鎌倉幕府の弱体化と分析した後鳥羽院は、義時が地頭職改易を拒否したなら、竹篦《しっぺ》返しに皇子下向を翻《ひるがえ》し、全てを義時個人の責任とした上で、義時に院宣に逆らう逆賊の烙《らく》印《いん》を押すことができるわけである。

そして藤原忠綱は幕府側の返答を聞くことなく、十一日の暁、帰洛して行った。返事を聞く必要はない。後鳥羽院にすれば地頭職改易は要求ではなく、命令なのである。

対応に苦慮した幕府首脳部、具体的には**義時**・弟時房・長子泰時・**大江広元**の四人が、十二日に政子邸に集合して会議をおこなった。結論は、地頭職改易について「近々御返答致します」とだけ伝えるという引き延ばし作戦であった。その理由は、「すぐさま拒否を伝えたら、きっと後鳥羽院は自分の命に逆らったと憤慨するに違い無いから」であった。

そして十五日、北条時房が政子の使者（二位殿の御使）として京都に向かった。地頭職改易への返答と皇子下向の〝願い〟を伝えるためである。従軍千騎。武力の示威《じい》という最終カードを切らざるを得ないほどに、幕府は追い詰められていた。

時房に託した義時の返答は、

「頼朝公が恩賞として任命なされた地頭は、たいした罪もないのに解任することはできません」

院宣の拒否であった。

これに対し、後鳥羽院は、

「将来、日本国を二つにわけてしまうようなことは出来ない」

と言って、皇子下向を拒絶した（『愚管抄』巻六）。鎌倉幕府にしてみれば前言を翻されたわけだが、後鳥羽院は卿二位が政子に皇子下向を持ち掛けていたのを知らなかったのかもしれない。

しかし、千騎の軍勢を目の当たりにしたためであろうか。強気の後鳥羽院も幕府に多少の譲歩をした。

「皇族ではないただの人（人臣《じんしん》）なら、関白・摂政の子であっても願いどおりにしてやろう」

と言い添えた。

九条三寅の鎌倉下向

かくて、六月二十五日、左大臣九条道家《みちいえ》の息子、三寅《みとら》が鎌倉に向かい出京した。

頼朝の姉は京都貴族一条能保に嫁ぎ、二人の娘を生んだ。一人は頼朝と親しかった摂関家九条家の兼実の子良経《よしつね》に嫁いで道家を生み、いま一人は京都貴族西園《さいおん》寺《じ》公経《きんつね》に嫁いで娘綸子《りんし》を生んだ。そして九条道家と西園寺綸子が結婚して生まれたのが三寅、すなわち後の四代将

源氏将軍・摂家将軍系図

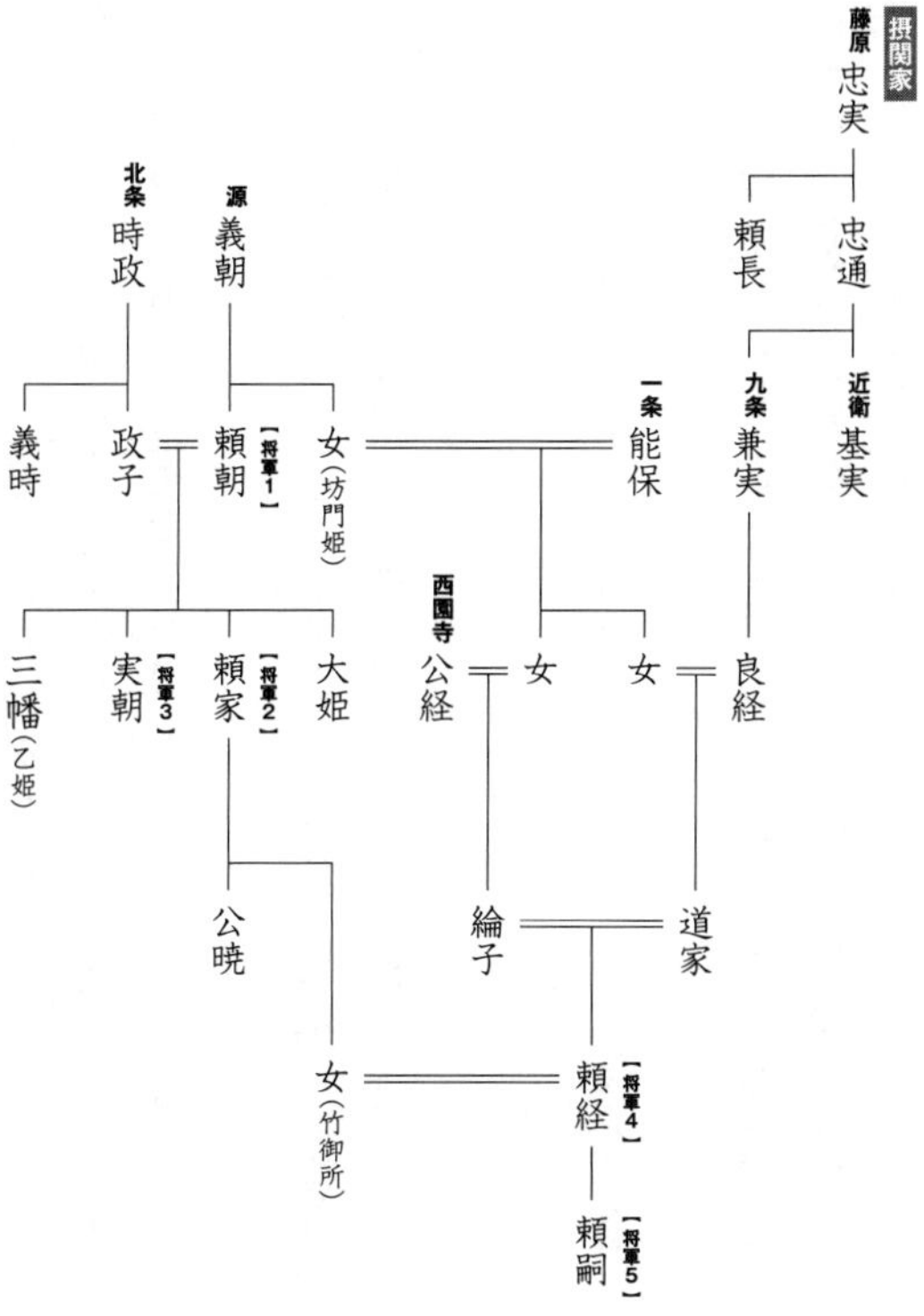
摂関家
藤原
忠実
頼長
忠通
近衛
基実
九条
兼実
一条
能保
良経
女
女
道家
北条
時政
源
義朝
義時
政子
頼朝
【将軍1】
女(坊門姫)
三幡(乙姫)
実朝
【将軍3】
頼家
【将軍2】
大姫
西園寺
公経
公暁
綸子
女(竹御所)
頼経
【将軍4】
頼嗣
【将軍5】

軍九条頼経である。簡単に言えば、三寅は頼朝の姉の曽孫である。

三寅は承久元年時点で数え年では二歳だが、満年齢なら前年の建保六年（一二一八）正月十六日生まれの赤ん坊である。戊寅の年・庚寅の月・戊子の日の寅の刻の生まれで、年・月・時間の十二支が寅であったので、童名を「三寅」とされたという（『将軍次第』〈『続群書類従』「補任部」〉）。

七月十九日、三寅は鎌倉に到着。これより、「若君」と尊称されて四代将軍候補者として大切に養育されることとなる。『吾妻鏡』はこの日の記事の最後に次のように記している。

若君幼稚の間、二品禅尼理非を簾中に聴断すべしとうんぬん。

（若君が幼いので、二位尼《にいのあま》政子様が簾《すだれ》の内より政務を執られることになったという）

前漢の呂太后《りよたいこう》、後の清《しん》の西太后《せいたいこう》のごとき「垂簾の政」である。政子は将軍職に就いているわけでもなく、そして女性であるにもかかわらず鎌倉幕府の政務を執ることになったというのである。すなわち世に言う「尼将軍」である。

強気の後鳥羽院に千騎の軍勢をもって対抗した末に、義時たちが担ぐことのできたのは、

「頼朝公と血縁がある」と言っても抗弁にしか聞こえないような三寅であった。ここに、当時の幕府の苦境を見ることができよう。そして鎌倉下向までのいきさつからすれば、三寅はしょせん「代打の将軍」であった。

危険視された源氏嫡流の血筋

承久二年（一二二〇）四月十五日夜。頼家の遺児禅暁は京都東郊、東山の辺《へん》で誅された（**⑯禅暁殺害事件**。『仁和寺御日次記《にんなじおひなみき》』。『尊卑分脈』『承久兵乱記』などは十一日とする）。前年閏二月五日、二階堂行光に連れられ、どこかに「下向」してから一年二ヶ月後であった。

禅暁の母は、栄実と同じ一品房昌寛娘（『尊卑分脈』「栄実」の項）と公暁と同じ足助重長娘（『尊卑分脈』「足助重長女子」の項）の二説があるが、慈光寺本『承久記』によると、一品房昌寛娘には子は栄実しかいないようなので、禅暁は足助重長娘を母とする公暁の同母弟と考えられる。

禅暁には叛意は無かったようである。源氏ではなく、皇子でもない、幼い四代鎌倉殿候補を迎えた鎌倉幕府にとって、頼朝の孫というその血筋は非常に危険なものと考えられたのである。幕府は、これ以上の混乱を避けたかった。禅暁はその血統ゆえに殺されたのであった。

こうして頼朝と政子の血を引く男子は根絶やしとなった。二人の子孫で残ったのは、後に三寅あらため九条頼経の御台所（正室）となる頼家の女子、竹御所《たけのごしょ》（十八歳）一人である（寛喜二年十二月九日・文暦元年七月二十七日条）。

頼朝の血を引く男子は、庶子貞暁一人となった。文治二年（一一八六）二月二十六日、常陸入道念西《ひたちのにゅうどうねんさい》（伊達時長《だてときなが》）の娘大進局《だいしんのつぼね》を母として生まれた貞暁は、七歳の建久三年（一一九二）五月十九日、仁和寺《にんなじ》に入るために上洛した。その前夜、密かに貞暁の居所を訪ねた頼朝は、息子に剣を与えている。

以降、貞暁は完全に僧としての人生を送り、寛喜三年（一二三一）二月二十二日、四十六歳で高野山に寂《じゃく》した（『明月記』同年三月三日条など）。政子の血を引いていなかったため、鎌倉殿候補に担がれることはなく、皮肉にも頼朝の子息の中では群を抜いて長命を保った。

禅暁の殺害をもって、承久の乱以前の幕府の内部抗争とそれを原因とする事件は終わった。

禅暁が殺された時、承久の乱はほぼ一年後に迫っていた。

コラム③　中世国家論について

　現在、「中世日本がいかなる国であったか」という中世国家論については、①黒田俊《くろだとし》雄《お》氏**「権門体制論《けんもんたいせいろん》」**、②佐藤進一《さとうしんいち》氏**「東国国家論《とうごくこっかろん》」**、③五味文彦《ごみふみひこ》氏**「二つの王権論《おうけんろん》」**の三学説がある。

　各学説を簡単に紹介すれば、次のようになる。

①権門体制論

　日本中世の国家支配機構は公家（天皇家・摂関家以下）・寺家（＋社家　延暦寺・興福寺をはじめとする大寺社）・武家（幕府）など複数の「権門的勢力」の相互補完と競合の上に成り立っていたとする。

　この学説では、天皇は、天皇家という権門の主要な一員であるとともに、諸権門の頂点に立つ国王であるとされる（黒田氏一九七五など）。

　また、この学説の基本である「権門」について、黒田氏は「政治的・社会的に権勢を持ち、荘園支配など家産的経済を基礎とし、［中略］家政機関と家司を持ち、下文、奉書など基本的に同一様式の文書を発給し、多少とも私的武力を備えた門閥集団」（黒田俊雄「権門体制」『日本史大事典』2、平凡社）と定義している。

つまり、中世の日本では、国王である天皇の下に権門が結集し、時には相互に対立しつつも、それぞれの役割を果たし、総体として支配層を形成していたとするのである。この学説は、権力だけでなく権威をも含めた形式をも重視した考えである。

②東国国家論（東国政権論）

中世の朝廷を律令国家の変質形態「王朝国家」とし、その成立を「十二世紀初中期」とする。これに対し、鎌倉幕府は「東国に誕生」した「新興の領主層武士集団を支配者とする政権」とされ、これを「中世国家の第二の形」とする（佐藤氏一九八五）。この学説は、権力の所在を追究した実質重視の考えである。

これが「東国国家論」「東国政権論」と呼ばれる佐藤氏の学説である。ただし、佐藤氏は鎌倉幕府を「中世国家の第二の形」とは記しているが、鎌倉幕府については「政権」と記し、直接的に「国家」とは記していない。

③二つの王権論

朝廷と鎌倉幕府を同じく「王権」とし、朝廷と鎌倉幕府を「京・鎌倉の王権」、鎌倉幕府を「東国の王権」、源頼朝を「東国の王」とするのが、五味氏の学説（同氏二〇〇三）である。

鎌倉幕府を朝廷と同じ「王権」とするので、東国国家論の後継学説であるが、鎌倉幕府を「王権」、鎌倉殿を「王」とする明快な考えである。

では、古代・中世日本の国家像を解説するに、三説のいずれが最も有効なのであろうか。

国家（state、nation）は『日本国語大辞典』に、次のように定義されている。

［国家］

❶一定の地域に住む人々を支配、統治する組織。国（くに）。邦国（ほうこく）。邦家（ほうか）。朝廷。おおやけ。

❷特に、近代、一定の領土を有し、そこに居住する人々で構成され、一つの統治組織をもつ団体。基本条件として、国民・領土・統治権の三要素を必要とする。

また、王権は、

［王権］国王の権力。君権。

とあるので、君権を見ると、

［君権］君主としての権力。

とある。

国家については、❶は、おおまか過ぎるので、以下、「国家」を❷の意味で使用し、その条件を「国民」「領土」「統治権」として、古代・中世日本についての私見を記す。

古代・中世日本の領土は、巻末の解説編「時代区分・領土・天皇」に記したように、当時は、「東は奥州外浜、西は鎮西鬼界島、南は紀伊熊野山、北は越後の荒海」（流布本『曽我物語』）の範囲であると認識されていた。同様の記述が延慶本『平家物語』・『源平盛衰記』などにあることも述べたとおりである。

これについて、もう一つ史料を示せば、『吾妻鏡』建久二年（一一九一）八月一日条に次のような記事がある。

相模国御家人大庭《おおば》景義《かげよし》は、三十五年前、保元《ほうげん》元年（一一五六）七月の保元の乱に参戦した際のエピソードを話す中で、「鎮西より出でたもう」源頼朝の叔父（父義朝の弟）為《ため》朝《とも》について「吾《ご》朝《ちょう》無《む》双《そう》の弓矢の達《たつ》者《しゃ》（我が国で並ぶ者無き弓矢の達人）」と述べている。

為朝は十三歳から鎮西で暮らし、十八歳で保元の乱に参加するため上洛したので、「鎮西より出でたもう」と言ったのであり、その為朝を景義は「吾朝無双の弓矢の達者」と評価している。

よって、景義の言う「吾朝」（我が国）は「鎮西」を含んでいる。つまり、この「吾朝」の範囲は「東は奥州外浜、西は鎮西鬼界島、南は紀伊熊野山、北は越後の荒海」である。

平安時代末期から鎌倉時代初期を生きた御家人大庭景義が「吾朝」を「東は奥州外浜、西は鎮西鬼界島、南は紀伊熊野山、北は越後の荒海」の範囲と認識していたことを示す発言を、鎌倉時代後期に鎌倉幕府自身が編纂したと推定される『吾妻鏡』が記しているのである。

『曽我物語』や延慶本『平家物語』、『源平盛衰記』などは軍記物語、文芸作品である。文芸作品なるがゆえに、制作当時の常識が反映されている。

鎌倉幕府の構成員や鎌倉幕府そのものを含め、古代・中世日本では、日本国の領土は

「東は奥州外浜、西は鎮西鬼界島、南は紀伊熊野山、北は越後の荒海」と認識されていた。

そして、この古代・中世日本の「王」・「皇帝」、君主＝統治権者が天皇であると考えられていたことも、同じく解説編で述べた。

日本国の領土は「東は奥州外浜、西は鎮西鬼界島、南は紀伊熊野山、北は越後の荒海」であり、その君主＝統治権者は天皇であるということは、古代・中世日本に生きた人々にとっては常識であって、疑問の余地はなかった。つまり鎌倉幕府自身が自分たちを「国家」と認識していなかったのである。

「国家」自身に「国家」の自覚がなく、その「国家」の構成員もその「国家」の「国民」という自覚が存在しない「国家」というものを想定することは出来ない。

「東国国家」は存在しなかったのである。

では、鎌倉幕府・鎌倉殿は、どのように理解するべきか。

まず、鎌倉幕府は、当時、「関東」「東国」と呼ばれていた地域を直接の支配領域とする地方政権と理解すれば良いと考える。すでに使われている言葉で表記すれば「東国政権」である。

公認・非公認にかかわらず国家の中に単数・複数の地方政権が存在する状態は、古今東西に認められることは言うまでもない。そして鎌倉時代の鎌倉幕府の呼称は「関東」である。

次に、鎌倉殿は、次の三つの性格を持つ。

(1)私的主従関係によって家臣となった御家人たちの主人。

(2)歴代が征夷大将軍という令外官の武官に任官する公卿または皇親（親王・王）。

(3)天皇から、

(i)東国（関東）の統治（東国行政）

(ii)日本国の治安維持と防衛（諸国守護）

の権限を付与され、これを義務とする。

以上、三つの性格を持つ鎌倉殿を主人とする「東国政権」鎌倉幕府は、私的には鎌倉殿（将軍家）個人の家政機関（家の運営機関）であると同時に、公的には武力（暴力・軍事力）によって日本国の治安維持と防衛を担当する社会集団・組織なのである。

つまり、「東国政権」鎌倉幕府は、「権門」なのである。

寺社権門は、神仏への祈りによって日本国を鎮護《ちんご》する。これが鎮護国家である。そして古代・中世日本にあっては、日本国の鎮護は、天皇の鎮護とイコールであった。これを玉体護持《ぎょくたいごじ》という。玉体とは天皇の身体のことである。

武家権門たる鎌倉幕府もまた、その役割は鎮護国家＝玉体護持であった。ただし、武家権門の鎮護国家＝玉体護持の方法は武力である。だからこそ、御家人は内裏大番役《だいりおおばんやく》＝京都大番役を最大の任務・義務とし、鎌倉幕府は対蒙古防衛戦を戦ったのである。

「二つの王権論」については、「王」「王権」という言葉の定義がなされていないことが、最大の問題点であると私は考える。

ある言葉の定義がなされていなければ、学問的な議論は不可能である。

定義がなされなければ、「王」と〝王ではない権力者〟の弁別が出来ない。これでは、任意の者を「王」、任意の権力体・政権を「王権」と認定することが可能となり、「王」「王権」は無限増殖することになる。

右に挙げた鎌倉殿の三つの性格のうち、(1)は私的なものであり、公的な(2)と(3)は天皇から付与されたものである。よって、鎌倉殿は「王」＝君主ではなく、「東国政権」鎌倉幕府を、「王権」とすることは出来ない。

藤原道長《みちなが》に代表される摂関政治期の摂関の本質は天皇との外戚という私的関係であり、公的には摂政・関白・内覧という天皇の代理・補佐を職務とする官職（令外官）の任官者である。

院政における院の本質は天皇の父系尊属、天皇家の当主という、やはり天皇との私的な関係であり、公的には太上天皇（元・天皇）である。

治天の君は、天皇の指名権を有する「譲国者」であるが、君主ではない。選帝侯《せんていこう》は神聖ローマ皇帝の選挙権を持つが、皇帝ではないのと同様である。

摂関も治天の君も鎌倉殿も、その権威と権力の源泉は天皇である。彼らは「王」ではなく、権門の主《あるじ》である。

以上のように、①「権門体制論」、②「東国国家論」、③「二つの王権論」という現在存在する古代・中世日本の国家論についての三学説では、現時点で私は**①「権門体制論」**が最も的確であると考えている。

第六章　承久の乱

開戦早々の官軍の勝利

承久三年五月十四日。後鳥羽院（四十二歳）は、四月二十日に父順徳より皇位を譲られたばかりの孫、わずか四歳の仲恭《ちゅうきょう》天皇の勅命《ちょくめい》（天皇の命令）という形式で、かねて京都南郊鳥羽の城南寺《じょうなんじ》での仏事警護を理由に集めていた兵をはじめとする軍勢を招集した。この軍勢は朝廷軍ということで「官軍」と称していた。

官軍には、大内惟信《おおうちこれのぶ》（河内源氏義光流大内惟義の子）・後藤基清（秀郷流藤原氏の京武者で、頼朝の義兄一条能保の侍から御家人に移籍した古参御家人）・佐々木経高《ささきつねたか》（頼朝の流人時代からの家臣佐々木四兄弟の次兄）・佐々木広綱《ひろつな》（佐々木四兄弟の長兄定綱の子）・河野通信《こうのみちのぶ》（伊予河野氏）といった有力者をはじめ御家人が多数含まれていた。

義時を中心とする幕府首脳部に不満を抱く者も少なくはなかったものの、大多数はたまたま在京中に勅命を受け、深く考えずに集まった者共であった。

有力御家人では、大内惟信が牧氏の変で討たれた時政・牧方の女婿平賀朝政の甥、河野通信も時政の女婿（『越智系図』『河野氏系図』）なので、義時とも姻戚関係にあるが、京方となった。

官軍の総大将的立場にあったのは、秀郷流藤原氏の家系で京武者の藤原秀康《ひでやす》（生年未詳）。

武士としては後鳥羽院の側近中の側近であった。

大内惟信は、秀康の従兄弟であり（秀康の父秀宗が母の兄弟。『尊卑分脈』）、これが惟信の京方参入の大きな要因であろう。

さらに秀康は在京中だった三浦胤義（義村の弟。生年未詳）を説得し、官軍に引き入れていた。

胤義は妻が頼朝の右筆一品房昌寛の娘で頼家に仕え栄実を生んでおり（『尊卑分脈』・慈光寺本『承久記』）、慈光寺本『承久記』は妻の子を討たれたため、胤義は官軍に加わったとしている。それも官軍への参加理由の一つではあろうが、それのみとは思えず、やはり幕府首脳部への不満があったのだろう。

承久の乱は、御家人間抗争の側面を持っていた。

後鳥羽院は二人の京都守護、源親広・伊賀光季（四十八歳。慈光寺本『承久記』）にも参加を命じた。親広は応じたものの、光季は幕府派の貴族西園寺公経（五十一歳）から後鳥羽院の真意を知らされており、三度も誘いを受けながら仮病を使って拒否した。天皇（実際は後鳥羽院）の命を拒絶した以上、勅《ちょっ》勘《かん》（天皇による勘当）を受ける、すなわち攻撃されることを光季は覚悟した。

また、西園寺公経・実氏父子が後鳥羽院の命で内裏に召し籠められた。公経は朝幕交渉における朝廷側窓口（後に「関東申《もうし》次《つぎ》」と呼ばれる）を務めていた。公経はこの職にあることで幕府を背景に朝廷で権勢を振るっていたが、ゆえに後鳥羽院からは幕府方と認識され、捕縛されることとなった。

そして翌五月十五日午の刻（正午頃）、後鳥羽院は伊賀光季討伐のため官軍を出陣させた。

承久の乱は、ここに開戦する。

光季は多勢に無勢を承知で官軍を相手に奮戦の末、自害した。

光季の子光綱（童名寿王）は数え年十四歳（満十三歳）。元服したばかりであったが、父と共に戦い、最期の時には、自害しようと三度まで燃える屋敷の炎に駆け込もうとしたが、幼くて恐怖のためかなわなかった。光季は愛息を殺してやり、死体を炎の中に投げ入れ、その死体に飛び重なって死んだ（慈光寺本『承久記』）。

京都守護という重職を担っていた伊賀光季は、承久の乱最初の幕府方犠牲者であると共に、幕府最高幹部の中で唯一の犠牲者となった。

後鳥羽院の目論見

伊賀光季討伐の直後、仲恭天皇の命を奉じる形で、北条義時追討の宣旨《せんじ》（『小松美一郎氏所蔵文書』）が発布された。

後鳥羽院は「倒幕」とは記さず、義時（五十九歳）の追討のみを命じている。追討宣旨は義時が幼少の主三寅を傀儡《かいらい》として、

「思うままに天下の政務を執り、権勢を振るい、まるで天皇の権威を忘れたごとくであって、これは最早謀反というべきだ」

と、義時の非を述べ、「五畿七道諸国」の「諸国庄園守護人地頭等」、つまり御家人を含めた全国の武士に義時打倒を命じている。

この宣旨によって幕府が義時派と反義時派に分裂して内戦を起こし自壊することを狙ったのである。だが、後鳥羽院の真意は、幕府の温存であったと考えられる。

実朝存命中、後鳥羽院は実朝の位階・官職を異例の早さで上昇させ、正二位・右大臣にまで昇進させた。また実朝の妻は、後鳥羽院の従妹《いとこ》である。後鳥羽院は実朝を籠絡し、幕府を遠隔操作せんとしていた。

実朝没後には、義時に対し寵姫亀菊の所領摂津国長江荘及び同国倉橋荘の地頭改易を命じ

た。義時は地頭改易を拒否し、後鳥羽院は幕府攻撃の口実を得た。

義時派と反義時派が共倒れとなり、幕府が瓦解したなら、それはそれで仕方が無い。だが、後鳥羽院は反義時派が勝利すると考えていたはずである。

当時の人々にとって、皇威は絶対的な権威である。だからこそ、幕府を逐われた義経も梶原景時も最後に縋《すが》ったのは朝廷であり、頼朝ですら朝廷への最初の接触で後白河院に対し「全く謀反の心無し」と述べている（『玉葉』養和元年〈一一八一〉八月一日条）。後鳥羽院は反義時派によって義時派は呆気なく滅ぼされると考えていたであろう。

そして後鳥羽院は反義時派が勝利した幕府を、そのまま自身の支配下に置く目算であったであろう。幕府を自身の軍事力にすれば、空前の圧倒的な武力を持つ治天の君が誕生する。

北条泰時の出陣

五月十九日午の刻（正午頃）、伊賀光季が討たれる直前に発した使者が鎌倉に到着し、続いて未の刻（午後二時頃）、同じ十五日に西園寺家の家司《けいし》（家臣）三善長衡《みよしのながひら》が発した使者が到着し、光季が誅されたこと、義時追討の宣旨が全国に下されたこと、関東在住の有力御家人宛の宣旨は十九日に鎌倉に到着予定であることが知らされた。幕府は京方の挙兵を知った。

ただちに鎌倉府内が捜索され、藤原秀康の所従（下級の家臣）押松丸が捕縛された。所持していた宣旨・その副状《そえじょう》・御家人たちの交名《きょうみょう》（名簿）は没収され、政子（六十五歳）邸である御堂御所《みどうのごしょ》で調査（披閲《ひえつ》）がなされた。

一方、三浦義村（推定年齢五十四歳）には弟胤義の書状が届いた。いわく、

「主上《しゅじょう》（天皇）の仰せに従い、義時を誅してください。恩賞は希望どおりとのお言葉です」

しかし、義村は書状を持参した使者を追い返すと、ただちに義時邸に書状を持って行き、義時に言った。

「自分は胤義の叛逆には乗らない。関東御家人として、無二の忠節を尽くすつもりだ」

政子邸に北条時房（四十七歳）・北条泰時（三十九歳）・**大江広元**（七十四歳）・源姓足利義氏（三十三歳）ら御家人たちが群集した。

政子が声涙倶《せいるいとも》に下る熱烈な演説をしたとされるのは、この時である。実際には、政子は簾《れん》中《ちゅう》（御簾の内側）にあり、政子の言葉を安達景盛が伝えたのである。

その後、義時邸で義時・時房・泰時・大江広元・三浦義村・安達景盛による作戦会議が開かれ、京都への侵攻策と京方の襲来を待つ迎撃策が出たため、義時は政子に意見を求めた。

政子は、

「こちらから都に乗り込まなければ、勝てない」

と、武蔵勢が鎌倉に到着したなら、即出陣という侵攻策を授けた。

ところが、武蔵の軍勢を待つ二日の間に迎撃策が再浮上した。

そこで二十一日、政子・義時以下による評議がおこなわれた。大江広元が、

「出陣が決まってから日が経って、また異議が出て来た。武蔵の軍勢を待つというのも、間違いだ」

と言い、次のように主張した。

「今夜のうちに、泰時殿ただ一人でも出陣なされば、東国の武士《もののふ》たちは雲が龍に従うように付いて行く」

政子案より過激な積極論である。義時は感心したが、政子は広元と並ぶ長老**三善康信**（八十二歳）の意見も聞こうと、康信を呼んだ。

老病の康信だったが軍議の場に現れると意見を述べた。

「大将軍（ここでは、総大将となる泰時）お一人でも、まず出陣すべし」

お互いの意見を聞いていない二人の大長老の意見が一致したことを、義時は「冥助《みょうじょ》（神仏のアドバイス）」と言い切り、その場で泰時に出陣を命じた。

泰時はこの夜のうちに門《かど》出《で》した。門出とは出発のことである。鎌倉のすぐ近くで夜を明かしたのだが、承久の乱での鎌倉幕府軍の出陣は、この日である。

幕府方の大勝利

翌二十二日卯の刻（午前六時頃）、泰時は京に向かった。軍勢はわずか二十騎であった。後を追った軍勢は東海・東山・北陸の三道に分かれて鎌倉を発ち、途中で続々と武士たちが加わった。

十九万騎を号する大軍となった鎌倉方は、各地で京方を撃破しながら京に突き進んだ。

これ以後の展開は周知の事実であるから、簡潔にまとめよう。

六月十五日、鎌倉方は都を制圧した。三浦胤義は兄義村の率いる同族三浦・佐原の軍勢との激戦の末、敗れて逃亡し自害した。和田合戦で兄と共に従兄を裏切って滅ぼした男は、その兄と戦って死んだ。

この日、後鳥羽院は今回の事件は謀臣が勝手にやったことであると述べて、義時追討の宣旨をあっさりと撤回した。

六月二十三日、泰時が十六日に発した書状が鎌倉に届き、政子・義時以下幕府首脳部は鎌倉方の勝利を知った。

かくて承久の乱は、鎌倉幕府の完全勝利、朝廷の敗北という結末を見た。

仲恭天皇は七月九日に廃位された。在位、わずか七十八日であった。

後鳥羽院は隠岐へ遷座《せんざ》した。父と共に倒幕積極派であった順徳院・六条宮雅成親王・冷泉宮頼仁親王も、それぞれ佐渡・但馬《たじま》・備前へ遷座した。いずれも事実上の配流である。倒幕消極派であった土御門院は自ら土佐に遷座し、後に幕府の計らいで、阿波に移っている。

後鳥羽院側近の公卿たちは、泰時の判断により洛外で処刑された。

仲恭天皇廃位と同日に皇位に即《つ》いたのは、後鳥羽院の同母兄行助《ぎょうじょ》入道《にゅうどう》親王（俗名守貞。四十三歳）の王子で十歳の茂仁《ゆたひと》王（八十六代後堀河天皇）であった。

行助入道親王は茂仁王登極の前日、後鳥羽院に代わって「治天の君」となり、「御治世」をおこなうことに決まった。皇位に登ることなく、しかも出家していた人が「治天の君」となり、院政を執ったのは空前絶後のことであり、後高倉院の尊号を受ける。

幕府は速やかなる朝廷の〝正常化〟を目指したのである。

御家人でありながら京方となった後藤基清・佐々木広綱らは、七月二日に処刑された。基清を斬ったのは鎌倉方に属した子息基綱であった。

河内源氏の大内惟信は逃亡したが、九年後の寛喜二年（一二三〇）十二月十四日、僧侶となって日吉八王子社（日吉神社に所属する山王《さんのう》七社の一つ。滋賀県大津市）に隠居しているのを発見され、六波羅探題の要請を受けた比叡山延暦寺（延暦寺と日吉神社は一体化している）の手勢に捕縛されている（『明月記』同月十六日条）。その後については、『尊卑分脈』に「承久之乱配流」とあるので、流されたらしいが、詳しいことは不明である。

京方の大将藤原秀康は逃亡したが、捕縛され十月十四日に処刑された（『承久三年四年日次記』）。

八月七日、「承久没収地」三千余ヶ所は政子の命を受けた義時の差配で、乱での功績に従い御家人たちに与えられた。多数の東国御家人が西国に所領を得たのであり、これを新補《しんぽ》地頭という。

承久の乱によって、鎌倉幕府は朝廷に対し圧倒的な政治的優位を確立すると共に、これまでとは比較にならない規模で西国への支配権を伸ばした。

歴史は大きく動いたのである。

第七章　伊賀氏の変と御家人間抗争の終焉

承久の乱後の義時

承久三年八月九日、勝利の報が鎌倉に伝わった日から四十五日後、初代問注所執事**三善康信**が没した。八十二歳であった。

十三人合議制のメンバーがまた一人、世を去った。**八田知家・足立遠元・藤原行政**は生没年未詳だが、すでに没していたと推定されるので、残っているのは**義時・広元**の二人となった。

十一月三日。義時の室、伊賀方に産気があり、産所選定のために陰陽師が占をおこなった。二十三日、女子が生まれた。

十二月三日、今度は鎌倉に祇候する朝廷貴族（関東祇候廷臣《かんとうしこうていしん》）一条実雅《いちじょうさねまさ》の妻である義時・伊賀方の娘が妊娠したため、千度祓《せんどのはらい》（お祓《はら》い）がおこなわれた。実雅は頼朝の姉の夫、一条能保の子であるが、母は頼朝の姉ではない。

翌貞応《じょうおう》元年（一二二二）二月十二日、一条実雅室は女子を出産した。

義時は八月十六日陸奥守を、十月十六日右京権大夫を辞官。六十歳にして無官となった。

そして十一月二十五日、義時室、つまり伊賀方にまたも産気があり、千度祓がおこなわれ、十二月十二日、伊賀方は男子を出産した。この男子は義時と伊賀方の間に生まれた陸奥七郎《むつのしちろう》時尚《ときひさ》に比定される。時尚は義時の末男であり、長男の異母兄泰時とは三十九歳も離れている。時尚の現在確認できる最終活動は文永八年（一二七一）五十歳での出家（野津本『北条系図』）だが、同年の執権は泰時の曽孫時宗二十一歳であった。

承久の乱について〝北条義時が後鳥羽院に勝利した〟と世の人々は理解した。承久の乱より百十五年後、建武《けんむ》三年（一三三六）十一月七日に制定された足利尊氏による室町幕府樹立宣言『建武式目』が、第一条で鎌倉の地について、

なかんづく鎌倉郡は、文治、右幕下《うばっか》（源頼朝）はじめて武館《ぶかん》を構え、承久、義時朝臣天下を并呑《へいどん》（飲み込む）す。武家においては、尤《もっと》も吉土《きちど》と謂《い》うべきか。
（なかでも鎌倉郡は、文治年間に頼朝公が初めて武家政権を築き、承久年間に義時朝臣が天下を取った地であり、武家にとっては最も縁起の良い場所というべきである）

と記すのは典型である。

だが、抗争の日々の果てに承久の乱をも乗り越えた時、気付けば還暦を目前にしていた義時には、最早望むことはなかったのかもしれない。そもそも義時は、権力の座を積極的に求

めたことはない。だからこそ、義時は世俗を象徴する官職を辞したのだろう。

　その義時が辞官の前後に、孫女と男女の子を得たのである。承久の乱での勝利より、こちらの方が、よほど嬉しかっただろう。義時は静かな日々を、やっと取り戻したのである。

義時の死

　元仁《げんにん》元年（一二二四）六月十二日辰の刻（午前八時頃）、義時は病を発した。「日者《ひごろ》心神《しんしん》違《い》乱《らん》」（最近精神的に不調）であったが、たいしたことはなかった（殊《こと》なることなし）というが、今回は発病と同時に「危急」（危険な状態。重態）になった。すぐに陰陽師による占がなされ、戌の刻（午後八時頃）には良くなると出たが、どんどん危険な状態になった。

　翌十三日は雨であった。義時は危篤状態となり、若君三寅の許可を受けて寅の刻（午前四時頃）に出家した。法名、観海《かんかい》。そして時刻が辰から巳に変わる頃（午前九時頃）、北条義時は没した。六十二歳。文字通りの急死であった。出家の時も、果たして意識があったかどうか（なお、伊賀方による毒殺説があるが、私は採らない）。

　十三人合議制メンバーの生き残りは、大江広元一人となった。

　午の刻（正午頃）、飛脚が京都に向けて鎌倉を発った。伊賀方は出家した。

泰時の執権就任と抗争の予兆

義時卒去《そっきょ》の報は十六日、京都に伝えられた。承久の乱以来、京都に駐屯していた長子泰時は翌十七日に出京、二十六日、叔父時房・従弟の源姓足利義氏らと共に鎌倉に到着した。泰時は明日が吉日ということで、とりあえず由比ヶ浜の近くに宿した。

二十七日、泰時は小町の本邸に入った。泰時に仕える関実忠《せきさねただ》と尾藤景綱《びとうかげつな》の屋敷は、この泰時邸内にあった。二人は御家人であるが、泰時にも臣従していた。梶原事件に見た御家人派閥「広域武士団」は、この頃には派閥領袖の有力御家人が同輩であるはずの御家人を家臣とし邸内に家屋を持たせるまでになっていた。

二十八日、泰時は伯母政子と対面した。その場で政子は泰時・時房に対し「軍営御後見」（鎌倉殿の後見人）として「幕府の政務を執るように」と命じた。

泰時・時房は事実上の鎌倉殿＝将軍である政子によって、執権に任命されたのである。

執権は、時政期には政所別当筆頭のことであったが、和田合戦後に義時が政所別当と侍所別当を兼ね、鎌倉幕府の執権とは政所・侍所の別当を兼ねる職となった。そして泰時・時房の就任によって二人制となり、これが後に定着して時房が就いた副執権とでもいうべき地位は連署《れんしょ》と呼ばれるようになる。

執権に就任した直後、泰時は大江広元に「今後のことを考えると、急いで執権になるのは良くないのではないか」と尋ねた。

だが、広元は「遅いくらいだ」と答え、続けて鎌倉の現状を話した。それによると、

①義時卒去後、世間では噂が乱れ飛び、「泰時が弟たちを討ち滅ぼすために、京都から鎌倉に下向する」という噂も最近流れている。

②そのため、泰時の異母弟四郎政村の周辺は不穏で、伊賀光宗兄弟（伊賀方の兄弟）は政村の外戚であるため、泰時の執権就任を内心、憤《いきどお》っている。

③政村の母伊賀方も娘婿の一条実雅を関東の将軍（鎌倉殿）に立て、政村をその「御後見」（執権）として、幕府政務を光宗兄弟に委《ゆだ》ねようと密かに企て、すでに各方面に相談している。

④伊賀氏方に賛同している者もいる。

⑤よって今、人々の意思は、泰時に付くか政村に付くかに分かれている。

というものであった。

『吾妻鏡』が広元に語らせたこれらのことは、「伊賀氏の変」と呼ばれる新たな抗争の（『吾妻鏡』の解釈による）要因をまとめたものである。

すでに幕府中枢に確固とした地位を固めていた長男、太郎泰時に対し、義時の最後の正妻伊賀方の兄光宗を筆頭とする伊賀一族が伊賀方所生の最初の子、四郎政村を擁立して挑んだというのである。時に泰時は四十二歳、政村は二十歳。

伊賀光宗は四十七歳。承久の乱で死んだ京都守護光季の四歳下の弟で、承久元年（一二一九）九月六日に危篤になった外伯父二階堂行光の辞職を受けて政所執事となっていた。執事は別当に次ぐ政所の次官であり、幕府最高幹部の一人である。

他からも同様の情報を得た泰時は、重要人物以外の小町邸への参上を禁じ、平《たいらの》盛綱《もりつな》・尾藤景綱・関実忠・安東《あんどう》光成《みつしげ》・万年《まんねん》右馬允《うめのじょう》・南条《なんじょう》時員《ときかず》という六人の家臣に小町邸を警護させた。

ここに挙げた六人は泰時の家臣化した御家人である。彼らのような北条氏当主（泰時の直系の子孫。後に「得宗《とくそう》」と呼ばれる）の家臣となった御家人は、鎌倉後期には「御内人《みうちびと》」と呼ばれ、政治的にも大きな勢力となる。

そしてこの六人にはそれぞれ家臣がいるのであり、つまり泰時は戦闘態勢を固めたのである。

噂であっても、敵対勢力の跳梁《ちょうりょう》という情報が入った以上、警戒するのは当然である。二十一年前の比企の乱で小御所攻撃軍に加わり、十一年前の和田合戦でも戦場に立った泰時は、奇襲の恐ろしさを身をもって知っている。また、このように危機は疑心暗鬼によってエスカレートして行くのである。

政子の詰問

二十九日。泰時の長男時氏（二十二歳）と時房の長男時盛（二十八歳。佐介祖）が父に代わって京都駐屯軍司令官として上洛のため鎌倉を発った。現状から鎌倉にいるべきだとの意見もあったが、泰時・時房が相談し、世情不安な今こそ京畿の人心の動向は重要な問題であり、早く洛中の治安維持を固めるべきだとして、二人の派遣が決まったのであった。

時氏・時盛に引き継がれた京都駐屯軍は後に幕府の西国統治機関へと発展し六波羅探題《ろくはらたんだい》と呼ばれることになる。かつて伊勢平氏一門の団地であった京都東郊、六波羅に置かれたこの組織は、長官の屋敷がお互いから見て北側・南側にあったことから、泰時・時氏に始まる方が六波羅北方《きたかた》、時房・時盛に始まる方が同南方《みなみかた》と呼ばれて、区別された。

七月五日になると、鎌倉府内はいよいよ物騒になった。事態を聞いた御家人たちが集まって来たのであろう。合戦となって勝ち組に入れば、恩賞が与えられる。これもまた、危機的状況をエスカレートさせる要因である。

伊賀光宗兄弟は頻《しき》りに三浦義村邸に通《かよ》っており、人々はこれを怪しんでいた。

義村は北条政村の烏帽子親であり（建保元年十二月二十八日条）、政村の「村」は義村の偏諱（名の一字）を与えられたものである。烏帽子親は、いわば烏帽子子のもう一人の父であり、保護者である。しかも、義村率いる三浦氏は平安時代以来の幕府所在地、相模最大の豪族にして、河内源氏累代の家人。和田合戦以降、義村は執権義時に次ぐ御家人ナンバー2の幕府最高幹部である。政村や伊賀一族が義村を頼りにするのは当然であった。

十七日。近国の御家人たちが競い集まり、鎌倉府内のあちこちに居座っていた。この日の夕方には特に物騒な状況となった。

子《ね》の刻（午前〇時頃）、政子は女房（侍女）一人を連れただけで、密かに三浦義村邸に赴いた。畏《かしこ》まる義村に、政子は次のように言った。

①義時が死に泰時が戻ってから、鎌倉に人々が集まり騒がしくなった。
②政村と伊賀光宗たちが、義村邸に出入りし密談をしているというが、どういうことか。
③義村は泰時を排除して、幕府を思い通りにしたいのか。
④承久の乱の勝利は天命だが、半分は総大将であった泰時の手柄である。
⑤義時は何度も戦乱を鎮め、自分でも戦い、世の中を穏やかにした。
⑥その義時の跡を継ぎ、関東の棟梁となるべきなのは泰時である。
⑦義村と政村は親子のようなものだが、その政村が陰謀を企《たくら》んでいると疑われている。
⑧義村自身と政村が無事でいられるよう、すぐ政村を諌めよ。

義村は「何も知らない」と答えたが、政子は聞かず、

「政村を助けて世を乱すか、和平のために動くか、この場で明言せよ」

と迫った。追い詰められた義村は、

「政村には全く逆心など無い。伊賀光宗たちは戦《いくさ》の支度《したく》をしている」

と白状した。伊賀一族の謀計を知っていたと認めたのである。

義村が「自分が必ず止める」と誓ったので、政子は帰って行った。

伊賀一族の処断

翌十八日。三浦義村は泰時と対面し、かつて義時が自分の忠義に対し懇《こん》意《い》を示すため、政村の元服で自分を加冠役（烏帽子親）に選んでくれたこと、自分の息子泰村を猶子にしてくれたことを語り、その恩を思えば、自分には泰時と政村に好悪があるはずもなく、ただ願うのは世の平穏であると話して、

「伊賀光宗はここのところ悪巧みをしていたが、自分が諫めたので、やっと考えを改めた」

と事態の解決したことを伝えた。

かくて伊賀光宗らの計画は粉砕された。

閏七月一日。このところ、政子は若君三寅と共に泰時邸にあって、たびたび三浦義村に使者を送り、世情の混乱を鎮めるように命じていたが、この日、義村を泰時邸に招いた。

参上した義村は政子に命じられ、そのまま泰時邸で暮らすことになった。

さらに政子は、かつて頼朝に仕えていた四人の宿老、葛西清重（家子）・中《ちゅう》条《じょう》家長・小山朝政・結城朝光（家子）を呼び、一致団結を求めた。

三日。政子の御前で伊賀氏の変関連者の処分が決められた。時房が参上。大江広元も老病

を押して参上した。「伊賀光宗らが一条実雅を関東将軍に立てんとしていた。その奸《かん》計《けい》は、すでに露《ろ》顕《けん》した」とされた。一条実雅（二十九歳）は従三位参議の公卿であったため、幕府では処分せず、京都に送還し、朝廷の裁断に任せることとなった。伊賀方・伊賀光宗らは流刑と決まった。

二十三日、一条実雅は鎌倉を発った。伊賀光宗の弟朝行・光重、子息宗義、甥（故光資の子）光盛が付き従った。日の吉凶が悪いと反対意見もあったが、実雅の進発を急がれ、この日となった。

二十九日。伊賀光宗は政所執事を罷免され、所領五十二ヶ所を没収され、外叔父二階堂行村に預けられた。執事には光宗の従弟二階堂行盛が任命された。

実雅は八月十日に入洛し、九月二十日解官の後、十月一日に越前に配流された（『公卿補任』。『吾妻鏡』では配流は十月二十九日）。そして安貞二年（一二二八）四月一日、川で溺死した（『公卿補任』。『吾妻鏡』同年五月一六日条は二十九日とす）が、これは事故であろう。三十三歳であった。

八月二十九日。伊賀方は夫義時の故郷、伊豆北条に下向し籠居した。伊賀光宗は信濃に配流された。一条実雅に付き従って京に上っていた伊賀朝行・光重は、北条時氏・時盛が預かり、京都から鎮西に配流するよう伝えられた。

十一月九日。伊賀朝行・光重は京より鎮西に赴いた。

伊賀一族の勢力は鎌倉から一掃されたのであった。

しかし、事件当時、すでに二十歳であった政村の罪は不問に付された。

これが政子の最後の仕事となった。

十二月二十四日。伊豆北条から飛脚が鎌倉に到来し、伊賀方が十二日から病悩し、二十三日巳の刻（午前十時頃）に危篤となったことを伝えた。

その後の伊賀方を『吾妻鏡』は語らない。二十三日に「危急」となった後に没したのであろう。

伊賀氏の変は、北条義時の長男で政権中枢に地位を得て長い泰時に対し、五男の異母弟政村の外戚伊賀氏が挑んだ北条氏内部の嫡庶抗争である。政村は義時の最後の正室伊賀方の所生で、義時の「鍾愛の若公《わかぎみ》」（『吾妻鏡』建保元年十二月二十八日条）と言われた。しかも義時は五男の政村を四男の有時《ありとき》よりも早く元服させ、父時政や自分と同じ仮名「四郎」を名乗らせた（義時は「小四郎」だが、これは「四郎の四郎」、つまり「四男の四男」の意）。

長年自分を補佐し幕府中枢にある泰時を差し置いて、義時が政村を嫡子にしようとしていたとは思われないが、森幸夫氏も言う通り（同氏二〇二〇）、伊賀一族側には政村こそ義時意中の後継者であるとの意識を持たせたはずである。

そして伊賀方は義時の正室であり、頼朝薨去後の鎌倉殿家における北条政子と同様に、義時没後には伊賀方が北条氏の後家尼となったのである。後家尼は後継者選定権を含めた家に対する権力を有していた。この理屈からすれば、義時の後継者、新たな北条氏当主の選定権は伊賀方にあり、伊賀方がそう考えるのは、本質的には正しいのである。

だが、北条政子は泰時の執権継承のため自ら動き、侮り難い武力を有し、伊賀氏方に付く可能性のあった、政村の烏帽子親三浦義村の説得に成功した。北条泰時は表立った動きを最後まで見せなかったが、戦闘態勢を固めており、武力衝突に備えていた。伊賀氏方が三浦義村をも自陣営に引き込んで挙兵したなら、泰時方との戦闘により、和田合戦と同じく鎌倉の町は市街戦の戦場となったであろう。

政子の積極的な行動によって、伊賀氏の変は流血を招くこと無く終結したのであった。

政子、逝く

伊賀氏の変終結から一年に満たない嘉禄元年（一二二五）五月二十九日、政子は発病した。二日後（嘉禄元年五月は小の月）の六月二日、泰時の沙汰で政子平癒のための陰陽道の祭祀が開始された。翌日、政子は少し良くなったが、五日にはまたも祭祀がおこなわれ、八日には逆修《ぎゃくしゅ》（生前に没後の菩提を祈願する仏事。これをおこなうとかえって長生き出来るとされる）の仏事が挙行された。

政子の病《やまい》が進む中の六月十日、このところ痢病《りびょう》（強い腹痛と下痢を症状とする病気）を患っていた**大江広元**が没した。七十八歳。

かくて十三人合議制メンバーは全て、世を去った。

北条政子は七月十一日丑の刻（午前二時頃）、広元より一《ひと》月遅れで薨去した。六十九歳。

八月二十七日、頼朝と政子の子孫で只一人残った頼家の女子、竹御所（二十三歳）が祖母政子の仏事をおこなった。この孫女の無事な成長が晩年の政子にとっての唯一の希望であったことだろう。

御家人間抗争の終焉

そして竹御所が政子の仏事をおこなった日。意外なことが起きる。

前年十一月九日、鎮西に配流された伊賀朝行・光重兄弟が赦免され、この日、配所から鎌倉に帰還したのである。恩赦の理由は、政子の御追福《ついぶく》（冥福を祈る）のためと公表された。

続いて、九月十二日、承久の乱で討ち死にした伊賀光季の遺領を子息四郎季村《すえむら》らが拝領した。

十月二十八日夕、若君三寅は八月に鎌倉に戻ったばかりの伊賀朝行邸に移った。幕府移転の工事の間、朝行邸が三寅の御本所と決まったのである。

伊賀一族は配流処分から一年を経ずして、急速に名誉回復を遂げたのである。

十二月二十二日、ついに伊賀氏の変の首魁《しゅかい》、伊賀光宗が赦免され、配所から鎌倉に帰り、所領八ヶ所を返却された。

光宗赦免を『吾妻鏡』は「厚免を蒙り」と記すのみで、赦免の理由は書かれていないが、表面的には弟たちと同じく政子の「御追福」のためとされたのであろう。

けれども、これは公式見解にすぎない。過去二十余年の苛烈な抗争を知る御家人たちの中には、政変の首謀者たちがたった一年で赦されることに納得のゆかない人々も多かったにちがいない。

だから、泰時は言ったのだろう。

「父子で幕府の盾となり、奮戦の果てに京都に散った伊賀光季の一族を、このまま没落させてしまって、それでいいのか？」

と。これこそが泰時による伊賀氏赦免の根拠であったはずである。こう言われてしまっては、反論できる者はいない。

正治元年（一一九九）正月十三日の源頼朝薨去から数えれば、嘉禄元年十二月二十二日の伊賀光宗の鎌倉帰還まで、ほぼ二十七年。

「御家人間抗争」は終わった。

結　兵の道の虚実

御家人間抗争最初の流血となった正治二年（一二〇〇）正月二十日の梶原景時滅亡から、最後の流血となった承久二年（一二二〇）四月十五日の禅暁殺害までが、二十年余である。だが、御家人間抗争の直接原因である頼朝薨去から伊賀氏の変で配流となった伊賀光宗の鎌倉帰還までを数えれば、ほぼ二十七年である。

北条泰時は頼朝薨去の時、十七歳であった。以降、泰時は抗争の渦中を生き、比企の乱・和田合戦、そして承久の乱では自ら戦場に立った。

泰時の祖父時政は比企の乱の勝利により幕府の独裁者となったが、牧氏の変で子息、つまり泰時の父義時に地位を追われ、義時は和田合戦に勝って、後に続く執権の職に就いた。義時は執政者となり、鎌倉殿（将軍）の下での合議体制によって政権を運営した。

泰時は伯母政子の支援により伊賀氏の変を退け、父から執権を引き継いだ。

戦いの結果が次の戦いの原因となる「殺し合いの時代」を終わらせる。――執権となった泰時が、まずやろうとしたのは、これだったのではないか。

伊賀氏の変の時、二十歳だった政村が全く何も知らなかったとは思われない。にもかかわらず、泰時は二十二歳下の異母弟の罪を不問に付した。そして配流された伊賀一族の者たちを、たった一年で赦免した。

泰時は「敵を許す」ことによって、戦いの連鎖を断ち切ろうとしたのである。

十三人合議制に始まり、義時が不完全な形ではあるが復興し採り続けた合議制による政治は、泰時の下で評定《ひょうじょう》として完成を見る。将軍の下での合議機関である評定のメンバーは、評定衆と名付けられ、執権・連署と共に幕府最高幹部の職となる。

泰時の治世十八年間は、大きな抗争も起こらず、おおむね平和な時代となった。

それにしても、御家人間抗争はなぜ起こり、かくも長期にわたって御家人たちは殺し合ったのか。

直接の原因は、「源頼朝が死んでしまった」からである。

頼朝に頼り切っていた御家人たちは、彼ら自身で幕府を運営して行かざるを得なくなり、激しく動揺した。この難局を乗り越えるために彼らが選んだのは、頼朝時代の現状維持であり、そのために作られたのが十三人合議制という頼朝に仕えた有力者による合議体であった。しかし、十三人合議制は執政意欲盛んな青年鎌倉殿、源頼家と対立し、幕府は迷走した。そして梶原景時滅亡によって仲間殺しを体験した御家人たちは、疑心暗鬼を生じ、「殺られる前に、殺る」の論理のもと、政敵を殺すことを対立が生じた場合の唯一の解決手段として選択してしまった。結果、十三人合議制メンバーを含めた有力者たちは、回転ドアを通るように次々に消えて行き、その過程で死ななくてもよかった生命《いのち》が潰《つい》え、ムダに血が流され続けたのである。

より根源的な問題として、コラム①に記したように、武士とは「私的武力集団」（武士団）の「構成員である戦闘員」であるということがある。

現代でも世界的に見れば、政治が暴力を伴うことは珍しくない。まして前近代にあっては、政治における暴力行使は当たり前であった。

とはいえ、御家人間抗争の苛烈さは異常である。これは御家人たちが、もともと戦闘員だからである。武士は暴力行使あるいは殺人に対するハードルが低い、というよりも無い。序に述べたごとく、古代・中世の武士たちは、自分たちを勇士と称し、他者からもそう呼ばれていた。勇士たちの理想とする行動規範・倫理観が「兵《つわもの》の道」である。

勇敢な武勇の人であり、かつ信義を重んじ、強者に諂《へつら》わず、我が身を顧《かえり》みず人の苦難に赴く。――これが、兵の道である。

このような行動規範は、何も古代・中世日本の武士に限るものではなく、古今東西の私的武力集団構成員に共通するものである。

古くは司馬遷《しばせん》が『史記《しき》』の「游侠列伝《ゆうきょうれつでん》」・「季布欒布《きふらんふ》列伝」・「袁盎鼂錯《えんおうちょうそ》列伝」・「孟嘗君《もうしょうくん》列伝」などに書き残した「游侠」・「任侠《にんきょう》」の徒である。「游侠列伝」で司馬遷が讃えた游侠の徒の言動は、まさに右に記した兵の道に通じる。

また、十八世紀以来、イタリアのシチリア島及びアメリカに存在する秘密結社マフィア（Mafia）は、その個別組織をファミリー（family　一家《いっか》）といい、ファミリーは首領の血族と忠誠を誓った部下によって構成されており、これは日本の武士団と同じである。そしてマフィア構成員の自称は「マン・オブ・オナー（man of honor　信義の人）」なのである。

だが、私的武力集団構成員の掲げる行動規範と彼らの実態に乖離《かいり》があることも、また古今東西に共通する。

司馬遷は「游侠」・「任侠」を讃えつつ、その実態をも記している。「孟嘗君列伝」末尾の「太史公《たいしこう》曰《いわ》く」によれば、中国戦国時代の斉《せい》国の王族で食客《しょっかく》三千人と言われた孟嘗君の領地であった薛《せつ》の地を司馬遷が訪れると、その村里《そんり》には「暴桀《ぼうけつ》（凶暴）の子弟」が多かったため理由を問うと、昔、孟嘗君が「天下の任侠・姦人《かんじん》を招致し」たためであると言われたという。

現代に至るマフィアの内部抗争は、熾烈さでは御家人間抗争に匹敵し、火器・爆弾など武器の高性能化のため、より残虐である。

そして「勇士」たちの「兵の道」の実態は、本書に記した通りである。

私的武力集団の構成員は、戦闘員であり、戦うこと、すなわち殺人を存在意義とする。ゆえに彼らは紛争解決の手段として、相手を殺すことを安易に選択する。

鎌倉幕府は、武士団という私的武力集団の集合体であり、それ自体が巨大な私的武力集団であった。これが鎌倉幕府の本質であり、特に源氏三代の時代は、政権であるよりも、巨大私的武力集団であることに比重があったと言える。おそらく、これが御家人間抗争の最大の要因である。

そして伊賀光宗の鎌倉帰還から二十一年後、泰時卒去の四年後、寛元四年（一二四六）閏四月、「兵たちの戦い」は鎌倉に帰って来る。

あとがき

「兵の道」を生きた「勇士」たちの実像がよくわかる時代として、「御家人間抗争」の時代を選び、なるべく淡々と叙述したつもりです。

令和四年（二〇二二）四月九日

細川重男

── 参考系図 ──

天皇家・親王将軍系図

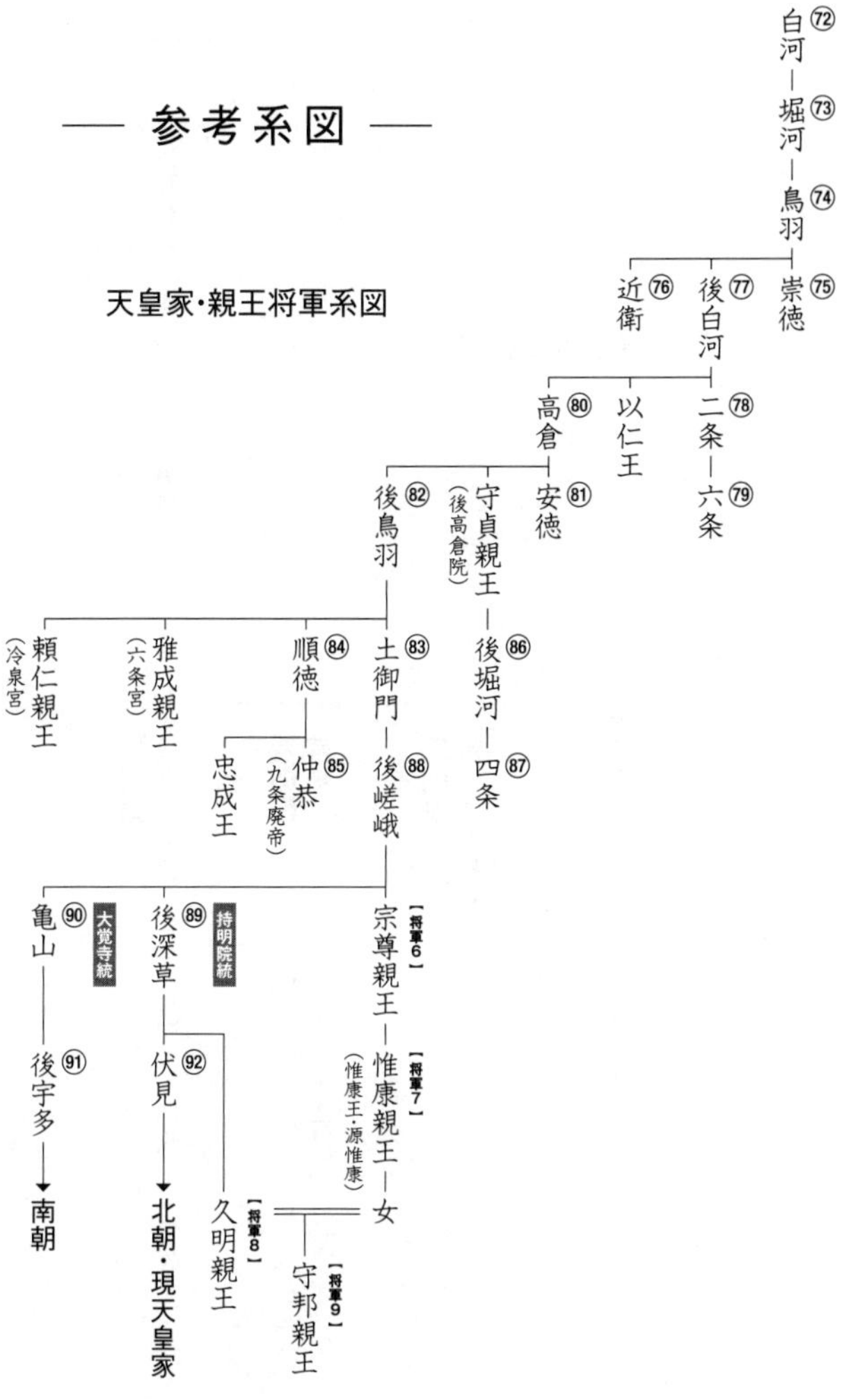

清和源氏系図

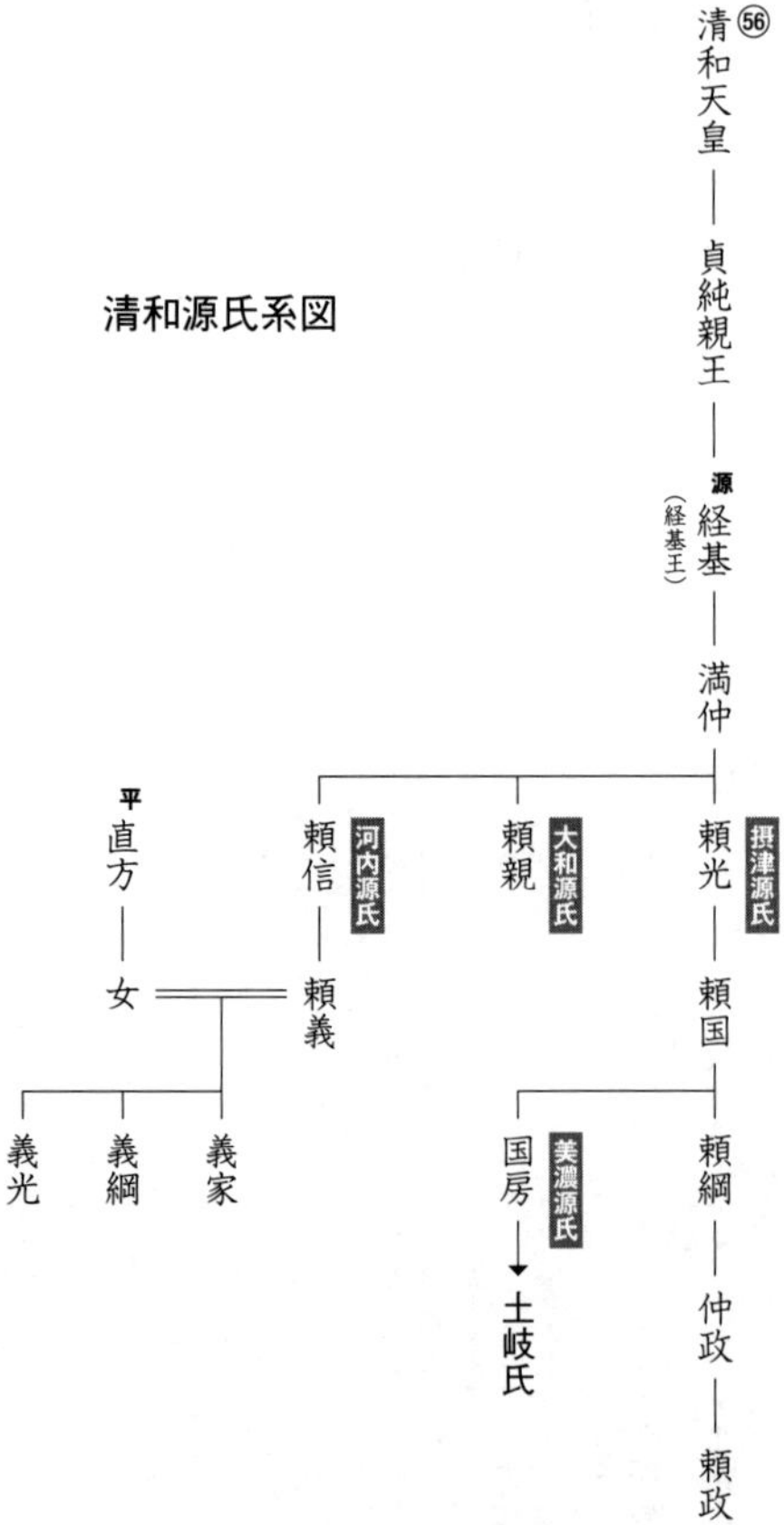

56 清和天皇
貞純親王
源経基（経基王）
満仲
摂津源氏
頼光
頼国
頼綱
仲政
頼政
美濃源氏
国房
土岐氏
大和源氏
頼親
河内源氏
頼信
頼義
平直方
女
義家
義綱
義光

河内源氏系図

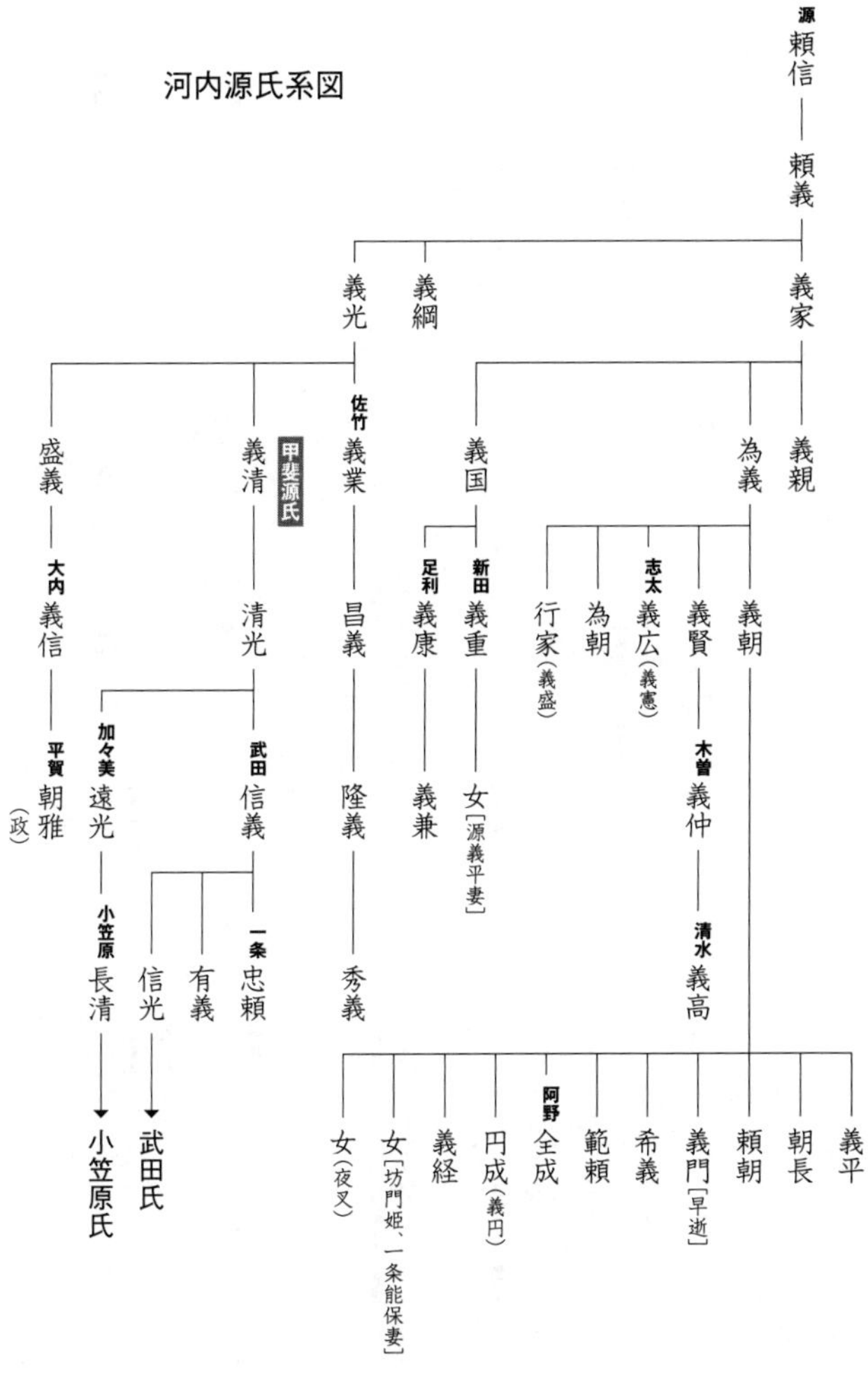

源
頼信
頼義
義家
義綱
義光
義親
為義
義国
佐竹
義業
甲斐源氏
義清
盛義
義朝
義賢
志太
義広（義憲）
為朝
行家（義盛）
新田
義重
足利
義康
昌義
清光
大内
義信
木曽
義仲
清水
義高
女［源義平妻］
義兼
隆義
秀義
武田
信義
加々美
遠光
平賀
朝雅（政）
一条
忠頼
有義
信光
武田氏
小笠原
長清
小笠原氏
義平
朝長
頼朝
義門［早逝］
希義
範頼
阿野
全成
円成（義円）
義経
女［坊門姫、一条能保妻］
女（夜叉）

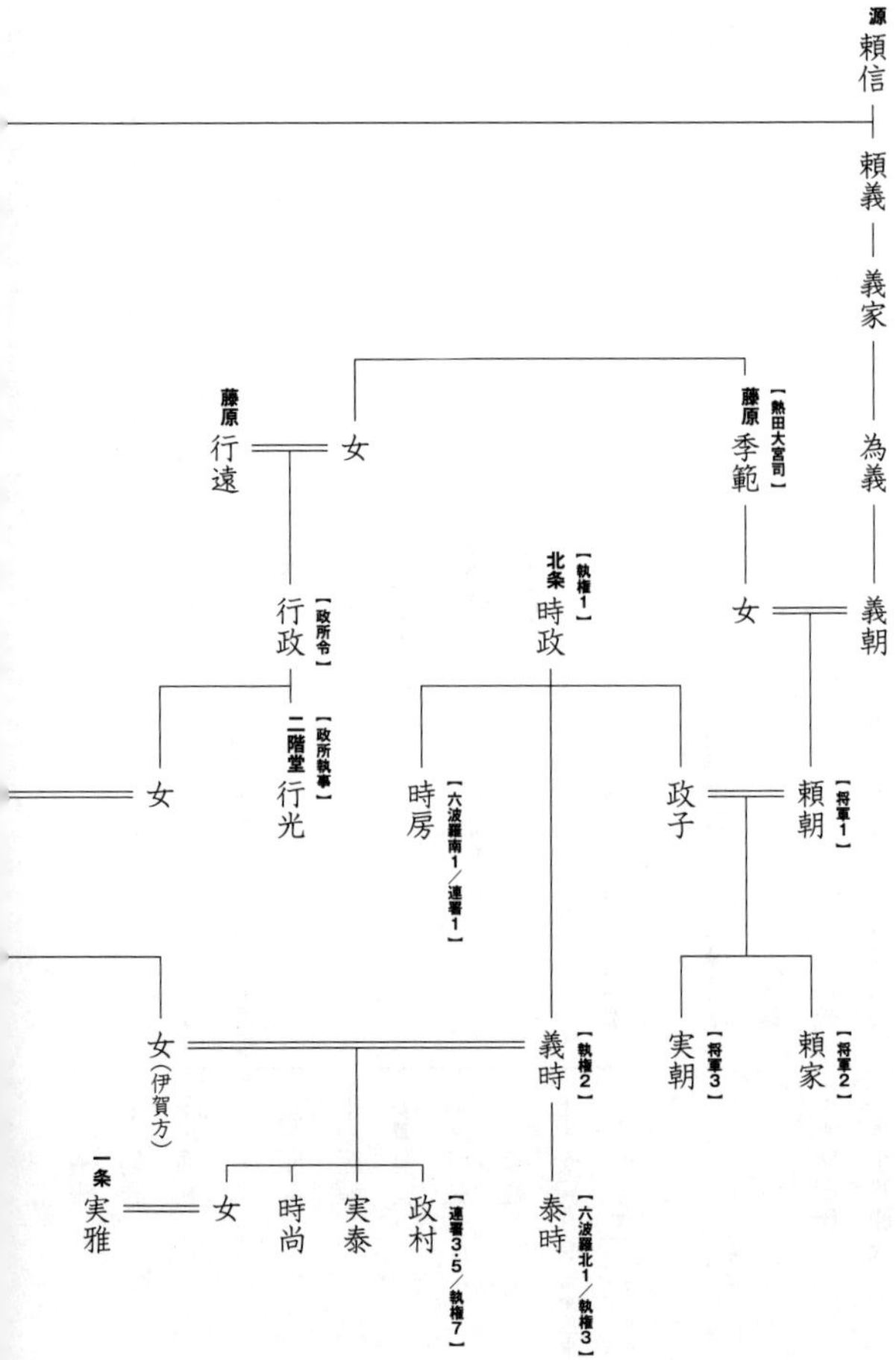

源
頼信
頼義
義家
為義
義朝
【熱田大宮司】
藤原
季範
女
【将軍1】
頼朝
政子
【将軍2】
頼家
【将軍3】
実朝
【執権1】
北条
時政
時房
【六波羅南1／連署1】
【執権2】
義時
泰時
【六波羅北1／執権3】
藤原
行遠
女
行政
【政所令】
【政所執事】
二階堂
行光
女
女(伊賀方)
【連署3・5／執権7】
政村
実泰
時尚
女
一条
実雅

河内源氏・熱田大宮司・北条・二階堂・伊賀関係系図

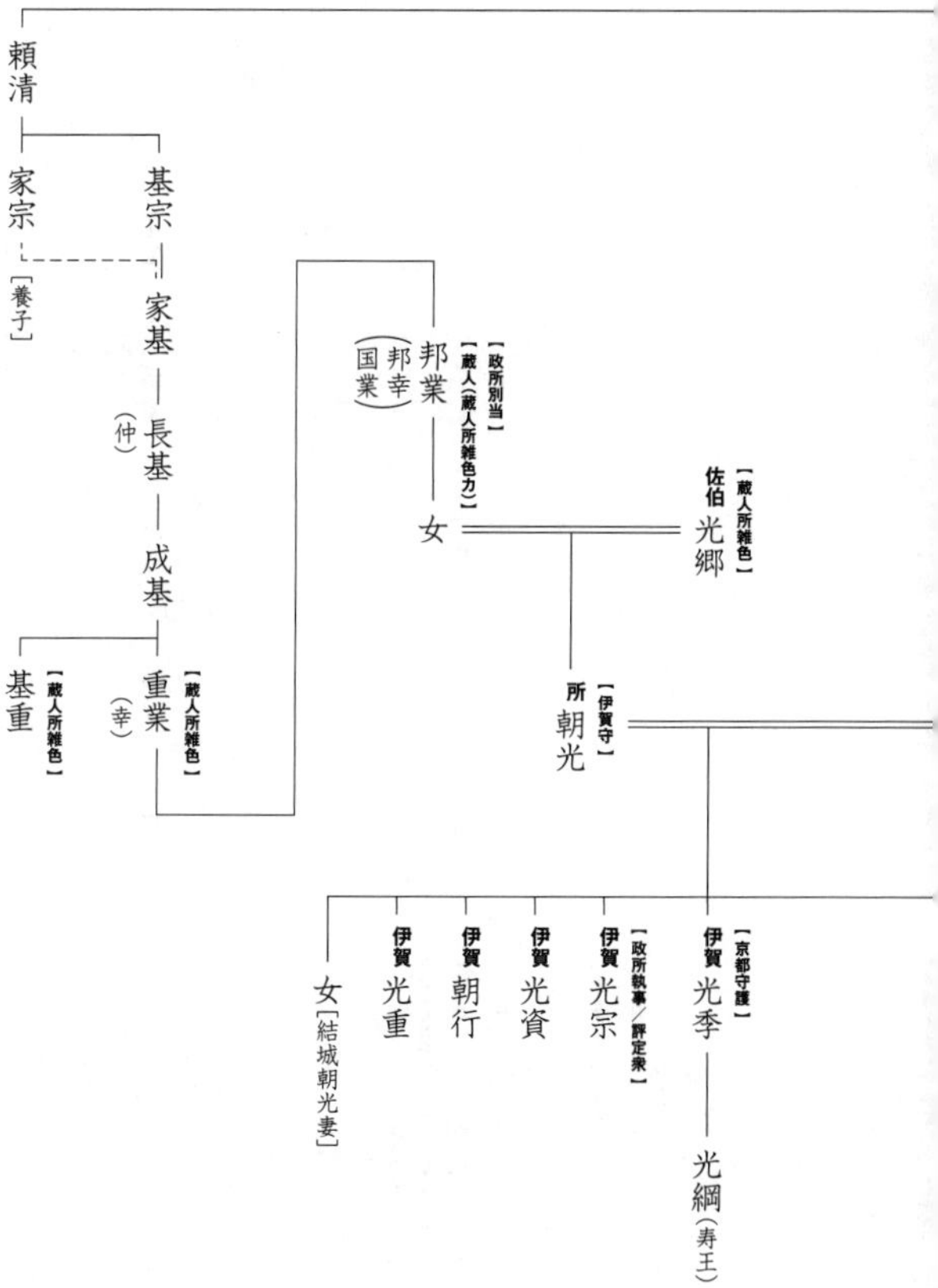

清和源氏頼義流・頼清流略系図

（『尊卑文脈』をもとに作成）

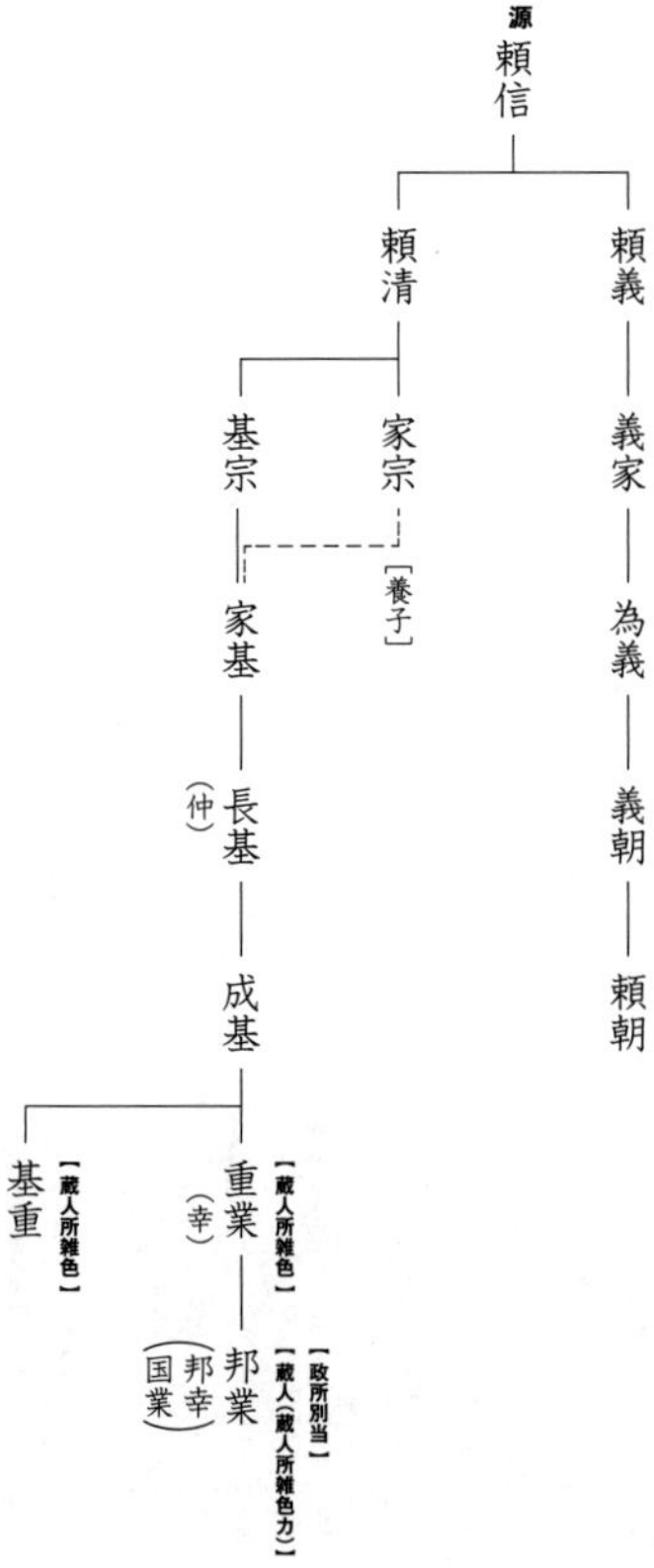

桓武平氏系図

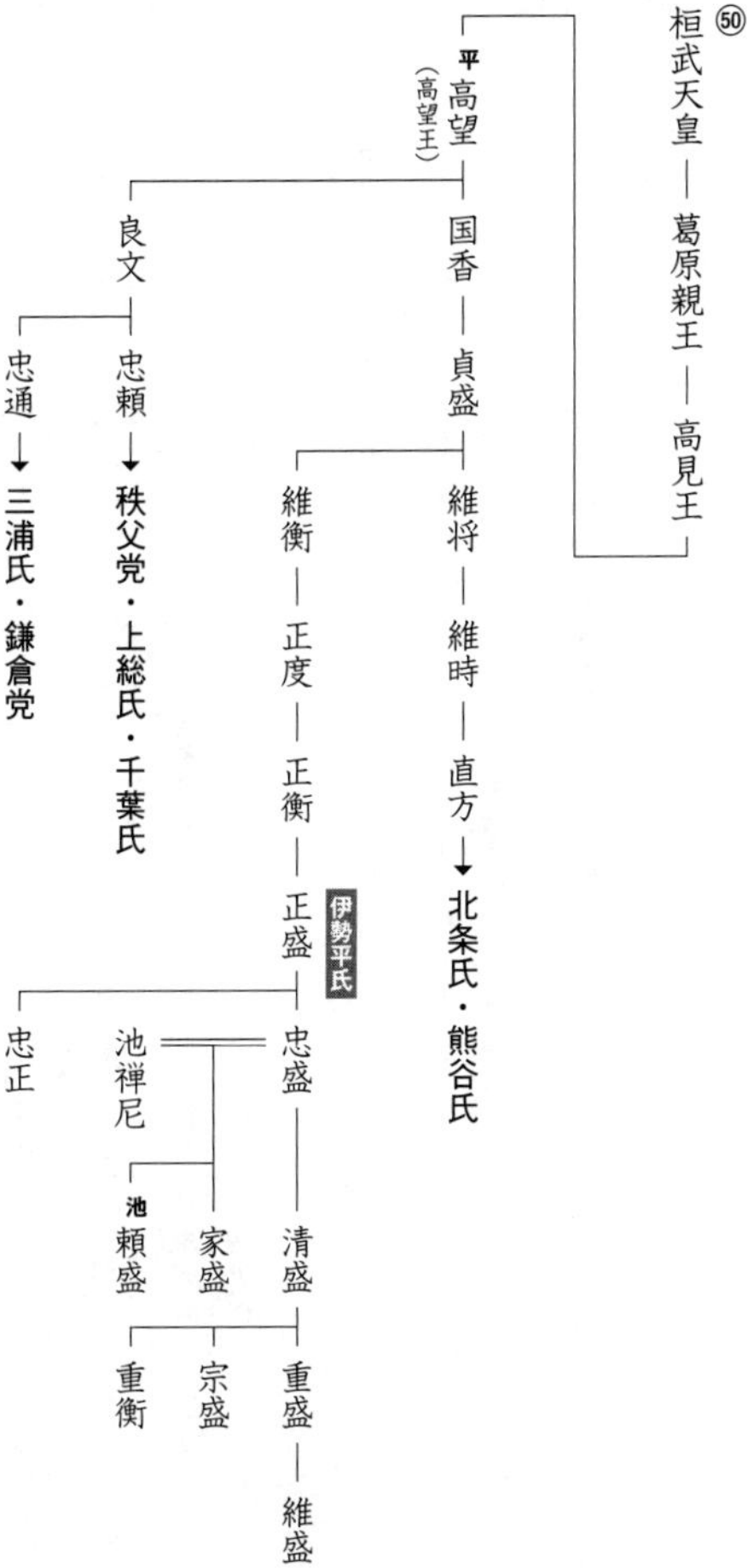

㊿桓武天皇
葛原親王
高見王
平高望
（高望王）
国香
貞盛
維将
維時
直方
北条氏・熊谷氏
維衡
正度
正衡
正盛
伊勢平氏
忠盛
清盛
重盛
維盛
宗盛
重衡
池禅尼
家盛
池頼盛
忠正
良文
忠頼
秩父党・上総氏・千葉氏
忠通
三浦氏・鎌倉党

上総・千葉氏系図

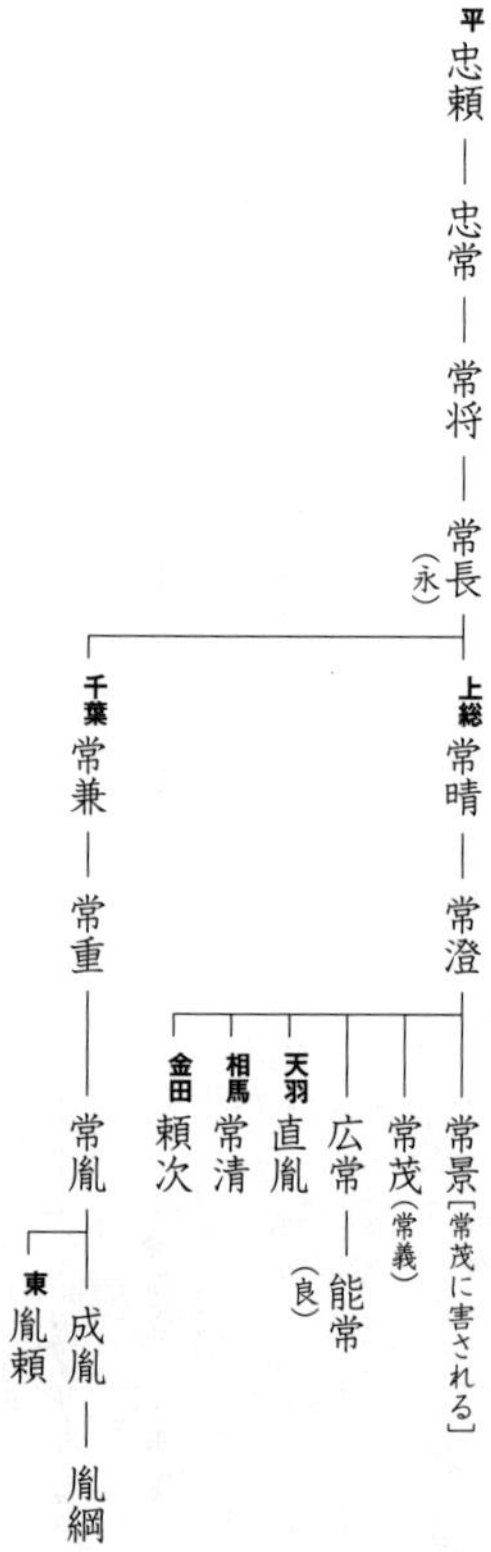

鎌倉党系図

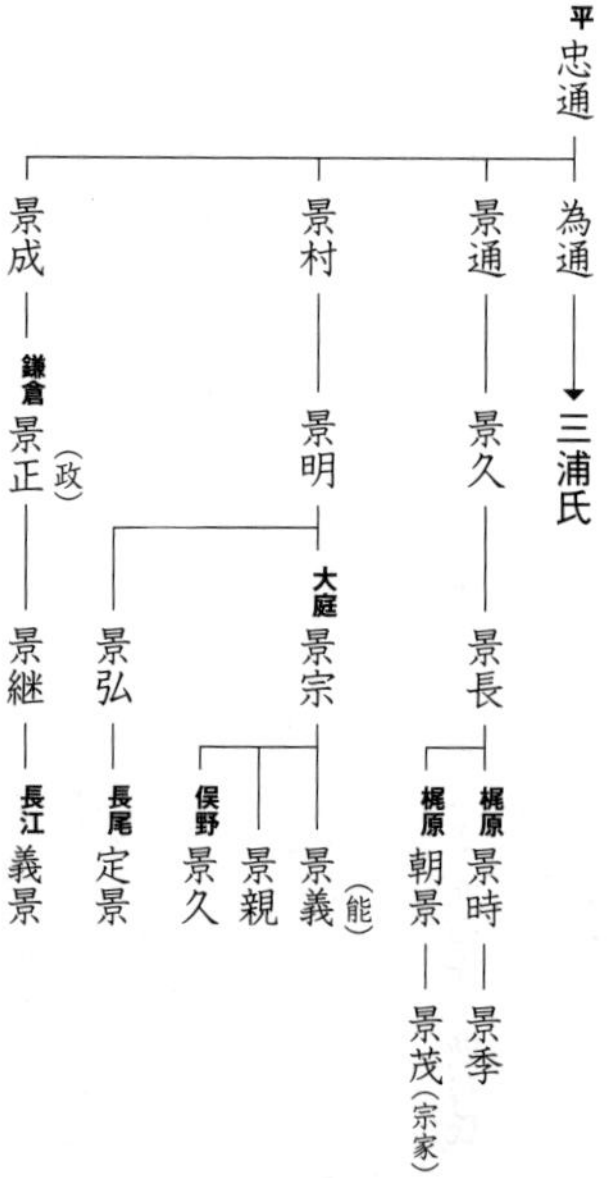

二階堂氏祖先系図

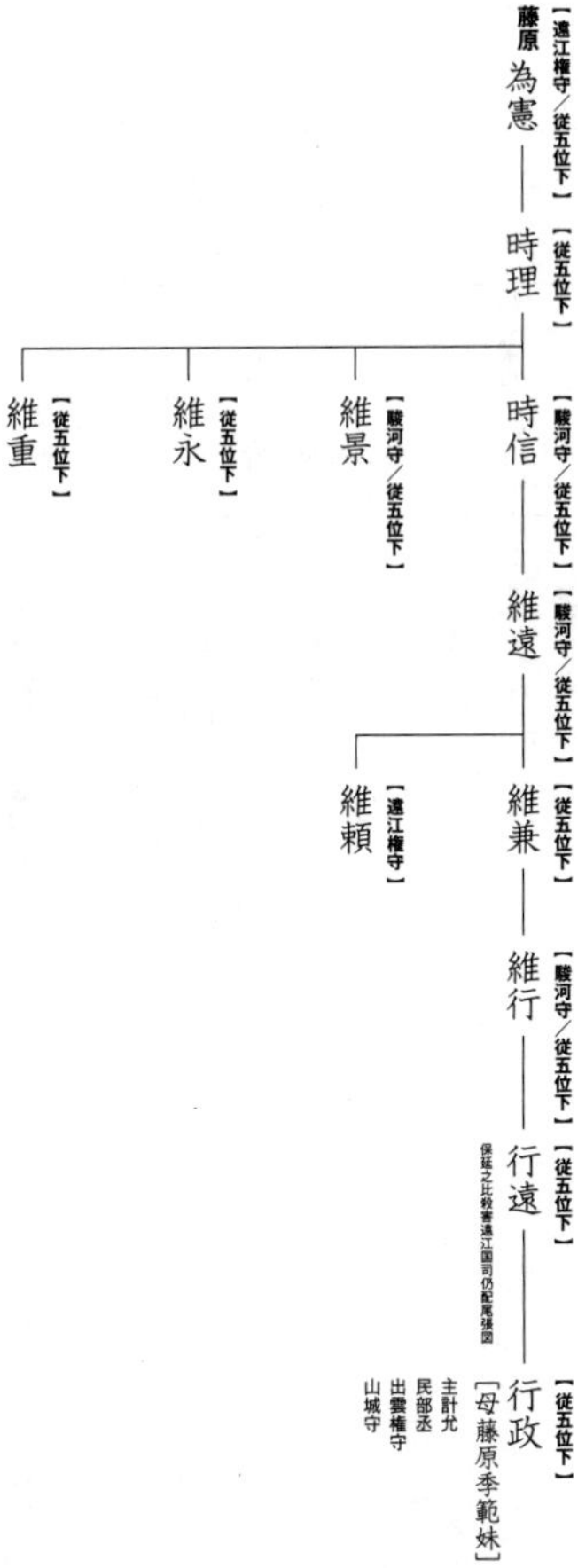

藤原為憲【遠江権守／従五位下】
時理【従五位下】
時信【駿河守／従五位下】
維景【駿河守／従五位下】
維永【従五位下】
維重【従五位下】
維遠【駿河守／従五位下】
維兼【従五位下】
維頼【遠江権守】
維行【駿河守／従五位下】
行遠【従五位下】
保延之比殺害遠江国司仍配尾張国
行政【従五位下】
[母藤原季範妹]
主計允
民部丞
出雲権守
山城守

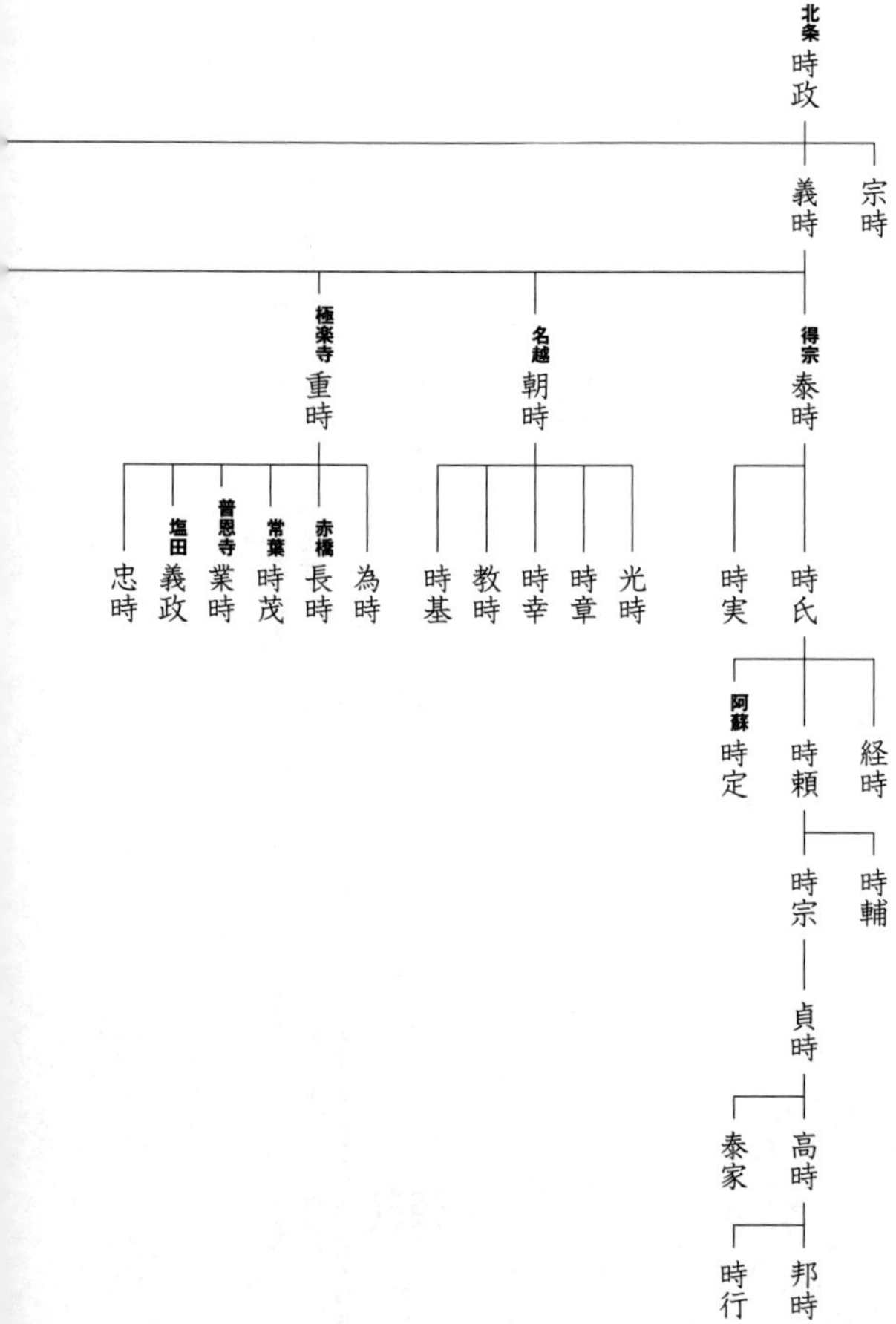

北条
時政
宗時
義時
得宗
泰時
名越
朝時
極楽寺
重時
時氏
時実
光時
時章
時幸
教時
時基
為時
赤橋
長時
常葉
時茂
普恩寺
業時
塩田
義政
忠時
経時
時頼
阿蘇
時定
時輔
時宗
貞時
高時
泰家
邦時
時行

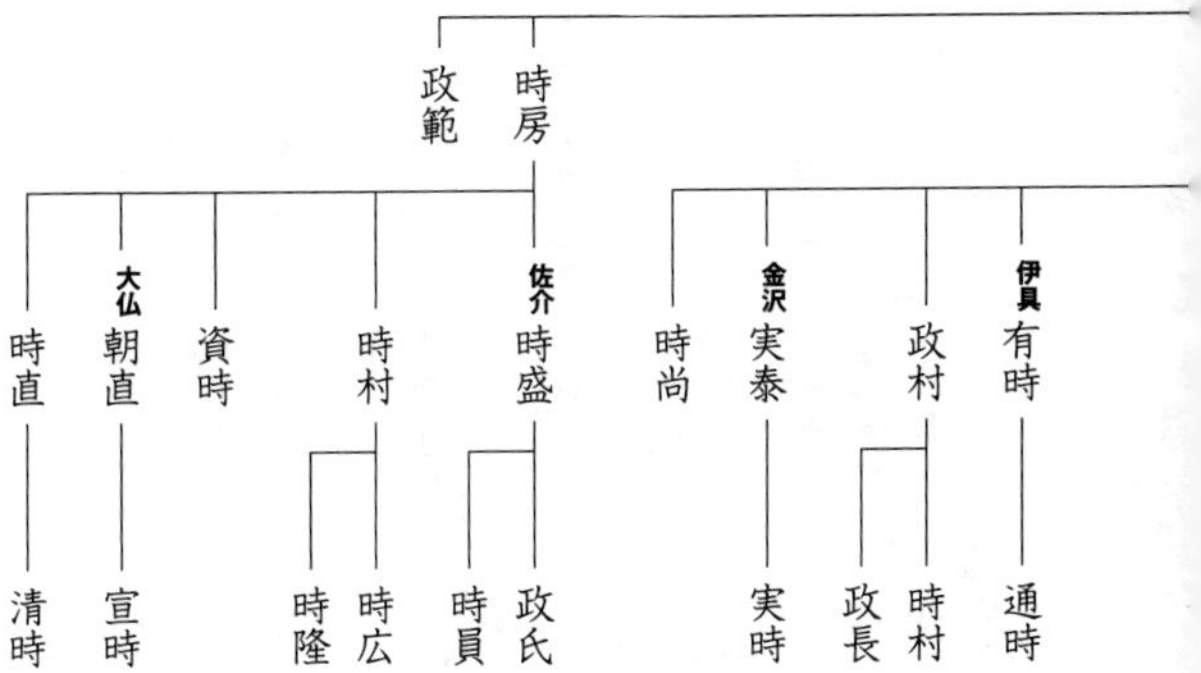
時房
政範
伊具
有時
通時
政村
時村
政長
金沢
実泰
実時
時尚
佐介
時盛
政氏
時員
時村
時広
時隆
資時
大仏
朝直
宣時
時直
清時

北条氏系図

藤姓足利・小山・下河辺・八田・宇都宮氏系図

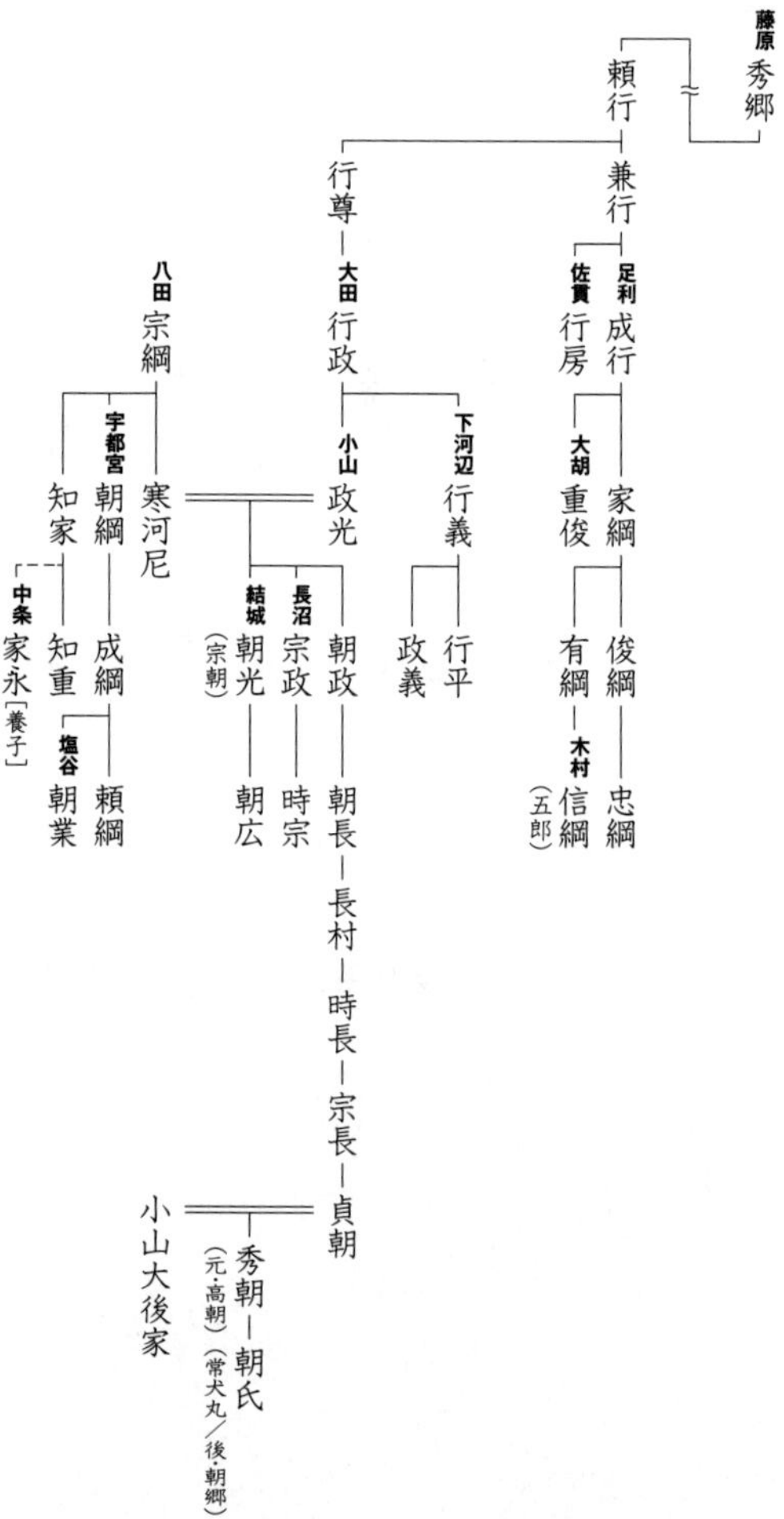

参考文献　※膨大な数になるため、代表的なもののみを掲げる。
飯干晃一『仁義なき戦い〈死闘篇〉』『同〈決戦篇〉』（角川書店、一九八〇年。初出一九七三年）
石井進『鎌倉幕府』（『日本の歴史』七、中央公論社、一九七四年。初出一九六五年）
石井進『鎌倉武士の実像』（平凡社、一九八七年）
石丸熙『海のもののふ三浦一族』（新人物往来社、一九九九年）
上杉和彦『大江広元』（吉川弘文館、二〇〇五年）
岡田清一『鎌倉幕府と東国』（続群書類従完成会、二〇〇六年）
岡田清一『北条義時』（ミネルヴァ書房、二〇一九年）
川勝義雄『魏晋南北朝』（『中国の歴史』三、講談社、一九七四年）
菊池紳一監修・北条氏研究会編『鎌倉北条氏人名辞典』（勉誠出版、二〇一九年）
北爪真佐夫『文士と御家人』（青史出版、二〇〇二年）
朽木寒三『馬賊戦記』上・下（番町書房、一九六六年）
栗原益男『乱世の皇帝　〝後周〟の世宗とその時代』（桃源社、一九七九年）
栗原益男・山口修『宋朝とモンゴル』（『世界の歴史』六、社会思想社、一九七四年）
黒田俊雄『日本中世の国家と宗教』（岩波書店、一九七五年）

ゲイ・タリーズ著、常盤新平訳『汝の父を敬え』上・下（新潮社、一九九一年。初出一九七三年）
神坂次郎『元禄御畳奉行の日記』（中央公論社、一九八四年）
呉座勇一『陰謀の日本中世史』（ＫＡＤＯＫＡＷＡ、二〇一八年）
五味文彦『武士と文士の中世史』（東京大学出版会、一九九二年）
五味文彦編『京・鎌倉の王権』（『日本の時代史』八、吉川弘文館、二〇〇三年）
五味文彦『吾妻鏡の方法』（吉川弘文館、一九九〇年第一版、二〇〇〇年増補版、二〇一八年新装版）
坂井孝一『源氏将軍断絶』（ＰＨＰ研究所、二〇二一年）
佐々木紀一「北酒出本『源氏系図』の史料的価値について」（『山形県立米沢女子短期大学附属生活文化研究所報告』二七、二〇〇〇年）
佐々木紀一「頼朝流離時代困窮の虚実」（『米澤國語國文』三七、二〇〇八年）
佐藤進一『増訂　鎌倉幕府守護制度の研究』（東京大学出版会、一九七一年）
佐藤進一『日本の中世国家』（岩波書店、二〇〇一年。初出一九八三年）
佐藤雄基「公卿昇進を所望した武蔵守について」（阿部猛編『中世政治史の研究』、日本史史料研究会、二〇一〇年）
杉橋隆夫「北条時政と政子」（『歴史公論』五―三、一九七九年）

杉橋隆夫「執権・連署制の起源」（日本古文書学会編『日本古文書学論集』五「中世Ⅰ」、初出一九八〇年）
杉橋隆夫「鎌倉執権政治の成立過程」（日本古文書学会編『日本古文書学論集』五「中世Ⅰ」、初出一九八一年）
杉橋隆夫「牧の方の出身と政治的位置」（上横手雅敬監修『古代・中世の政治と文化』、思文閣出版、一九九四年）
鈴木かほる『相模三浦一族とその周辺史』（新人物往来社、二〇〇七年）
鈴木由美「白河集古苑所蔵白河結城家文書所収「安達氏系図」の記載内容について」（『古文書研究』八七、二〇一九年）
周藤吉之・中嶋敏『五代・宋』（『中国の歴史』五、講談社、一九七四年）
関幸彦『北条時政と北条政子』（山川出版社、二〇〇九年）
高橋慎一朗「宗尊親王期における幕府「宿老」」（『年報中世史研究』二六、二〇〇一年）
高橋秀樹『三浦一族の中世』（吉川弘文館、二〇一五年）
高橋秀樹『三浦一族の研究』（吉川弘文館、二〇一六年）
竹内理三『武士の登場』（『日本の歴史』六、中央公論社、一九七三年。初出一九六五年）
竹山博英『マフィア』（朝日新聞社、一九八八年）

塚本善隆編『唐とインド』（『世界の歴史』四、中央公論社、一九六一年）
土田直鎮『王朝の貴族』（『日本の歴史』五、中央公論社、一九七三年。初出一九六五年）
永井晋「伊賀氏事件の歴史的意義」（同氏『金沢北条氏の研究』、八木書店、二〇〇六年。初出一九九七年）
永井路子『炎環』（文藝春秋、一九七八年、初出一九六四年）
日本史史料研究会監修・細川重男編『鎌倉将軍・執権・連署列伝』（吉川弘文館、二〇一五年）
日本史史料研究会監修・神田裕理編『伝奏と呼ばれた人々』（ミネルヴァ書房、二〇一七年）
布目潮渢・栗原益男『隋唐帝国』（『中国の歴史』四、講談社、一九七四年）
布目潮渢・山口修『六朝と隋唐帝国』（『世界の歴史』四、社会思想社、一九七四年）
野口実『増補改訂　中世東国武士団の研究』（戎光祥出版、二〇二一年）
ピーター・マーズ著、常盤新平訳『マフィア』（日本リーダーズダイジェスト社、一九七一年）
藤本頼人「源頼家像の再検討」（『鎌倉遺文研究』三三、二〇一四年）
北条氏研究会編『北条氏系譜人名辞典』（新人物往来社、二〇〇一年）
細川重男「下総の子犬の話」（『古文書研究』五二、二〇〇〇年）
細川重男「『霜月騒動』再現」（『ぶい&ぶい』一七、二〇一一年。細川二〇一一A）
細川重男『鎌倉幕府の滅亡』（吉川弘文館、二〇一一年。細川二〇一一B）

細川重男『頼朝の武士団』（朝日新聞出版、二〇二一年、初出二〇一二年）

細川重男「ゴッド・ファーザーの意地」（日本史史料研究会編『日本史のまめまめしい知識』3、岩田書院、二〇一八年）

細川重男『執権』（講談社、二〇一九年。初出二〇一一年）

細川重男「執権北条氏とはどんな一族だったのか？」（『歴史人』一一二〈二〇二〇年四月号〉、ＫＫベストセラーズ、二〇二〇年）

細川涼一「河越重頼の娘」（同氏『日本中世の社会と寺社』、思文閣出版、二〇一三年。初出二〇〇八年）

堀米庸三編『中世ヨーロッパ』（『世界の歴史』三、中央公論社、一九六一年）

松島周一「院分国三河をめぐる持明院統と近臣」（『歴史研究』六一・六二合併号、二〇一六年）

松本一夫『東国守護の歴史的特質』（岩田書院、二〇〇一年）

松本一夫編著『下野小山氏』（戎光祥出版、二〇一二年）

松本一夫『小山氏の盛衰』（戎光祥出版、二〇一五年）

宮崎市定編『宋と元』（『世界の歴史』六、中央公論社、一九六一年）

元木泰雄『武士の成立』（吉川弘文館、一九九四年）

元木泰雄『河内源氏』（中央公論新社、二〇一一年）

元木泰雄『源頼義』（吉川弘文館、二〇一七年）
森幸夫『北条重時』（吉川弘文館、二〇〇九年）
森幸夫「得宗家嫡の仮名をめぐる小考察」（阿部猛編『中世政治史の研究』、日本史史料研究会、二〇一〇年）
八代國治『吾妻鏡の研究』（明世堂書店、初版一九一三年、修正再販一九四一年）
安田元久『北条義時』（吉川弘文館、旧版一九六一年、新装版一九八六年）
安田元久編『吾妻鏡人名総覧』（吉川弘文館、一九九八年）
山野龍太郎「三尾谷氏の政治的動向」（『鎌倉遺文研究』四七、二〇二一年）
レイモンド・T・マクナリー、ラドゥ・フロレスク共著、矢野浩三郎訳『ドラキュラ伝説』（角川書店、一九七八年）
渡辺龍策『馬賊』（中央公論社、一九六四年）

化した。

●その他の一族 [そのたのいちぞく]

なお、地方では摂津の渡辺党・肥前の松浦《まつら》党は嵯峨《さが》源氏、伊予の河野氏は越智《おち》氏、武蔵の大井氏は紀《き》氏、武蔵七党の横山党は小野氏、西《にし》党は日奉《ひまつり》氏、丹《たん》党は多治比《たじひ》氏、児玉党は有道《ありみち》氏、陸奥国津軽の安藤（安東）氏は安倍氏、能登の長《ちょう》氏は長谷部《はせべ》氏などなど、武士の氏《うじ》は桓武平氏・清和源氏・秀郷流藤原氏に限らない。

満仲に密告されて隠岐《おき》に配流され失脚した。この事件で京都政界では、秀郷流藤原氏は清和源氏・桓武平氏の後塵《こうじん》を拝すこととなる。それでも歌人西行（俗名佐藤義清《さとうのりきよ》）の出た佐藤氏、鎌倉御家人となった後藤氏・尾藤氏・佐伯（所・伊賀）氏など京都で活動を続けた系統も少なくはない。地方での秀郷流藤原氏の発展は目覚ましく、下野の藤姓《とうせい》足利氏・小山《おやま》氏、相模の波多野・河村・松田氏、さらに奥州合戦で源頼朝に滅ぼされる奥州藤原氏などは、自称を含めてこの一族である。

●清和源氏［せいわげんじ］

清和源氏は、満仲の三子のうち長男頼光《よりみつ》は父の根拠地、摂津《せっつ》国の基盤を継承し、頼光の子孫は**摂津源氏**と呼称され、さらに土岐《とき》氏に代表される**美濃源氏**が分出した。後白河院の庶皇子以仁王《もちひとおう》を擁して反平家の挙兵をした源頼政は摂津源氏の直系である。

次男頼親《よりちか》は大和《やまと》国を根拠とし、子孫は**大和源氏**と呼称される。

三男頼信《よりのぶ》は河内《かわち》国を根拠とし、子孫は**河内源氏**と呼称される。武門清和源氏諸系統でもっとも発展したのは、言うまでもなく河内源氏であり、頼信が平忠常《ただつね》の乱、その子頼義《よりよし》が前九年合戦（前九年の役）、その子義家《よしいえ》が後三年合戦（後三年の役）を鎮圧し、その過程で坂東の在地武士を多く家臣化する。また、自ら地方に本拠地を求めた系統も多く、戦国大名武田氏を出す**甲斐源氏**、上野の新田《にった》氏、下野の源姓足利氏、常陸の志太《しだ》・佐竹《さたけ》氏などがある。

●桓武平氏［かんむへいし］

桓武平氏は、平直方《なおかた》が同族平忠常の乱の鎮圧に失敗し、一度は京都で勢いを失うが、伊勢《いせ》を基盤として瀬戸内海に勢力を広げた**伊勢平氏**（平清盛の家系。いわゆる平家一門）が白河院と結び付き、京都に返り咲いて、内部抗争で勢力が衰えた河内源氏を凌駕することになる。また、地方での発展は著しく、特に南坂東では相模の三浦党・鎌倉党・中村党、上総の上総氏、下総の千葉氏など大族《たいぞく》が育ち、河内源氏の従者典』）ので、将門の母は下総の在地豪族で、将門は母方の縁で相馬郡に勢力を有したのであろう。

また、将門は摂政藤原忠平《ただひら》に「私君《しくん》」として仕えていたと『将門記』にあり、これは摂関など公卿に受領となる諸大夫層出身者が家臣として私的に臣従していた事例である。

将門は無位無官であったが、将門と対立して殺害され乱の発端となった伯父平国香《くにか》、その子貞盛《さだもり》など将門の一族は、介・掾など坂東諸国の国司を務めていた。

承平・天慶の乱、特に平将門の乱の武士成立への影響は極めて大きかった。

平将門の乱での勝利者である平貞盛・源経基・藤原秀郷とその一族・家系が、京都（朝廷）では「武士」「武者」と認識されるようになるからである。

白河院政期成立の『続本朝往生伝《ぞくほんちょうおうじょうでん》』は、摂関政治期の一条《いちじょう》天皇治世（寛和《かんな》二年〈986〉～寛弘《かんこう》八年〈1011〉）における各分野の優れた人物を紹介する中で、「武士」として源経基の子満仲《みつなか》・満正《みつまさ》、満仲の子頼光《よりみつ》、平貞盛《さだもり》の子維衡《これひら》、貞盛の従兄弟の子致頼《むねより》の五人を挙げ、「皆是天下之《みなこれてんかの》一物也《いちもつなり》」とし、往生を遂げた人として源頼義《よりよし》（満仲の孫。頼信の子）を立項して「累葉武勇の家に出て」と記している。

やはり院政期に成立した『掌中歴《しょうちゅうれき》』『懐中歴《かいちゅうれき》』を合わせて鎌倉時代初期に成立した事典『二中歴《にちゅうれき》』では、「武者」として平貞盛・藤原秀郷・源満仲とその一族・子孫が多数記されている。

貞盛の一族桓武平氏、経基の一族清和源氏、秀郷の一族秀郷流藤原氏の三氏族が武士・武者の家、武門の代表と認識されたのである。

●秀郷流藤原氏［ひでさとりゅうふじわらし］

しかし、秀郷流藤原氏では、安和《あんな》二年（969）の藤原北家による左大臣源高明《たかあきら》（醍醐《だいご》源氏）排斥事件である安和の変で、秀郷の子千晴《ちはる》が源

●傍流皇親 [ぼうりゅうこうしん]

傍流皇親の事例では、十世紀前半に坂東で起こった平将門《まさかど》の乱で将門方の幹部となった武蔵権守興世王《おきよのおう》がある。興世王は系譜不詳であるが、皇親のまま受領として現地に下っていたのである。だが、興世王は将門の敗北で殺害され、子孫が残ることはなかった。

●受領と在地豪族の結合 [ずりょうとざいちごうぞくのけつごう]

武蔵権守興世王・武蔵介源経基と対立し将門に救援を求めたのが、足立《あだちの》郡司《ぐんじ》武蔵《むさしの》武芝《たけしば》（『将門記』）であった。武芝はその名乗りから明らかに武蔵の在地豪族である。

当然のことであるが、在地豪族は下野鳥取氏のように下向した国司と縁戚関係を持つ場合もあり、武芝のように国司と対立することもあったのである。

こうして坂東に代表される平安時代の地方各地では、武力組織を有する国司と在地豪族が結合し、武士が形成されて行くのである。

9. 平将門の乱と武士の成立

●承平・天慶の乱 [しょうへい・てんぎょうのらん]

十世紀前半、たまたま藤原純友の乱と同時期に起こったため、合わせて「承平・天慶の乱」と呼ばれる坂東で起こった平将門（平高望の孫。良将《よしまさ》の子）の乱（承平五年〈935〉～天慶三年〈940〉）は、平高望の子・孫世代による桓武平氏の内部抗争であったが、国家への反乱と認定される大戦乱となった（以下、この戦乱関係の史料は主に『将門記』）。

賊将平将門は、『尊卑分脈』に「相馬《そうま》と号す」、『尊卑分脈脱漏』に通称「相馬小次郎」とあり、無位無官であったが下総国中部で常陸国と接する相馬郡を根拠地としていた。『尊卑分脈脱漏』に将門の母は「犬養《いぬかいの》春枝《はるえ》の女《むすめ》」とあり、犬養氏は下総にも存在した（『姓氏家系大辞経基は武蔵介（『本朝世紀』『将門記』）となって現地に赴いた。

●傍流貴族［ぼうりゅうきぞく］

皇胤（天皇の子孫）として有名な桓武平氏・清和源氏以外の傍流貴族では、藤原北家初代房前《ふささき》の五男魚名《うおな》流という藤原北家傍流に生まれた藤原秀郷《ひでさと》が事例となる。

藤原魚名の子で秀郷の曽祖父である藤成《ふじなり》は、播磨介（『日本後紀《にほんこうき》』弘仁二年〈811〉条）・播磨守（『日本後紀』弘仁六年条）・伊勢守（『日本後紀』弘仁十三年条）への任官しか確認できず、坂東との関わりは不明であるが、妻を下野の在地豪族鳥取氏から迎えて、子息豊沢《とよさわ》を生んでいるから、坂東と何らかの関わりがあったと考えられる。秀郷の祖父は下野権守となった豊沢であるが、母は下野史生《ししょう》（国府の下級官職）鳥取業俊《ととりのなりとし》の娘である（『尊卑分脈』）。秀郷の父で下野大掾《しもつけのだいじょう》となった村雄《むらかつ》は、母が同じく下野史生鳥取豊俊《とよとし》の娘であった。秀郷自身の母は『尊卑分脈』に「下野掾鹿島女」とある。秀郷は下野押領使《おうりょうし》（地方の治安・警察を職務とする官職。令外官）に任官していた（『扶桑略記《ふそうりゃっき》』二十五）。秀郷の家は祖父の代から下野国司として在地豪族と婚姻関係を結び、秀郷自身は在庁官人として活動していたのである。

武力組織を有した傍流貴族の例としては、十世紀前半に瀬戸内海で反乱を起こした藤原純友《すみとも》も挙げられよう。純友は藤原北家長良《ながら》流で、長良の曽孫である。伊予掾《いよのじょう》であり（『本朝世紀』天慶二年〈939〉条）ながら「南海賊徒首《なんかいぞくとしゅ》」（『日本紀略』承平六年〈936〉条）となって海賊を糾合した純友は、天慶二年（『日本紀略』『本朝世紀』『貞信公記抄《ていしんこうきしょう》』同年条）から同四年（『師守記《もろもりき》』貞和三年十二月十七日条裏書、『本朝世紀』同年条）に掛けていわゆる藤原純友の乱を起こして敗死した。純友の子伊王丸《いおうまる》の子孫は生き残り、伊王丸五代の孫頼房《よりふさ》は、『尊卑分脈』に平清盛《たいらのきよもり》の弟教盛《のりもり》の家人《けにん》となり、源（木曽）義仲《よしなか》に誅されたとあるので、この系統は瀬戸内海で武士化して伊勢平氏に仕えたと推定される。

奈良時代から平安時代初期に断続的に継続した奥羽侵略戦争で、最も被害を受けたのは、もちろん侵略の対象となった奥羽に住む蝦夷《えみし》たちである。蝦夷とは、当時、朝廷側から異民族とされていた奥羽住人の蔑称である。

奥羽に次いで被害を受けたのが、侵略の基地となった坂東の住人であった。労働力の主体である男は兵士や人夫として駆り出され、農作物は兵糧として徴発された。阿倍比羅夫《あべのひらふ》・坂上田村麻呂《さかのうえのたむらまろ》に代表される奈良時代以来の奥羽侵略戦争は、坂東地域の犠牲の下におこなわれたのである。

結果、坂東の人心は荒廃した。

坂東の有力者である在地豪族は、自身と一族、経済基盤である所領（支配地）を自衛するために武装し、朝廷の支配に抵抗して、徴税にも容易に従わなくなる。

朝廷が徴税の円滑化のため注目したのは、皇胤（天皇の子孫）・傍流貴族を主体とする私的武力を所有する中・下級官人であった。朝廷は彼らを坂東の国司に任じたのである。これが武士発生の契機となる。以下に具体例を示す。

●皇胤［こういん］

具体例としては、第五十代桓武《かんむ》天皇の皇子葛原《かつらばら》親王の孫（高見王《たかみおう》の王子）高望王《たかもちおう》は寛平元年（889）五月十三日、平の氏と朝臣の姓を受けて臣籍降下し、平朝臣高望となった。高望の子孫が武門（武士の家）の代表の一つである桓武平氏（桓武天皇の子孫の平氏）となる。高望は常陸《ひたち》大掾《だいじょう》（『尊卑分脈脱漏』）上総介（『尊卑分脈』『尊卑分脈脱漏』）に任官し、現地に赴いている。

また、第五十六代清和《せいわ》天皇の孫（貞純《さだずみ》親王の王子）経基王《つねもとおう》は、源の氏と朝臣の姓を受けて臣籍降下し、源朝臣経基《みなもとのあそんつねもと》となった。やはり武門の代表の一つである清和源氏（清和天皇の子孫の源氏）はこれに始まる。

る。馬牧場である牧の現地管理人を牧別当《まきのべつとう》といい、これも職である。

開発領主は自己の開発した開発領を貴族・寺社などの上級者に寄進し、自身は上級者からその荘園の荘司に任命される。荘司はその荘園の年貢取り立てが職務であり、農民から取り立てた年貢から荘司としての権益分を抜いて、上級者に上納する。また、荘司の他に、公文などが上級者から任命されることもある。

学術用語では荘司などは在地領主《ざいちりょうしゅ》と呼ばれ、その荘園は在地領主たる荘司や地頭の所領《しょりょう》と呼ばれるが、荘園領主と言った場合、上級者をさすことが多い。

開発領主から荘園の寄進を受けた上級者は、国司を含めた他者からの荘園への侵害を防ぐ役割を負うが、自力での防衛が困難な場合を想定して、さらに上級の権力者に荘園を寄進する。このような場合、最上級の荘園領主が本家《ほんけ》、本家に荘園を寄進した者が領家《りょうけ》・本所《ほんじょ》などと呼ばれる。

このようにして、一つの荘園には、**本家―領家（本所）―荘司など現地の諸職**という職の重層的な体系が構築されるわけである。

在地領主の多くは武士であり、彼らは荘司職などの職務を根拠に荘園を支配したのである。

8. 武士

●地方支配組織の崩壊と武士の形成 [ちほうしはいそしきのほうかいとぶしのけいせい]

律令制は、平安時代には特に地方統治組織の崩壊が顕著で、地方支配組織は単なる徴税組織（税を集めるための組織）となった。

地方統治組織の崩壊は全国的現象であるが、特に著しかったのは坂東である。坂東は奈良時代以来、朝廷による陸奥・出羽（奥羽）侵略の前線基地となったためである。

だが、班田収受は戸籍作成・口分田受給の不備や重税などを要因として困難となり、奈良時代中期には私的な土地領有が認められ、荘園が形成されるようになった。

八・九世紀の奈良時代から平安時代前期には、朝廷の権力を背景として貴族・大寺社（寺院と神社）など上部権力者により荘園が形成された。この時期の荘園は自墾地系荘園・初期荘園などと呼ばれる。

しかし、平安時代中期の十世紀以降には、「開《かい》発《ほつ》領《りよう》主《しゆ》」と呼ばれる地方有力者が、自己の開発（山野を耕地にすること。開墾）・領有した土地を、貴族・大寺社など朝廷権力と結びついた有力者に寄《き》進《しん》（寄付）する形態が主流となり、寄進地系荘園と呼ばれる。

●荘園の重層的な権利関係［しょうえんのじゅうそうてきなけんりかんけい］

前述のごとく、古代・中世日本には「土地そのものを所有する」という概念が存在しなかった。これに代わって私的財産と認識されたのが、職務と権益を合わせた「職《しき》」（所職《しょしき》）という概念である。「職」は荘園に限ったものではないが、荘園の「職」は上級権利者によって任命・罷《ひ》免《めん》されるが、同時に世襲される私有財産でもあり、売買・入質の対象となった。

たとえば、源頼朝は御家人に恩賞として「所領を与えた」と言われるが、その実態は荘園現地管理人の「職」である地頭職に補《ぶ》任《にん》（任命）したのであり、永仁の徳政令で知られるように鎌倉後期の御家人は自身の「所領を売却・入質して困窮した」というのも、地頭職を売却・入質したのである。

荘園には、さまざまな職が重層的・並立的に設定され、一つの荘園には階層の異なるものを含め、各々職務と権益を有する「職」の所有者が存在した。

荘園現地には、開発領主を含め複数の職とその所有者が存在した。荘《しょう》司《じ》（庄司）・地頭・公《く》文《もん》・下《げ》司《す》・名《みょう》主《しゅ》などで、公文職などと表記され承久の乱後に院政を執った後高倉《ごたかくら》院（守貞《もりさだ》親王。行助入道《ぎょうじょにゅうどう》親王）は第八十六代後堀河《ごほりかわ》天皇の父であるが、皇位に就いてはおらず、院政開始以前に出家していた。孤例ではあるが、このような事例がある以上、皇位にあったかどうかすら「治天の君」の地位には必ずしも関係がなかったのである。

「治天の君」が今上天皇である場合は天皇親政となり、院の場合は院政になるというのが、院政期以後の朝廷の政治体制となったのである。

7. 荘園

●日本の荘園［にほんのしょうえん］

荘園の名称で呼ばれる土地所有の形態は中国・ヨーロッパなど世界的に見られるが、日本の荘園制は、古代・中世日本の社会・経済に大きな役割を果たした。

荘園は、一言で言えば私有地である。だが、古代・中世日本には、現代の不動産のように「土地そのものを所有する」という概念自体が存在しなかったため、荘園は辞書類などでも「私的な領有地」（『広辞苑』）、「土地領有システム」（小学館『日本歴史大事典』）などと記されている。

なお、荘園の「荘」は、古文書などの史料では「庄」の字が用いられることが多い。

●律令制の動揺と荘園の成立［りつりょうせいのどうようとしょうえんのせいりつ］

律令制の基本原則は、「すべての土地・人民は天皇・国家の所有である」という公地公民《こうちこうみん》制である。近年は研究の深化により実態との相違が多々指摘されているが、この原則に基づいて立法された班田収受法《はんでんしゅうじゅのほう》により、国家が国民の戸籍を作成し、その戸籍に基づいて国民は国家から口分田《くぶんでん》を支給され、口分田を与えられた国民が租税を負担するというのが、律令制の土地制度・税制の建前である。

令政治に似て非なるものであった。

摂関政治は良く知られるように、藤原道長《ふじわらのみちなが》の時代が最盛期である。ちなみに道長は「御堂関白《みどうのかんぱく》」の通称で知られるが、摂政にはなったものの、関白には任官しておらず、天皇への奏上《そうじょう》文書・天皇の裁下文書を事前に閲覧する令外官であり、関白に準ずる内覧《ないらん》に留まった。

藤原北家は道長の息子頼通《よりみち》の時に、娘が生まれず早くも天皇外戚の座を失う。これ以降、摂関は天皇との外戚関係とは無関係に、藤原北家御堂流（道長流）嫡系の家職《かしょく》となる。藤原北家御堂流は貴族の最高家格となり、摂関家と呼ばれるようになる。摂関家は鎌倉時代に近《この》衛《え》・九条《くじょう》・一条《いちじょう》・鷹司《たかつかさ》・二条《にじょう》に分裂し、五摂家《ごせっけ》と呼ばれて、豊臣秀吉の関白任官まで、この五家で摂関を独占した。

●院政［いんせい］

応徳《おうとく》三年（1086）十一月の第七十二代白河《しらかわ》天皇退位に始まるのが、摂関政治に続く院政である。

院とは太上天皇《だじょうてんのう》、退位した元・天皇のことである。上皇と略称され、出家した上皇は法皇と呼ばれる。

白河院政以降、院政をおこなう院は、曽祖父・祖父・父など今上《きんじょう》天皇（現役の天皇）の父系の直系尊属である元・天皇として政務を執った。

通常、白河・鳥羽・後白河の三代が院政をおこなった平安後期から鎌倉時代初期を**院政期**と呼ぶ。

この院政期には、院政をおこなう院は「治天下《ちてんか》」「治天《ちてん》の君《きみ》」「治天《ちてん》」と呼ばれ、新天皇を指名する「譲国者」とされ、天皇の地位を示す三《さん》種神器《しゅのじんぎ》がなくとも新天皇を決めることが可能であり、その権力は絶大であった。

そして院政は院政期以後も、天皇親政と共に、長く中世朝廷の政治体制として存続した。 院の本質は、天皇という日本の君主を出す家（天皇家。王家）の家長（家督・当主）の地位なのである。

上級貴族である公卿は、藤原氏の北家《ほっけ》（藤原北家）と、村上天皇の子孫で天皇から源の氏（一族の名）と朝臣《あそん》の姓《かばね》（一族の称号）を賜って（賜《し》姓《せい》）、臣籍降下《しんせきこうか》（皇族の籍を離れて人臣となること）した村上源氏を中心に、一部の家柄によってほぼ占拠されてしまう。

傍流の皇親・藤原氏傍流を含めた中・下級貴族の中から、官人でありながら家臣（私的従者）を集め、私的武力集団を形成して、皇親や公卿に臣従しながら都で活動する者が現れる。

律令政治体制は変質し、以下にみるように摂関政治・院政という政治形態に移り変わって行くが、律令国家の組織・制度は明治時代初期の太政官制廃止・廃藩置県まで存続し機能した。実態はまったく異なるが、建前上、日本は明治時代初期まで律令国家であったと言うことも可能である。

●摂関政治［せっかんせいじ］

平安前期から令外官である摂政（天皇代理）・関白（天皇相談役）が常置されるようになり、天皇が幼帝の時は摂政、天皇が成人男子の場合は関白がほぼ置かれるようになる。摂政・関白は合わせて摂関と略称され、藤原北家によって独占・世襲されるようになる。天皇が女帝の場合も摂政が置かれるが、日本中世には女帝はいなかった。摂関が朝廷政治の首班となる政治体制が摂関政治である。

摂関政治の本質は外戚《がいせき》政治である。単純化して説明すれば、藤原北家当主Ａが天皇ａに娘を嫁がせ、生まれた皇子が天皇ｂとなると、藤原北家当主Ａは天皇ｂの外祖父として摂政・関白となる。次にＡの息子Ｂが天皇ｂに娘を嫁がせ、生まれた皇子が天皇ｃとなったなら、藤原北家当主Ｂが天皇ｃの外祖父として摂政・関白となるのである。

摂政・関白は天皇の補佐役として、天皇の後見《こうけん》と認識され、常に天皇と合議して政務を執ったので、摂関政治期の朝廷の政治体制は、表面的には律令政治である。しかし、実態は私的な外戚政治であり、律内裏（皇居）における天皇の日常生活の場が清涼殿《せいりょうでん》である。清涼殿の殿上《てんじょう》の間に昇ること（昇殿《しょうでん》）を許可された者を、諸大夫の中でも特に殿《てん》上人《じょうびと》と呼ぶ。公卿を月にたとえたのに対し、殿上人は雲にたとえられて、雲客《うんかく》とも呼び、公卿と併せて「月卿雲客」と称される。

諸大夫でも殿上人ではない者は、地下《じげ》・地下人《じげびと》と呼ばれ、諸大夫は狭義にはこの地下の四位・五位の人を指すようになった。

官位（官職と位階）を有する律令官人は、皇族と共に日本国の支配階級であり、これがすなわち貴族である。

だが、実際には貴族社会にあって正員と考えられたのは、月卿（公卿）・雲客（殿上人の諸大夫）・諸大夫（地下の諸大夫）、すなわち従五位下以上の位階を有する者であり、ゆえに貴族社会の入り口である従五位下に叙されることは、特に叙爵《じょしゃく》と呼ばれた。

この官位による身分秩序は厳然たるもので、朝廷の支配が実質上形骸化した近世にも、人間の上下を示す身分指標として生き続けたのであった。

官位の授与権は、天皇のみが行使する最大の権能であったと言うことが出来る。

6. 朝廷政治の変遷

●律令政治体制の変質［りつりょうせいじたいせいのへんしつ］

左大臣となった長屋王《ながやのおう》に代表されるように、奈良時代には皇親も議政官となって国政を担っていた。

君主である天皇の信頼を得た者が、議政官の首班となって国政を担ったのが、奈良時代から平安時代前期の政治体制であり、これが本来あるべき律令政治体制の姿であった。

だが、奈良時代から続いた皇親・貴族の政争の結果、平安時代には

5. 位階と貴族

●位階［いかい］

官職は、官僚の序列を示す位階と相関しており、これを官位相当《かんいそうとう》という。

これは中国三国時代の魏で制定された九品官人法《きゅうひんかんじんほう》に起源を持ち、これと同様に個人の才能によって順位をつける建前であったが、実際は家柄の高低を定める制度となった。

大宝律令で正一位《しょういちい》から少初位下《しょうそいげ》に至る三十階に定められており、一位から三位《さんみ》までは正・従の区別のみであるが、四位以下は正・従に各々、上・下の区別がある。

また、皇位継承権を有する皇親（皇族）である親王（女性は内親王）には一品《いっぽん》・二品《にほん》・三品《さんぼん》・四品《しほん》の四等級からなる品位《ほんい》があった。

僧侶の位階である僧位には、法印大和尚位《ほういんだいかしょうい》、法眼和尚位《ほうげんかじょうい》、法橋《ほっきょう》上人位《しょうにんい》の三等級があり、僧侶の官職である僧綱《そうごう》の僧正が法印大和尚位、僧都《そうず》が法眼和尚位、律師《りっし》が法橋上人位に相当した。

●貴族［きぞく］

上から見るか、下から見るかの相違であって、下位の位階でも有する者は、位階を持たない者から見れば特権身分であるが、位階を有する者の中では、当然のことながら高低が現れた。

正一位から従三位の位階を有する者と四位・五位であっても、参議に任官している者が公卿、正四位上から従五位下が諸大夫《しょだいぶ》、正六位上以下が侍と呼ばれた。

もともと律令でも、三位以上を「貴《き》」、四・五位を「通貴《つうき》」と規定している。

公卿は月卿《げっけい》とも称され、これは天子たる天皇を日になぞらえたのに対し、公卿を月にたとえたものである。

4. 地域名称

行政単位とは異なる地域の名称には以下のものがあった。

●東国[とうごく]

東国は時代によって範囲が揺れ動くが、北海道を除くほぼ東日本（本《ほん》州《しゅう》東部）を意味する。

●関東[かんとう]

関東は、東国とほぼ重複するが、伊勢国鈴鹿関《すずかのせき》・美濃国不破関《ふわのせき》・越前国愛発関《あらちのせき》、合わせて三関の東側の国々を指し、愛発関は後に近江国逢坂関《おうさかのせき》に変更された。

鎌倉幕府成立後は、その支配領域が関東と呼ばれ、頼朝期頃は、ほぼ三河・信濃・越後以東の国々であった。そして鎌倉時代には、幕府そのものが関東と呼ばれた。

●坂東[ばんどう]

坂東は、駿河国と相模国の国境である足柄坂《あしがらのさか》、信濃国と上野国の国境である碓氷坂《うすいのさか》の東、相模・武蔵・安房・上総・下総・常陸・下野・上野の八ヶ国、ほぼ現在の関東地方一都六県である。関東がこの地域だけの名称になるのは、ほぼ江戸時代以降である。

●奥羽[おうう]

現在の東北六県にほぼ相当する。奥は陸奥《むつ》、羽は出羽《でわ》であり、陸奥は青森県と東北の太平洋側、出羽が青森県を除く東北の日本海側である。また、今日でも東北を「みちのく」と呼ぶが、これは陸奥の別称であり、「道の奥」がなまったもので、〝道が絶えたその奥〟という意味である。

は現地有力者が任命された。国守は国司ともいう。

●遥任と受領［ようにんとずりょう］

平安時代には、国守に任官しても任国に下向しない者が現れ、遥《よう》任《にん》という。これに対し、実際に任国に赴く者を受《ず》領《りょう》と呼ぶ。

●知行国主［ちぎょうこくしゅ］

また、平安時代には知行国主というものが作られた。これは国守の推薦権を与えられた者のことである。知行国主は知行国に指定された国の国守に子弟や家臣（私的従者）などを推薦して任官させ、収入の一部を上納させた。

●目代［もくだい］

知行国主・遥任国守は任国現地に赴かず、家臣や現地有力者を代官に任命し、国務に当たらせた。国守の代官は目代という。目代は官職ではない。

●在庁官人［ざいちょうかんじん］

トップの国守がこのような状態となったため、今日の都道府県庁にあたる国の政庁である国府の運営は介以下に任官する在地（現地）有力者が担うようになり、彼らを在庁官人と呼ぶ。

たとえば、治承四年（1180）八月の頼朝挙兵で討たれた山《やま》木《き》兼隆《かねたか》は、元は頼朝同様、伊豆国に流されて来た流《る》人《にん》であったが、知行国主平時《とき》忠《ただ》（平清盛の妻時子の弟）から伊豆目代に任命された（『玉葉』同年九月三日条）。また、鎌倉時代には四国の伊予国は知行国主を鎌倉幕府と親しい朝廷貴族西《さい》園《おん》寺《じ》氏が世襲した。

●親王任国［しんのうにんごく］

さらに、常陸・上総・上野三ヶ国は親王任国といい、国守には親王のみが任官し、任官しても現地には赴かず、収入のみを得た。よって、親王任国では、次官である介が国守の役割を果たし、国守として遇された。

と呼ばれるのである。

●議政官［ぎせいかん］

太政官の意思決定機関が議政官で、太政官のトップにある合議体である。太政大臣《だじょうだいじん》・左大臣・右大臣・大納言・権大納言（令外官）・中納言・権中納言（令外官）・参議《さんぎ》（令外官）で構成される。太政大臣は常設の官職ではないので、通常は左大臣が議政官の首班となる。

3. 律令制の地方行政

律令制の地方行政単位は、まず日本全体を六十六ヶ国二島（壱岐《いき》・対馬《つしま》。この二島も国と呼ぶ）の計六十八に分割し、国（くに）は郡（こおり、ぐん）、郡は郷（さと、ごう）に分割される。これを国郡制という。

六十六ヶ国二島は五畿七道という八つの広域行政区にまとめられていた。五畿とは京都のある山城国を含む五ヶ国で、いわば当時の首都圏である。七道は東海道十五ヶ国・東山道八ヶ国・北陸道《ほくろくどう》七ヶ国・山陽道八ヶ国・山陰道八ヶ国・南海道六ヶ国・西海道九ヶ国二島である。この国・道の名称は慣習的呼称として現代にも残っているのは言うまでもない。たとえばJR総武線は下総国と武蔵国を結ぶ路線であり、同様の路線名は全国的に存在する。

●国の等級［くにのとうきゅう］

国には大国《たいこく》・上国《じょうこく》・中国《ちゅうごく》・下国《げこく》の四等級があった。

また、畿内からの距離に基づく近国《きんごく》・中国《ちゅうごく》・遠国《おんごく》という等級もあった。

●国の官職［くにのかんしょく］

国の四等官は各々、守《かみ》―介《すけ》―掾《じょう》―目《さかん》の四等級に分けられた。守（国守）が中央から派遣され、介以下（元々は中央から派遣）及び郡司《ぐんじ》・郷司《ごうじ》

ジョウーサカンの四等級に分かれ、官庁によって当てる漢字を異にし、これを四等官《しとうかん》という。

官職に任命されることを任官《にんかん》といい、任命の儀式を除目《じもく》という。毎年春と秋におこなわれる定例の除目は春除目・秋除目といい、臨時の小規模な除目は臨時《りんじの》除目・小除目という。臨時除目の一つに、毎年四月に挙行される賀茂祭で勅使《ちょくし》（天皇の使者）に供奉《ぐぶ》（行列に並ぶ）する官人を官職に任ずる祭《まつりの》除目がある。

地方官を外官《げかん》といい、春除目で任命されるため春除目は外官除目、また県召《あがためしの》除目とも呼ばれる。在京の官職は内官《ないかん》・京官《きょうかん》といい、大臣を除く内官は秋除目で任命されるため、秋除目は内官除目・京官除目といい、司召《つかさめしの》除目とも呼ばれる。除目で任命された官人の名簿を除目聞《きき》書《がき》・除書《じょしょ》という。

●令外官と権官[りょうげのかんとごんかん]

官職のうち律令制定以後に設置されたものは、律令に規定がないため令外官《りょうげのかん》という。摂政・関白・征夷大将軍・蔵人《くろうど》・検非違使《けびいし》など著名な官職にも令外官は多い。

さらに権官《ごんかん》というものもある。「権」は「仮の」という意味で、正式の官職である正官《せいかん》に対し、「仮の官職」の意味である。具体例を挙げれば、正官の大納言に対し、権大納言《ごんのだいなごん》は「仮の大納言」ということになる。仮と言っても、職務内容は正官と同じである。では、なぜ権官が作られたかといえば、律令で官職の定員が定まっていて増員が出来なかったが、任官有資格者自体は時代が下るに従って増加したためである。

●唐名[とうみょう]

官職には中国風の呼び方があり、唐名という。江戸時代、水戸藩主徳川家当主（藩主・大名・殿様）は代々、中納言に任官し、中納言の唐名が黄門であるがゆえに、著名な第二代水戸藩主徳川光圀《とくがわみつくに》は「水戸黄門」

〈1333〉二月二十一日付「護良親王令旨」、『大山寺文書』)。

前近代日本において君主は、一貫して天皇のみである。「天皇は皇帝か?　王か?」という議論がしばしば聞かれるが、まったく無意味な議論である。

2. 朝廷の支配体制

●律令制 [りつりょうせい]

大宝《たいほう》元年(701)の大宝律令制定は、皇極《こうぎょく》天皇四年(645)の乙巳《いっし》の変(大化の改新)以来半世紀以上に亘り続けられてきた構造改革の画期であり、日本は豪族連合体制から律令国家体制への変革を遂げた。

日本では公私の区別が曖昧で、物事の公私での弁別自体が無意味な気がする程だが、これはむしろ厳然とした公が存在するからである。それは天皇と朝廷(王朝)である。日本の君主は太平洋戦争敗戦まで一貫して天皇であった。朝廷の支配組織である律令制も形骸化しつつも近代初頭の太政官《だじょうかん》制廃止・廃藩置県まで現実に機能していた。

律令制にも時代による整備・変遷があるが、ここでは古代・中世に機能していた体制について述べる。

日本古代、当時の最先進国である大唐帝国の政治体制を導入した律令国家とは、最初に律(刑法)と令(刑法以外)という法典を制定し、この律令に基づいて国家全土を覆う官僚組織を張り巡らす官僚制である。

中央で天皇に直属する太政官・神祇官《じんぎかん》の二官のうち現実の政治を動かす太政官では、その意思決定機関である議政官《ぎせいかん》の下に、少納言局《しょうなごんきょく》(外記局《げききょく》)と左・右弁官局《べんかんきょく》という事務方、八省と称される八つの官庁が置かれた。八省の下には職《しき》・寮《りょう》・司《し》などの中小官庁が設置された。

●官職と任官 [かんしょくとにんかん]

議政官を除く律令官庁の役職である官職は、基本的に**カミースケー**

された世界の支配者」である。王は天子から支配地（領土）とそこに暮らす人民の支配権を付与された君主、公は王より下位の君主の称号である。分かりやすい例を挙げれば、『三国志』で知られる曹操《そうそう》は大漢帝国（後漢《ごかん》）皇帝から魏公《ぎこう》に封《ほう》じられた後、魏王に封ぜられ、曹操の子曹丕《そうひ》が後漢最後の天子献帝《けんてい》の禅譲《ぜんじょう》（帝位授与）を受けて大魏帝国を開いた。

ヨーロッパでは、エンペラー（emperor）が最高位の君主である。エンペラーに次ぐ君主がキング（king）、キングに次ぐのがプリンス（prince）・デューク（duke）である。通常、ヨーロッパ・ロシアではエンペラーはローマ帝国皇帝を指す。これは神聖ローマ帝国皇帝のドイツ語呼称が「kaiser（カイザー）」の語を含み、ロシア帝国皇帝の代表的呼称がツァーリ（tsar）」で、いずれもカエサル（シーザー caesar）を語源とすることに明らかであろう。

中華帝国の君主号から、エンペラーは皇帝、キングは王、プリンス・デュークが公と和訳される。世に知られた例では、吸血鬼ドラキュラのモデルとなった中世東ヨーロッパ、バルカン半島ワラキアの君主ヴラド三世は、神聖ローマ帝国皇帝を兼ねたハンガリー王ジムスギントから、その創設した龍の騎士団の団員に任じられたワラキア君主ヴラド二世の息子である。ヴラド二世は龍の騎士団員であったため、「ドラクル（dracul 龍）」と呼称され、息子ヴラド三世は「龍の子」を意味する「ドラキュラ（dracula）」と呼称された。ワラキアの君主はプリンスであり、ゆえに君主はワラキア公、その国はワラキア公国と和訳される。

このように中国・ヨーロッパでは君主に等級があったため、名称も分かれる。しかし、日本では君主は天皇しかいないので、天皇は「王」とも「皇帝」とも呼ばれた。『竹取物語』では天皇を「国王」と呼んでいるが、護良《もりよし》親王はすでに退位させられていた父後醍醐天皇の退位を認めず「当今《とうぎん》皇帝」（当今は現役の天皇のこと）と呼んでいる（元弘三年延慶本《えんきようほん》『平家物語』、『源平盛衰記《げんぺいせいすいき》』に以下のような挿話が記されている。

源頼朝と北条政子は、政子の父北条時政に婚姻を反対され、伊豆山神社に逃れた。伊豆山神社で頼朝に祗候《しこう》していた家臣小野田盛長《おのだもりなが》は「頼朝が陸奥の外ヶ浜《そとがはま》と西海の鬼界ヶ島《きかいがしま》を踏む」という夢を見た。この夢を同じく頼朝に祗候していた相模の武士大庭景義《おおばかげよし》が、頼朝の「征夷大将軍」任官を予言する吉夢と解いた。

また、流布本《るふほん》『曽我物語《そがものがたり》』巻九には、「東は奥州外浜、西は鎮西《ちんぜい》鬼界島、南は紀伊熊野山、北は越後の荒海までも」頼朝の支配の及ばない場所は無い、と記されている。

北海道が日本国の領土に組み込まれるのは、戦国時代以降である。沖縄（琉球）が公式に日本国の領土に編入されるのは、明治五年（1872）以降の琉球処分によってである。

津軽半島の外ヶ浜は現在の青森県津軽半島北西部であり、鬼界ヶ島は現在の鹿児島県薩南諸島とされる。熊野山は太平洋に面した紀伊半島南部の和歌山県熊野神社。「越後の荒海」は、現在の新潟県の佐渡島を含む日本海である。

よって、古代・中世の日本国の範囲・領土は北海道・沖縄諸島を除く、本州・四国・当時「鎮西」とも呼ばれた九州とこれに属する島々であった。

●天皇［てんのう］

では、古代・中世日本の統治者、君主は誰か。

小学館『日本国語大辞典』によれば、「君主」とは「世襲により国家や領地を統治する最高位の人。王。きみ。天皇。天子。皇帝。帝王」と定義されている。

古代・中世のアジアにおける超大国・最先進国である中華帝国には、君主の等級に天子（皇帝）・王・公があった。天子は「天から天命を授与

――解説編――

古代・中世日本の基礎知識

解説編は、本論を読むための前提となる諸事項の解説をおこなう。

本書の舞台となる時代、平安時代後期（院政期）から鎌倉時代前期（承久の乱頃まで）を中心に、前期中世に機能した政治・社会体制などについて記す。本編のコラム①②③と併せて参照されたい。

1. 時代区分・領土・天皇

●日本史の時代区分 [にほんしのじだいくぶん]

現在、日本史の時代区分には、①主要な政権所在地・政権首班の苗字・元号による区分、②ヨーロッパの時代区分を基礎とした区分の二つの方法が用いられている。

①は奈良時代・平安時代・鎌倉時代・建武政権期・南北朝時代・室町時代・戦国時代・織《しょく》豊《ほう》政権期（安土桃山時代）・江戸（徳川）時代・明治時代・大正時代・昭和時代、②は古代・中世・近世・近代・現代であり、①と②の関係は、古代が平安時代後期の院政期より前、中世が院政期から織豊政権期の小田原北条氏滅亡まで、近世が小田原北条氏滅亡から江戸時代最末期の大《たい》政《せい》奉《ほう》還《かん》まで、近代が大政奉還から太平洋戦争（大東亜戦争）終結まで、現代が日本の太平洋戦争敗戦以降というのが現在の通説と言える。

本書がテーマとするのは、中世前期のうちの鎌倉時代前期である。

●日本国の範囲・領土 [にほんこくのはんい・りょうど]

古代・中世の日本国の範囲・領土について確認しておく。

細川重男（ほそかわしげお）

1962年、東京都生まれ。中世内乱研究会総裁。立正大学大学院文学研究科史学専攻博士後期課程満期退学。博士（文学）。専門は日本中世政治史。著書に、『鎌倉政権得宗専制論』『鎌倉幕府の滅亡』（ともに吉川弘文館）、『執権　北条氏と鎌倉幕府』（講談社学術文庫）、『頼朝の武士団　鎌倉殿・御家人たちと本拠地「鎌倉」』（朝日新書）、『論考 日本中世史　武士たちの行動・武士たちの思想』（文学通信）など多数。

鎌《かま》倉《くら》幕《ばく》府《ふ》抗《こう》争《そう》史《し》

御《ご》家《け》人《にん》間《かん》抗《こう》争《そう》の二《に》十《じゅう》七《しち》年《ねん》

2022年7月30日初版1刷発行

著　者 —— 細川重男

発行者 —— 三宅貴久

装　幀 —— アラン・チャン

印刷所 —— 萩原印刷

製本所 —— ナショナル製本

発行所 —— 株式会社光文社
東京都文京区音羽1-16-6(〒112-8011)
https://www.kobunsha.com/

電　話 —— 編集部03(5395)8289　書籍販売部03(5395)8116
業務部03(5395)8125

メール —— sinsyo@kobunsha.com

　ISBN 978-4-334-04619-4

1198

幻想の都　鎌倉
都市としての歴史をたどる

高橋慎一朗

「古都鎌倉」は、奈良・京都とも違い、日本人の記憶と想像によってつくられた都市だった。源氏以前の時代から現代までの通史をたどることで浮かび上がる鎌倉の実像と魅力。

978-4-334-04607-1

1199

イスラムがヨーロッパ世界を創造した
歴史に探る「共存の道」

宮田律

ヨーロッパの中世から近代にかけての発展は、イスラム文明抜きに語ることはできない――。私たちが現代社会を正しく理解するために必要な「視座」とは？「意外な史実」を学び、知る。

978-4-334-04608-8

1200

孤独なバッタが群れるとき
『バッタを倒しにアフリカへ』エピソード1

前野　ウルド　浩太郎

21万部突破の『バッタを倒しにアフリカへ』の前日譚である名著が新書で登場！　バッタに関する研究成果とともに、若き研究者の苦悩と挫折、成長がユーモア溢れる文体で綴られる。

978-4-334-04609-5

1201

依存症と回復、そして資本主義
暴走する社会で〈希望のステップ〉を踏み続ける

中村英代

「意志の弱さによる病」ととらえられがちな依存症を、現代資本主義社会の必然であると著者は説く。当事者コミュニティにおける回復実践をみながら、人類の新たな共生のあり方を示す。

978-4-334-04610-1

1202

なぜ日本からGAFAは生まれないのか

山根節　牟田陽子

日本経済が停滞する一方で、絶対的な力をつけたGAFA。その時価総額は日本の上場企業全社の合計を超える。なぜここまで差がついたのか。その理由をGAFAの歩みに探る!!

978-4-334-04611-8

1203
金融DX、銀行は生き残れるのか
遠藤正之

いま銀行ITで何が起きているのか。銀行は、この社会に、この時代に本当に必要なのか。メガバンクで三十二年半勤務した著者が現状を分析し、日本の金融サービスの未来を考える。

978-4-334-04612-5

1204
GHQは日本人の戦争観を変えたか
「ウォー・ギルト」をめぐる攻防
賀茂道子

GHQ民間情報教育局(CIE)の政策やそれに対する日本側の抵抗・協力の動きを検証し、占領期以降の日本人は「戦争の罪」をどのように理解していったのか、日米の心理を明らかにする。

978-4-334-04613-2

1205
緑内障の真実
最高の眼科医が「謎と最新治療」に迫る
深作秀春

失明原因第一位の緑内障。眼圧だけでなく視神経への血流不足や圧迫等も原因とされる。世界最高レベルの眼科外科医が、正しい知識とあきらめないための最新の治療法を丁寧に解説。

978-4-334-04614-9

1206
無国籍と複数国籍
あなたは「ナニジン」ですか?
陳天璽

自ら「無国籍者」として人生の大半を過ごしてきた著者が当事者に焦点をあて、国・国籍・国境を問い直す。トランスナショナルな時代に考えたい「人類社会がこれから向かうべき道」。

978-4-334-04615-6

1207
データ管理は私たちを幸福にするか?
自己追跡《セルフトラッキング》の倫理学
堀内進之介

スマホなどを通じた利己的な自己管理はどのように利他や社会へと接続可能か。リスクを検討しつつも「人文的な」批判に終始せず、慎重で開放的なスタンスから改革を提言する。

978-4-334-04579-1